Henner Kotte

Leipziger Mordsspuren

Henner Kotte

LEIPZIGER Mordsspuren

Ein kriminalistischer SPAZIERGANG

Bild und Heimat

Henner Kotte, geboren 1963, studierte Germanistik in Leipzig, Moskau und Dresden und lebt heute als Schriftsteller, Redakteur, Theaterkritiker und Stadtführer in Leipzig. Zuletzt erschienen bei Bild und Heimat u.a.: *Flucht über die Todeszelle* (Blutiger Osten, 2017), *Populäre sächsische Irrtümer* (2017), *Der Opfermord von Belmsdorf* (2018), *Die Tote aus dem Zöffelpark* (2018), *Falsche Ideale* (Blutiger Osten, 2019) und *Populäre sächsische Hofgeschichten* (2019).

ISBN 978-3-95958-204-9

1. Auflage

Umschlaggestaltung: fuxbux, Berlin
Umschlagabbildung: © SLUB / Deutsche Fotothek / Unbekannter Fotograf (oben);
© SLUB / Deutsche Fotothek / Kurt Beck (unten)
Druck und Bindung: CPI Moravia Books s. r. o.

Ein Verlagsverzeichnis schicken wir Ihnen gern:
BEBUG mbH / Verlag Bild und Heimat
Alexanderstr. 1
10178 Berlin

Tel. 030 / 206 109 – 0

www.bild-und-heimat.de

INHALT

Thüringer Bahnhof
Magdeburger Bahnhof
Dresdner Bahnhof
Blücher-Platz
Fleischer-Platz
Schloss Pleissenburg
Augustus-Platz
Städt. Museum (Bildergallerie)
Reichsgericht (i. Project)
Landgericht
Königl. Justiz-Gebäude
Concerthaus (i. Bau)
Königs-Platz
Alter Friedhof
Eilenburger Bahnhof (Halle, Sorau-Guben)
Bayerischer Bahnhof
Krankenhaus zu St. Jacob
Botanischer Garten
Irren-Klinik
Apollo-Saal
8
9
10
11
15
17
20
21
22
26
34
35

ANGEBOT: MORDS-MEMOIREN

EIN KRIMINALSTÜCK IN DREIZEHN BRIEFEN

I. ACT

In übergroßen Lettern ließ die Polizei in der *Leipziger Abendzeitung* am 17. Dezember 1906 mitteilen:

Blick in die Nikolaistraße zur Nikolaikirche in Leipzig

»Mordversuch und Raub – 500 Mark Belohnung!
Heute (...) früh kurz vor 9 Uhr wurde der Geldbriefträger Rübner in dem Grundstücke Nr. 11/13 an der Nikolaistraße – Ecke des Schuhmachergäßchens – überfallen, schwer verletzt und beraubt. Der Täter kam dem Briefträger auf dem Treppenabsatz zwischen dem 1. und 2. Stockwerk (...) von oben entgegen, grüßte, ging an ihm vorbei, drehte sich dann um und versetzte dem Briefträger mehrere Schläge mit einem schweren scharfkantigem Instrument über den Kopf. Der Briefträger wurde durch die Schläge, deren einer einen Schädelbruch zur Folge hatte, zunächst betäubt, kam aber nach kurzer Zeit wieder zu sich und vermißte nun

- seine beiden Amtstaschen,
- eine Umhängetasche von schwarzem Leder mit Bügel und
- eine gewöhnliche größere Briefträgertasche zum Umschnallen von schwarzem Leder
- nebst deren Inhalt.

Die Geldtasche enthielt, soweit sich bisher feststellen ließ, beim Abgange des Briefträgers von der Post, 10 Minuten nach 8 Uhr, gegen 7.000 Mk. in barem Gelde und zwar:

- 65 Einhundertmarknoten, 1.200 Mk. in Gold und 1.400 Mk.in Silber.

Die Briefträgertasche enthielt Briefe und Postanweisungen, darunter:

- 1 Geldbrief über 700 Mk. adressiert an Spediteur Freygang in der Nikolaistraße,
- 1 Geldbrief über 500 Mk. adressiert an Rauchwarenhändler Holger,
- 2 Postanweisungen über je 500 Mk. an Rechtsanwalt Gänzel und
- 1 Postanweisung über 5 Mk. an Frau Scherber, beide in der Nikolaistraße 11/13.

Der Täter wird von dem Verletzten folgendermaßen beschrieben:
25–28 Jahre alt, von kleiner, untersetzter Gestalt, mit kleinem dunklen Schnurrbart, bekleidet mit dunklem Überzieher und einem schwarzen, steifen Filzhut. Der Täter trug eine schwarze Mappe unter seinem Arm und hat dem Verletzten nicht den Eindruck eines heruntergekommenen, sondern eines ordentlich gekleideten Menschen gemacht.
Von Seiten der kaiserlichen Oberpostdirektion wird auf die Ermittlung und Ergreifung des Täters und auf die Wiedererlangung der geraubten Gelder die obige Belohnung ausgesetzt. Alle auf die Sache Bezug habenden Wahrnehmungen bitten wir umgehend unserer Kriminal-Abteilung Wächterstraße 5, Erdgeschoß mitzuteilen.
Leipzig, den 17. Dezember 1906
Das Polizeiamt der Stadt Leipzig«

Postkarte mit Postanweisung aus der Zeit des Ersten Weltkriegs

Die Ermittlungen erweisen sich als schwierig. Wie üblich geht man vor: Vorbestrafte werden kontrolliert, Passanten und Händler befragt, Alibis von Hausbewohnern, Besuchern und Klienten überprüft. Heiße Spuren können die Ermittler nicht verfolgen. Ein Hinweis verspricht Erfolg, so bittet die Polizei im Überfall auf Rübner erneut um die Mithilfe der Bevölkerung.

»25. Dezember 1906
Unter Bezugnahme auf die am 17. Dezember 1906 seitens des Polizeiamtes der Stadt Leipzig erlassene Bekanntmachung Mordversuch und Raub an dem Geldbriefträger Rübner betr. wird weiter noch bekanntgegeben, daß der Auslieferer der an die verw. Sperber in Leipzig, Nikolaistraße 11/13 gerichteten Postanwei-

Links neben dem ehemaligen Reichsgericht verläuft die Wächterstraße.

Das Neue Rathaus um 1905 von der Wächterstraße aus

sung, die am 17. Dezember 1906 vorm. zur Bestellung gelangen sollte, hat nicht ermittelt werden können. Es besteht daher dringender Verdacht, daß der Täter selbst die 5 Mark eingezahlt hat, um den Geldbriefträger auf jeden Fall zum Betreten des bezeichneten Grundstücks zu veranlassen. (...)
Alle Wahrnehmungen, die zur Ermittlung des Täters, der sich namentlich am Morgen des 14. und 17. Dezember 1906 in der Nähe des fraglichen Grundstücks aufgehalten haben dürfte, oder zur Ermittlung des Auslieferers oder des Schreibers der Postanweisungen dienen könnten, wollte man unverzüglich der Kriminalabteilung des Polizeiamtes oder der unterzeichneten Staatsanwaltschaft zu den Akten StA IV. 459/06 mitteilen.
Auf Ermittlung und Ergreifung des Täters und auf die Wiedererlangung des geraubten Geldes – etwa 8.050 Mark – hat die Kaiserliche Oberpostdirektion zu Leipzig obige Belohnung ausgesetzt.«
Die fraglichen, an Rechtsanwalt Gänzel sowie die Witwe Sperber gerichteten Postanweisungen sind handschriftlich bemerkenswert. Einige der Buchstaben sind im Schwunge äußerst individuell und wiedererkennbar, so dass sie dem Zeugenaufruf beigefügt werden. Und man tut noch mehr: Fortan werden in den Postämtern Karten und Briefe abgeglichen, um auf diese Weise den Schreiber zu ermitteln. Erfolg wäre Zufall und ausgesprochenes Glück. Die Nadel im Heuhaufen ist schwer zu finden.
1906 zeitigt diese Fahndungsmaßnahme keinen Erfolg. Deshalb lässt die

Kaiserliche Ober-Postdirektion am 29. Dezember 1906 verlauten: »In der Strafsache, betr. Raubüberfall auf den Geldbriefträger Rübner, muß nach bisherigen Feststellungen angenommen werden, daß die Postanweisung über 5 M. an Frau Sperber Nikolaistr. 11/13 hier, entweder unter der Nr. 8025 am 15. 5–6 Uhr nachm. beim Postamt 9 hier, oder unter der Nr. 9960 am 16. Dezember 12–1 mittags beim Postamt in Leipzig-Lindenau ausgeliefert worden ist. Die betr. Schalterbeamten haben zweckdienliche Angaben über die Person des Auslieferers nicht machen können. (...)«

Alle erdenklichen Fahndungsmaßnahmen werden ergriffen. Gar im *Internationalen Criminal-Polizeiblatt* schaltet man eine Annonce: »Raubüberfall in Leipzig«. Doch keiner der Ermittlungsansätze führt zur Überführung des Täters.

Die Hauptpost/ Ober-Postdirektion am Augustusplatz

II. ACT

Der zweite Akt des Kriminalstücks ist ein Brief in der Weihnachtspost des Jahres 1908 fürs renommierte Verlagshaus J. J. Weber, Reudnitzer Straße 1–7:

Das ehemalige Gebäude des Verlages J. J. Weber in der Reudnitzer Straße 1–7 (heute Grafischer Hof)

»Persönlich und vertraulich!
Sehr geehrter Herr!
Hiermit gestattet sich ein Mann, welcher es aufrichtig mit Ihnen meint, Sie auf eine Sache aufmerksam zu machen, welche für Sie von höchster Bedeutung und gewinnbringenden Nutzen ist. Andrerseits aber auch wieder bei Nichtbefolgung nachstehender Vorschläge die größte Gefahr für Ihr späteres Wohl bedeuten würde.
(…) Schreiber dieses Briefes bietet Ihnen ein Werk an, wie es die Welt bisher wohl noch nie gesehen (…) Ein Werk, welches das größte Aufsehen in der ganzen Welt erregen wird; jeder Staat, jede Behörde, jeder Sozialpolitiker und jeder Psychologe werden dieses Buch mit größtem Interesse verfolgen! Das Buch bringt in Form einer sehr packenden, fließenden, wahrheitsgetreuen Schilderung: eine große Anzahl vom Schreiber selbst begangener Verbrechen – darunter 20 Morde – 3 davon in Leipzig begangen.
Da ich nun meinen bisherigen Lebenswandel, welchen ich seit meiner Entlassung aus dem Gefängnis erst führe, (…) aufgeben will, und da ferner die Behörde nie und nimmer in die Lage kommen würde, Licht in diese Sachen zu bringen (…) so habe ich mich entschlossen, mein Leben u. Taten herauszugeben. Dieses Buch wird kein einziges Wort besitzen, welches für irgend wem beleidigend wäre, oder welches den Tatsachen nicht entspräche.
Es wird vor allem beweisen, das es sehr wohl möglich ist (…) die größte Anzahl der Verbrechen zu verhindern; es wird zeigen, das es der Behörde trotz aller größter Mühe nicht möglig ist, einem etwas intelligenten Verbrecher zu fangen, – es sei durch Zufall! – – Eine kleine Probe, wie naiv doch

unsere Behörde manchmal ist, beweist allein mal wieder der ›Fall‹ in der Windmühlenstr. – (…) Zu meinem nicht geringen Erstaunen ist heute ein Bild von dem mutmaßlichen Mörder ausgestellt! Ich mus sagen, es ist sehr genau!! – (…) Glaubt denn die Behörde wirklich, das ich außerhalb des Hauses der Tat so aussah??! – Nun da hätten sie mich längst. Ferner die Postanweisungen: Wie töricht zu glauben, ich hätte dieselben erst kurz vor der Aufgabe geschrieben? Und das die Schrift eine ›Originalschrift‹ ist? (…) Ferner: es sind neben einer Anzahl Sparkassenbücher, 2 Uhren geraubt! Über den Verbleib der Bücher kann die Polizei nichts wissen – sie sind verbrannt. Gründe: in meinem Werk! Aber die Uhren? Ich habe sie versetzt auf dem Leihamt. Zwischen 10 und 11 am 2. Nov. Und habe 27 M dafür erhalten. (…) Was den festgenommenen Hensing anbetrifft, so kann man denselben in dieser Sache ruhig laufen lassen mit solch armen Schäschern haben wir nichts zu tun. (…) Wir haben uns aber auch aus diesem Grund entschlossen, es grade dort zu tun, Weil wir wusten, das Hensing dort wohnte. Doch genug davon und zur Sache! (…)
Ich beabsichtige, alle meine Taten niederzuschreiben, dafür fehlen mir aber die dazu gehörigen Mittel jetzt. (…)
(…) Ich schlage Ihnen nun vor, und verlange 5.000 M. in Gold Vorschus. Sobald das Buch fertig ist, noch 5.000 M. in Gold weiter nichts. Auf Ehrenwort! (…) Wenn ich gerade dies Ihnen anbiete, so aus dem Grunde, weil mein Vater früher mit Ihnen in geschäftlichen Beziehungen stand.
Meine Eltern waren sehr wohlhabend, starben aber als ich im Gefängnis meinen Leichtsinn büste und enterbten mich. (…) Sollten Sie villeicht glauben, dies der Polizei zu übergeben, um mich unschädlich zu machen, so sind Sie von einem großen Wahn befangen. Ihr Todesurteil würden Sie sprechen. Ihre ganze Familie würde ich zerfleischen. (…)
In der Minute, wo Sie zur Polizei rufen würden, müsten wir dies auch bald und würden uns danach richten. Also: Sind Sie ein kluger Mann, so schicken Sie das verlangte an umstehende Adresse. Wollen Sie der Mörder Ihrer Familie werden, so tragen Sie es schleunigst zur Polizei!
(…)
Ich wiederhole nochmals, seien Sie klug!!
(…)
Senden Sie das Geld nach dem Zeitungskiosk

Altes Theater!! Ecke Fleischergasse!! …
Punkt 6 Uhr.
Also überlegen Sie beide es sich genau!
Sagen Sie dem Zeitungsmann, er möge das Paket nur demjenigen aushändigen, welcher solch einen Zettel ausweist: Und so lange aufbewahren, bis jemand verlangt
J. J. Weber.
(…)
Wir wollen wieder ordentlich werden.
X. + O.«

Das Angebot der Mords-Memoiren, eigenhändig verfaßt vom Absender *Argus,* steckte nachmittags im Briefkasten des Medienhauses auf der Reudnitzer Straße. Es war der Heilige Abend 1908. Geschäftsführer Siegfried Weber hatte angesichts des Weihnachtsfestes die Angestellten seiner Verlagsbuchhandlung bereits nach Hause entlassen. *Argus'* Brief blieb an jenem Tage im Kasten und ungeöffnet.
Das Verlagshaus Weber hatte der Schreiber mit Bedacht gewählt, gab J. J. Weber doch die vielgelesene *Illustrirte Zeitung* heraus, die erste ihrer Art in Deutschland. Ein Massenblatt, bestens für Schlagzeilen geeignet: … *bringt in Form einer sehr packenden, fließenden, wahrheitsgetreuen Schilderung: eine große Anzahl vom Schreiber selbst begangener Verbrechen – darunter 20 Morde – 3 davon in Leipzig.* Einen Vorschuß von 5.000 Mark zu zahlen sollte diesen Zeitungsmachern möglich sein.
Offensichtlich hegte der Verfasser an der Annahme des Angebots auch keinen Zweifel. Denn am *Heiligen Abend* gegen 18 bzw. 19 Uhr habe sich, so erinnerte sich später der Zeitungshändler vom Kiosk Altes Theater/Fleischergasse, ein Schuljunge zweimal erkundigt ob ein *Päckchen von Herrn Weber* bei ihm hinterlegt worden sei. Noch geraume Zeit habe sich der Knabe in der Nähe herumgetrieben, doch ein *Päckchen von Herrn Weber* sei auch später nicht abgegeben worden.

Trotz Erstem Feiertag begibt sich Siegfried Weber am Morgen des 25. Dezember in sein Büro und entleert den Briefkasten und öffnet den Umschlag. Absender: *Argus.* Siegfried Weber hat an *Argus'* Memoiren kein verlegeri-

sches Interesse und übergibt den Brief trotz Todesdrohung postwendend der Polizei. »Deshalb konnte zur Abfassung des Erpressers rechtzeitig nichts getan werden«, und *Argus* am Kiosk Altes Theater, Ecke Fleischergasse kein Hinterhalt gelegt werden. Aber die sofort angestellten Ermittlungen ergaben, daß der Täter tatsächlich am *Heiligen Abend* in der 7. Stunde einen Schulknaben zur Abholung des Geldes vom Kaufhaus Brühl aus nach dem Zeitungsstand geschickt hatte. Der Knabe und sein Onkel hatten mit den Täter gesprochen. Sie konnten ihn beschreiben. Doch zur Identifizierung reichten diese Angaben nicht aus.
Wie aufmerksam er aber die Vorgänge verfolgt hatte, beweist der nachstehende zweite Brief, der am 8. Januar einging.

»Sehr geehrter Herr!
In dem Ihnen von mir am Heiligen Abend angebotenen Geschäft (...) haben Sie sich eigentlich recht unglücklich benommen. Musten Sie denn die beiden Inserate so
S. u. H. Weber. Brief erst ersten Feiertag
erhalten. Antwort liegt beim Zeitungshändler wie erbeten.
Brief mit 500 Mark liegt an erbetener Stelle.
Holen Sie denselben ab und lassen Sie mich
und meine Familie in Ruhe. Wenn nicht
bis Montag abgeholt, übergebe ich die Sache der Polizei
Weber
(...) Mir entgeht nicht eine einzige Zeile sämtlicher hiesiger Zeitungen. Das Sie den Brief erst am I. Feiertag erhalten hätten, stimmt nicht! Sie haben denselben dann eben erst an betr. Tag gelesen. (...)
Sie fassen denn doch diese Sache zu leicht auf! (...) Sie sind also auch von dem Wahn befangen – wie fast alle Menschen – das es der Polizei, oder sonstigen Instituten in solchen Fällen unbedingt gelingt und gelingen müse, den oder die ›Täter‹ zu fassen, ›möge es kommen, wie es wolle – denn das wäre ja noch schöner‹.
(...) Wer ich bin, und was ich bin, wissen Sie bereits. Sollten Sie jedoch noch daran zweifeln, das Sie es mit einem Menschen zu tun haben, der es aufrichtig mit jedem meint, welcher es mit Ihm ehrlig meint, so will ich Ihnen hiermit noch einem Beweis (...) geben, das Sie es nicht etwa mit

einem harmlosen Schwindler zu tun haben, sondern mit jemand, der in gewissen Fällen eine unglaubliche Rücksichtslosigkeit an den Tag legen kann. – Es sind in der Windmühlenstraße 5 Schlüssel mit abhanden gekommen! Dieselben sind bis heute noch nicht gefunden. Sie können sich das Vergnügen machen, und dieselben durch Zufall finden. In der Karl-Tauchnitz-Str. etwa in der Mitte liegen dieselben in einem Schleusengraben der Straßenrinne. (…)
Nun werden Sie ausrufen: es ist eine Schande das solche Kreaturen sich noch der Freiheit erfreuen! Nun Herr Weber! Diese werden wir auch trotz Ihrer werten Hilfe und dieselbe zu nehmen – nicht einbüsen, verlassen Sie sich darauf! (…)
Aber ich sehe nicht ein, warum ich einen Menschen umbringen soll, von dem ich noch nicht mal weis, ob er nicht freiwillig etwas von seinem überflüssigen Mammon (…) abzugeben bereit erklärt. In diesem Falle handelt es sich jedoch durchaus um keine Abgabe, sondern um einen zweifellos riesigen Verdienst für Ihnen!
(…)
Überlegen Sie es sich nochmals reiflich, ob Sie annehmen oder nicht. Sollten Sie glauben, das Ihnen der Verlag eines solchen Werkes Ihre gesellschaftliche Stellung irgendwie Schaden zufügen könnte, (…) und daher auf mein Angebot nicht eingehen wollen, so würde ich schon einen Abnehmer finden.
In diesem Falle forder ich Sie jedoch auf, 1.000 M (Ein Tausend) in Gold als Abfindungssumme zu zahlen. Falls Sie sich dazu bereit erklären, gebe ich Ihnen mein unverbrüchliches Ehrenwort, das Sie ewige Ruhe vor mir haben. Meine Kompl. und Gehilfen wissen von dieser Sache nichts. Ich, Schreiber dieses Briefes, bin der Urheber aller dieser Verbrechen und das Haupt aller Veranstaltungen! Sollten Sie aus unverwüstlichen Vertrauen zur Polizei auf nichts eingehen, und dieses der Polizei melden, so werden wir an Ihnen eine ganz rabiate Rache nehmen. (…) Wählen Sie, was Sie für gut befinden.
Antwort erwarte ich im Laufe des Sonnabend Nachmittag am Zeitungsstand nähe Thomaskirche an der Dorotheenstraße gegenüber. Versehen Sie die Antwort mit folgender Aufschrift:
W 1.000 Nur dem Vorzeiger dieser Chiffre soll der Mann die Antwort geben.«

Auch diesen Brief übergab Siegfried Weber den ermittelnden Beamten. Die Polizei erkannte, die Behauptungen von Raub und Mord waren nicht erlogen. Der im Brief erwähnte *Fall Windmühlenstraße* beschäftigte seit Wochen Kriminalisten, die Journaille, die Bevölkerung.
Mit dem eingegangenen Schreiben nun gab der Verfasser erstmals weitere Ermittlungsansätze, denn zweifellos, die erwähnten Details ließen auf den Täter im *Fall Windmühlenstraße* schließen. Wenn sie sich bewahrheiten, steht fest: *Argus* ist ein Raub- und Doppelmörder!
Man sammelt die Anhaltspunkte zur Person: *Argus* scheint des Deutschen nicht vollkommen mächtig: Das ß verwendet er so gut wie nie. Dativ und Akkusativ waren häufig in den Endungen verwechselt. Falsch auch die Nachsilben vieler Adjektive: *ehrlig.* Ein Italiener? Ein Mafioso? Vieles schien aus gängigen Sensationsromanen abgeschrieben. Dickens, Zola und E. W. Hornung waren übersetzt. ein heimischer Verbrecher hier gewaltig auf?

Es sind in der Windmühlenstraße 5 Schlüssel mit abhanden gekommen! Dieselben sind bis heute noch nicht gefunden. Sie können sich das Vergnügen machen, und dieselben durch Zufall finden. In der

Reichsbanknote im Wert von 50 Mark aus dem Jahr 1906

Die Windmühlenstraße mündet von links kommend in den Bayrischen Platz. Nach der Zerstörung im Zweiten Weltkrieg erinnert nichts mehr an die alte Bebauung der Straße.

Die heutige Bebauung stammt aus den 1950er- und 1960er-Jahren

Karl-Tauchnitz-Str. etwa in der Mitte liegen dieselben in einem Schleusengraben der Straßenrinne. Tatsache: Die Schlüssel werden in einem Gully auf der Karl-Tauchnitz-Straße gefunden. Sie waren entwendet worden. Aus der Wohnung Windmühlenstraße 21, Etage IV, wo ein Untermieter seine Wirtsleute blutig erschlagen auffand. Die Täter nahmen auch die Schlüssel, hatten aber für diese keine Verwendung.

Der *Fall Windmühlenstraße* erschütterte Leipzig noch immer. Nahe des Stadtzentrums hatte man die Leichen der Eheleute Friedrich in ihrer eigenen Wohnung entdeckt: eingeschlagene Schädel, blutbespritzt die Wände und der Boden. Die Täter hatte man gesehen. Der geplante Raub war fehlgeschlagen. Nur der Zufall hatte einem weiteren Opfer das Leben gerettet. Die Mörder waren unerkannt geflohen. Verwertbare Hinweise keine. So druckte tags darauf die Zeitung *Doppelraubmord* und 500 *Mark Belohnung* und das *Hilfeersuchen der Königl. Staatsanwaltschaft.*

»Für die Ermittlung des Täters an den Schriftsetzerseheleuten Friedrich am 2. November 1908 (...) verübten Raubmords hat das Königl. Justizministerium eine Belohnung von 500 Mark ausgesetzt. (...)

Als Täter kommen zwei besser gekleidete Männer in den zwanziger Jahren in Betracht, von denen sich der eine am 30. Oktober bei Friedrichs für den 2. November früh eingemietet hat. Während der Anwesenheit der Täter in der Friedrich'schen Wohnung am Morgen der Tat hat der eine von ihnen

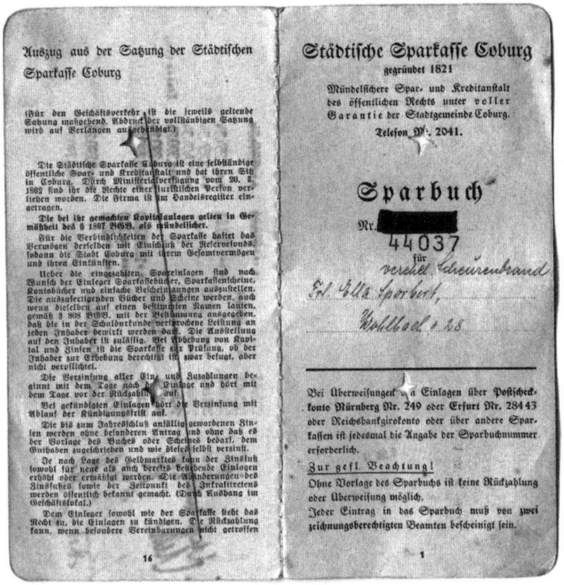
Auszug aus der Satzung der Städtischen Sparkasse Coburg

(Für den Geschäftsverkehr ist die jeweils geltende Satzung maßgebend. Abdruck der vollständigen Satzung wird auf Verlangen ausgehändigt.)

Die Städtische Sparkasse Coburg ist eine selbständige öffentliche Spar- und Kreditanstalt und hat ihren Sitz in Coburg. Durch Ministerialverfügung vom 20. 8. 1862 sind ihr die Rechte einer juristischen Person verliehen worden. Die Firma ist im Handelsregister eingetragen.

Die bei ihr gemachten Kapitalanlagen gelten in Gemäßheit des § 1807 BGB. als mündelsicher.

Für die Verbindlichkeiten der Sparkasse haftet das Vermögen derselben mit Einschluß der Reservefonds, sodann die Stadt Coburg mit ihrem Gesamtvermögen und ihren Einkünften.

Ueber die eingezahlten Spareinlagen sind nach Wunsch der Einleger Sparkassebücher, Sparkassenscheine, Kontobücher und einfache Bescheinigungen auszustellen. Die auszufertigenden Bücher und Scheine werden, auch wenn dieselben auf einen bestimmten Namen lauten, gemäß § 808 BGB. mit der Bestimmung ausgegeben, daß die in der Schuldurkunde versprochene Leistung an jeden Inhaber bewirkt werden darf. Die Ausstellung auf den Inhaber ist zulässig. Bei Abhebung von Kapital und Zinsen ist die Sparkasse zur Prüfung, ob der Inhaber zur Erhebung berechtigt ist, zwar befugt, aber nicht verpflichtet.

Die Verzinsung aller Ein- und Zuzahlungen beginnt mit dem Tage nach der Einlage und hört mit dem Tage vor der Rückzahlung auf.

Bei gekündigten Einlagen hört die Verzinsung mit Ablauf der Kündigungsfrist auf.

Die bis zum Jahresschluß anfällig gewordenen Zinsen werden ohne besonderen Antrag und ohne daß es der Vorlage des Buches oder Scheines bedarf, dem Guthaben zugeschrieben und wie dieses selbst verzinst.

Je nach Lage des Geldmarktes kann der Zinsfuß sowohl für neue als auch bereits bestehende Einlagen erhöht oder ermäßigt werden. Die Aenderungen des Zinsfußes sowie der Zeitpunkt des Inkrafttretens werden öffentlich bekannt gemacht. (Durch Aushang im Geschäftslokal.)

Dem Einleger sowohl wie der Sparkasse steht das Recht zu, die Einlagen zu kündigen. Die Rückzahlung kann, wenn besondere Vereinbarungen nicht getroffen

16

Städtische Sparkasse Coburg
gegründet 1821
Mündelsichere Spar- und Kreditanstalt des öffentlichen Rechts unter voller Garantie der Stadtgemeinde Coburg.
Telefon Nr. 2041.

Sparbuch

Nr. [redacted]
44037
für
verehel. Scheuerenbrand
Frl. Ella Sporbert,
Wohlbach 28

Bei Überweisungen von Einlagen über Postscheckkonto Nürnberg Nr. 249 oder Erfurt Nr. 28443 oder Reichsbankgirokonto oder über andere Sparkassen ist jedesmal die Angabe der Sparbuchnummer erforderlich.

Zur gefl. Beachtung!

Ohne Vorlage des Sparbuchs ist keine Rückzahlung oder Überweisung möglich.

Jeder Eintrag in das Sparbuch muß von zwei zeichnungsberechtigten Beamten bescheinigt sein.

1

Historisches Sparkassenbuch

gegen ¾ 9 Uhr von dem Geldbriefträger unter dem Namen Paul Schlegel einen Postanweisungsbertrag von 8 Mark 25 Pfg. ausgezahlt erhalten. Die Postanweisung ist am 30. Oktober mittags zwischen 12 –1 Uhr, am Börsenpostamt jedenfalls von den Tätern selbst aufgegeben worden. Ein Täter wird beschrieben: etwa 23 Jahre alt, mittelgroß, mittelstark, rundes, nicht zu großes Gesicht, kleiner dunkler Schnurrbart, dunkles, vorn etwas aufrecht stehendes Haupthaar, dunkler Jackettanzug, hiesige Sprache.
Die Täter werden sich stark mit Blut besudelt haben und haben sich anscheinend nur oberflächlich gereinigt. Am Tatort ist die Mütze eines Täters – eine dunkelfarbig karierte runde Sportmütze von neuerer Form und modernem Stoff, 54 cm Kopfweite – vorgefunden worden. Die Täter müssen in Leipzig bekannt gewesen sein.
Geraubt sind insbesondere:

- ein Depositenrechnungsbuch des Dresdner Bankvereins, Filiale Leipzig, Nr. 2676 für Oskar Friedrich, angelegt am 15. Oktober 1908 über 1500 Mark,
- sieben Sparkassenbücher der Sparkasse Leipzig Serie II,
- eine goldene Herrenremontoirankeruhr Nr. 35569,
- eine goldene Damenremontoiruhr Nr. 190932 mit Emaillekranz-Vergißmeinnicht,
- ein goldenes Zugarmband, graviert G. J. Union.

Über den Verbleib der geraubten Sparbücher und Schmucksachen und über den hiesigen Aufenthalt der Mörder vor der Tat ist nichts bekannt geworden. Die von dem Täter zurückgelassene Mütze und Schriftproben der Täter liegen beim Polizeiamte Leipzig aus. Ein am Tatorte vorgefundener, von den Tätern herrührender Telegrammentwurf trägt anscheinend die Unterschrift

Rennert und weist nach Berlin. Alle Wahrnehmungen, die zur Ermittlung der Täter führen können, sind sofort der Königl. Staatsanwaltschaft oder Kriminalabteilung des Polizeiamts Leipzig mitzuteilen.«

Scharlachrot mit schwarzer Schrift werden im Stadtzentrum und in Leipzigs Vorstädten DIN A3 Plakate dieses Wortlauts gehängt. Die Zeitungen berichten. *Hinrichtung aus Habgier. Zufall verhindert den Tod. Doppelmord an Ehepaar.*

Blick auf die Polizeidirektion Leipzig in der heutigen Dimitroffstraße

Mit dem zweiten Erpresserbrief entlarvte sich der Täter selbst. »Am 2. November wurden, wie unseren Lesern noch deutlich in Erinnerung sein wird, im Grundstück Nr. 21 in der Windmühlenstraße in den ersten Nachmittagsstunden der Schriftsetzer Georg Oskar Friedrich und seine Frau, ermordet aufgefunden. Beide Personen waren durch Schläge auf den Kopf mit einem schweren, stumpfen Werkzeug getötet worden. (…) Aus der Wohnung waren eine Reihe Sparkassenbücher, Uhren und ein kleiner Geldbetrag geraubt worden. Außerdem fehlten fünf zu den inneren Wohnungstüren gehörige Schlüssel. Als Täter kamen zwei jüngere Männer in Betracht, die folgendermaßen beschrieben werden: Der eine: 23 bis 28 Jahre alt, etwa 1,65 bis 1,70 Meter groß, schlank, aber kräftig, breites, jedoch nicht dickes Gesicht, etwas vorstehende Backenknochen, blasse Gesichtsfarbe, dunkelblondes Kopfhaar, zur Zeit der Tat vorn etwas aufrecht stehend, hinten kurz geschnitten, dunkler, nicht sehr starker Schnurrbart, ohne besonders hervortretende Spitzen, der Bart kann in Wirklichkeit auch blond sein und vom Täter für besondere Zwecke dunkel gefärbt werden, gepflegte Hände, lange Finger, saubere Kleidung, meist schwarzer Überzieher und schwarzer, steifer Filzhut, hiesige Mundart, gewandte Redeweise, sehr sicheres Auftreten, hält auf sein Äußeres, ist eitel und selbstgefällig, heftig und rücksichtslos, dabei aber meist ruhig und kaltblütig im Auftreten, hat praktischen Verstand, ist aber oft unklar und phantastisch in seinem Denken.

Der andere: In den zwanziger Jahren, mittelgroß, schlank aber kräftig, heller, gelblich grauer Jackettanzug, graugrüne, runde, niedrige Lodensportmütze mit schwachen roten Streifen im Stoff, Kopfweite 54 Zentimeter.
Der erste Täter machte äußerlich einen besseren Eindruck, hat am Sonntag, den 1. November mittags zwischen 12½ und 1 Uhr auf dem Börsenpostamt zwei Postanweisungen geschrieben und aufgegeben, wobei er von mehreren Personen beobachtet worden ist. Er ist am Mordtage früh vor 8 Uhr zuerst in die Friedrich'sche Wohnung gekommen. Der zweite ist ihm nach kurzer Zeit dorthin gefolgt und hat dabei ein etwa 50 Zentimeter langes zylinderförmiges Paket von etwa 20 Zentimeter Durchmesser in der Hand getragen, das in rötliches Papier eingeschlagen war und jedenfalls das Mordwerkzeug enthielt.
Die beiden Mörder haben die Friedrich'schen Eheleute einzeln ermordet, um dann den durch Bestellung einer Postanweisung in die Wohnung gelockten Geldbriefträger Frohberg ebenfalls umzubringen und zu berauben. Das ist ihnen aber nicht gelungen, weil im selben Augenblick, als der Briefträger die Anweisung bestellen wollte, ein anderer Briefträger hinzukam. Nur durch diesen Zufall ist die weitere Greueltat der Mordbuben vereitelt worden.
Zunächst gaben die zurückgelassenen Spuren keinen genügenden Anhalt für die Behörde, woraus sie auf die Personen der Mörder bestimmte Schlüsse hätte ziehen können. Immerhin gelang es durch rastlose Bemühungen und Ermittelungen, die Persönlichkeit des einen oben an erster Stelle beschriebenen Täters derart festzustellen, daß man Mitte Dezember sein Bild veröffentlichen konnte. Das Bild, das man durch Abänderung anderer Photographien nach Angaben der Zeugen usw. konstruierte, stellte sich in der Folgezeit als durchaus zutreffend heraus. (...)«

Seit *Argus'* zweitem Brief nun weiß man mehr und konnte gar ein Phantombild vom Täter fertigen. Dafür setzte man ein neues Identifikationsverfahren ein: die Photomontage. Seit Mitte des 19. Jahrhunderts fahndete die Polizei bereits mit gezeichneten Täterbildern. Eines der ersten zeigte den Raubmörder Carl August Ebert, der die Witwe Friese gemeuchelt hatte und als letzter Verurteilter in Leipzig 1854 öffentlich hingerichtet wurde. Im *Falle Windmühlenstraße* schnitten die Ermittler Teile aus abphotographierten Köpfen und legten diese zu einem neuen Gesicht zusammen, für Leerstellen nutzte man weiterhin den Stift. Das Verfahren wurde später durch vorgefertigte Folien verfeinert, die man übereinanderlegte.

Das Alte Theater am Fleischerplatz. Foto von Hermann Vogel aus dem Jahr 1895

Der Schulknabe, der am *Heilig Abend* 1908 am Zeitungskiosk Altes Theater/Fleischergasse nach einem *Päckchen von Herrn Weber* fragte, und dessen Onkel, sie hatten beide mit dem Täter gesprochen. Sie erkannten ebenso wie andere Zeugen, »unter einer größeren Anzahl ihnen vorgelegten Bildern in der kombinierten Photographie die Person des Erpressers wieder«. Genauso sah auch der Täter im *Fall Windmühlenstraße* aus. Jetzt kennen die Ermittler das Gesicht des Mörders, doch seine Identität bleibt unbekannt.

Auf das im zweiten Erpresserbrief enthaltene Verlangen *Antwort erwarte ich im Laufe des Sonnabend Nachmittag am Zeitungsstand nähe Thomaskirche an der Dorotheenstraße gegenüber* gingen Adressat und die Ermittler ein. Herr Weber gab am beschriebenen Ort seinen Brief ab, »und auf Antrag der Staatsanwaltschaft wurde durch die Kriminalpolizei die Überwachung dieser neuen Stelle vorgenommen. Der Erpresser erschien am Zeitungskiosk im Laufe des Sonnabends und des Sonntags nicht, muß sich aber in unmittelbarer Nähe aufgehalten haben.« Denn am Montag, den 11. Januar, traf der dritte Brief bei Siegfried Weber ein.

»Ordnen Sie gefälligst Ihre Angelegenheiten so, wie man dies zu tun pflegt, wenn man mit Sicherheit weis, das man hier bald ausgespielt hat. (…)
(…)
Habe ich bisher fast in der größten Anzahl mein Mütchen im Auslande gekühlt, so werde ich von heute ab ausschließlich in Leipzig – dem ich es blos zu danken habe, was ich geworden bin – wüten. Was Leipzig an mir gesät hat, soll es jetzt, wo ich nun wieder eine Erfahrung reicher bin, in ausgiebigster Weise ernten.

In welcher Weise wir an Ihnen (beide!) unser Mütchen kühlen werden, sollen Sie nächster Woche erfahren. An einem ganz speziellen Freund von uns und großem Sünder wird der Anfang gemacht! Genau so wie es diesem Menschen ergehen wird, wird es unwiderruflich Ihnen ergehen! Sie alle Angehörigen des Bürgertums und Bureaukratie! (...)
Selbst meine beiden Gehilfen waren ja schon mal auf dem Wege das Feld vor Euch trauriger Gesellschaft zu räumen anstatt sich vorher erst mal gründlich an dieser Bagage – welche ihnen nicht einmal in einer entsetzlichen Kälte Obdach gab – zu rächen. Sie waren auf dem Wege Selbstmord zu verüben, aus Verzweiflung. Nun, ich hatte das Glück, das vereiteln zu können. (...)
Was wir aber tun können um möglichst etwas Gerechtigkeit mit Gewalt zu erzwingen – denn im guten wird leider keine geübt – tun wir mit fanatischer Lust und Liebe. (...)
11 Einbrüche haben wir bisher auf diese Weise in letzter Zeit gestört.
Ich schreibe dies Ihnen nur, um Ihnen vor Ihrer baldigen Abfahrt nur einen ganz kleinen Überblick tun zu lassen, mit wem Sie den Kampf aufgenommen haben, zu Ihrem endgültigem Unglück u. Ruin! Worauf wir jetzt unsere Gläser klingen lassen, in dem Lokal, wo Sie oft u. gern mit Ihren Freunden zechen.
Auf Wiedersehen, wo es auch sei!«

Erlesbar: Der Mörder lacht. Und er sieht seine Taten im gesellschaftlichen Zusammenhang. Er behauptet gar, die Arbeit solch unfähiger Schutzmacht als eine Art von Bürgerwehr erfolgreich übernommen zu haben, *11 Einbrüche haben wir bisher auf diese Weise in letzter Zeit* verhindert. Und der Mörder droht: *So werde ich von heute ab ausschließlich in Leipzig wüten.*
Die Bemühungen der Staatsanwaltschaft gingen nunmehr dahin, den Täter glauben zu machen, daß die Herren Weber mit Rücksicht auf die erfolglose Tätigkeit der Polizei vom 11. und 12. Januar nunmehr gewillt seien, hinter dem Rücken der Behörde das geforderte Geld zu zahlen. Zu diesem Zweck erließ Staatsanwalt Mühle im Namen der Herren Weber Inserate in den *Leipziger Neuesten Nachrichten.* »Sehe ein, habe gefehlt!« Darunter Kürzel, die nur dem Erpresser verständlich: »Ja! sind bereit. Fam. W. Wohin?«
»Ach nee!« schreibt drauf der Mörder in seinem vierten Brief an Weber. »Sie dürfen nicht glauben, das alle Menschen so naiv sind, wie Sie und die Polizei

es sind! Das machen Sie mir nicht weis, das Sie, Leiter eines so künstlerischen Unternehmens wie das Ihrige es ist, nicht mal soviel Intelligenz besitzen sollten, dann wenigstens, – wenn es wirklich mit Ihrem oben angezeigten Entschlusse seine reelle Bewandnis hätte –, selbstverständlich ist, – die Polizei auch nicht die geringste Ahnung bekommen dürfte, das sie damit nicht die geringste Beziehung hatten.
Das obige Inserat beweist das gerade Gegenteil! Ein Beweis, das Sie durchaus nicht daran denken, sich zu sichern und Ruhe zu verschaffen, sondern sich damit trösten, das es der Polizei schon gelingen wird, uns auf solche Art zu fassen.
(…) Sparen Sie, sowohl die Polizei sich von nun an irgend jedes inserieren, und ohnmächtiges Fallen stellen, es wird Ihnen nie den gewünschten Erfolg bringen, da wir leider noch nicht die ›Schlauheit‹ der Polizei besitzen, um auf solche Mätzchen zu reagieren. Meine Wege, die ich betreffs Ihrer Person zu gehen habe, sind durch Ihr bisheriges Verhalten gekennzeichnet. Durch die vielen Worte, die ich Ihrethalben nun getan habe, haben Sie den Glauben erlangt, einen Phraseologen vor sich zu haben. Das Sie einen Mann der Tat vor sich haben, werden Ihnen die nunmehrigen Ereignisse – welche Leipzig ganz aus der Fassung bringen werden, beweisen!
(…)
Indem ich erkläre, das sich so wohl die Polizei ruhig alle weitere Mühe ersparen kann, – da alle Versuche ohne Erfolg sein werden –, schliese ich hiermit endgültig jede weitere Behandlung mit Ihnen, rsptv. der Polizei. Fazit dieser Verhandlung folgt. R.«

Abbruch von Vertragsverhandlungen, auf die weder Siegfried Weber noch die Polizei je eingegangen waren. Und doch ließen die Ermittler weiter inserieren, mit dem Zweck, »eine Zusammenkunft Webers mit einer dritten Person vorzutäuschen, so hoffte man, der Briefschreiber würde aus Neugierde sich in der Nähe der Stelle zeigen. Dadurch sollte den Beamten zumindest Gelegenheit gegeben werden, ihn von Ferne zu Gesicht zu bekommen« und einen neuen Übergabeort für das erpresste Geld zu bestimmen. Dieser lag diesmal im Musikviertel. »Wie richtig dieses Vorgehen war, zeigte der am Sonntag den 24. Januar vom Mörder persönlich morgens in der achten Stunde in den Briefkasten der Weber'schen Wohnung geworfene fünfte Brief:

Zu den beigelegten Inseraten noch einige Worte. Schon diese einfältige Zumutung –, uns persönlich sprechen zu wollen –, sagt mehr als tausend Worte. Dieser Einfall stammt nicht von Ihnen, meine Herren! Für so bodenlos dumm halte ich Sie auf keinen Fall, dies bringt nur ein verblödetes Polizei und Detectiv Gehirn fertig.
Das ich mich zur festgesetzten Zeit an bewusten Orte eingefunden habe ist selbstverständlich – auch heute –. Nichts hindert mir, dies zu tun, da ich nicht die geringste Gefahr dabei laufe, irgendwie erkannt zu werden. Als Beweis möge Ihnen dafür dienen, das, als ich 5 Minuten nach vier Uhr von bewusten Ort die Schwägrichen Straße hinauf ging, nach dem Schleußiger Weg zu, und kurz vor der Arndtstr. war, kam zu meiner größten Freude, – der Geldbriefträger Frohberg, auf den ich es bekanntlich damals abgesehen hatte, mit seinen beiden Kindern, an jeder Hand eines, mir entgegen, und ich sah ihn mit Fleis scharf an, aber nicht einen Atom kam ich ihm bekannt vor, er sah mich an, wie man eben einen wildfremden Menschen ansieht. (…) Herr Frohberg wohnt Arndtstr. 3, III. Er hatte im November unerhörtes Glück, was er wohl auch noch gar nicht so recht begreift. Denn es war mein erster Fall, das mir etwas nicht so gelang, wie ich dies wollte.
Um nun solchen Leuten, die ihrem totsicheren Verderben durch solche unvorherzusehenden Zufalles entgehen, nicht später als lästige Zeugen noch vernichten zu müssen, habe ich bei allen meinen Untersuchungen in jeder Hinsicht gesorgt. (…)
Sie ahnen eben noch nicht, mit wem Sie es eigentlich zu tun haben. Wenn ich bisher weiter nichts unternommen habe, so habe ich meine ganz bestimmten Gründe dafür. Wenn ich soviel Geld hätte, wie Geduld besitze, so würde ich alle Welt in Ruhe lassen. (…) Es mir durch Arbeit zu verschaffen, daran hat mich die verdammte Idiotenbagage, so sich die Behörde nennt, systematisch unmöglich gemacht, indem man mich immer und immer wieder bei meinen Principalen denuncierte.
(…) Aber ich will keine viel Worte mehr machen.«
Und fort ließ die Behörde Anzeigen in die Zeitung setzen, die nur *Argus* begreiflich. »Stg. Vergeb. Gewartet. Bitte dringend heute 4 Uhr am gleichen Orte oder bis = Richtet sich von selbst! Mittag brieflich Bescheid nach Filiale Plagwitz W 801. – Weber! Erwarte Auskunft hauptpostlagend unt. W 358. – Gen. Orte. Bitte m. Zeitangabe.«

Darauf entgegnet der anonyme Briefeschreiber: »Oh ihr Naiven! Nun wenn Sie es wirklich reell meinen, will ich Ihnen Gelegenheit geben, dies mir zu beweisen. Ich mache Sie aber darauf aufmerksam, falls Sie diesen, in zwölfter Weise gemachten Vorschlag glauben dahin ausnützen zu können uns vielleicht dadurch fassen zu lassen, und sich damit trösten ›diesmal werdet ihr uns nicht entwischen‹ – Ihre Vernichtung unwiderruflich ist.«
Und noch immer hat der anonyme Briefeschreiber sein Buchprojekt nicht aufgegeben, ehrgeizig verfolgt er es noch immer, kämpft um seine Chance, berühmt zu werden. Er sandte dem Verleger gar Textproben, die ihm einen »lebendigen Eindruck« vermitteln würden. »Sollten Sie sich für mein noch zu schreibendes Werk interessieren und gewillt sein, dasselbe zu verlegen, so ist noch Zeit dazu. In jedem Falle aber haben Sie 1.000 = Eintausend M. in Gold zu zahlen. Dann haben Sie für ewige Zeiten Ruhe, und stehen Ihnen unsere Dienste kostenlos jederzeit zur Verfügung. Das Geld ist wohl versiegelt nach: Bäckermeister Becker, – Grimmaischer Steinweg 16 zu senden. Derselbe hat es solange aufzubewahren, bis es abgeholt wird. Sagen Sie den Leuten, sie sollten es nur an der Ladenkasse aufbewahren, und nur gegen diese Legitiemation aushändigen: N.12.! Spätestens bis Montag 12 Uhr hinschicken.

Es wurde nun beim Bäcker Becker ein Brief mit 100 Mk. niedergelegt und zur Überwachung des Ladens geschritten. Das Geld hatte man dem Briefe beigelegt, um den Mörder für den Fall, daß seine Festnahme bei der Abholung gelingen sollte, weiterhin sicher zu machen.
Am Abend des 27. Januar in der 7. Stunde erschien ein Messenger-Boy und holte den Brief ab, entkam jedoch in dem Gedränge des Grimmaischen Steinwegs. Noch an dem gleichen Abend angestellte Ermittlungen ergaben folgendes: ½ 7 Uhr hatte der Mörder in der Burgstraße einen bereits am folgenden Morgen ermittelten Jungen aufgegriffen, schleunigst mit einem Brief nach dem Eilboten-Bureau, Härtelstraße, geschickt und beauftragt, sofort wieder nach dem hinteren Ausgang der Kitzing & Helbig-Passage (~ Burgstraße 23) zurückzukommen. In dem Briefe befand sich die Aufforderung, daß so schnell wie möglich ein Messenger-Boy nach dem genannten Geschäft in dem Grimmaischen Steinweg fahren und dort unter der Abgabe eines Zettels das hinterlassene Paket abholen sollte. (…) Mittlerweile

Die Burgstraße in Leipzig. Historische Ansicht um 1910

Der ehemalige Königsplatz, heute Wilhelm-Leuschner-Platz. Postkarte von Hugo Licht aus dem Jahr 1907

hatte der Schüler den Mörder wiedergetroffen. Dieser ging mit dem Jungen bis zu dem Geschäft von Drewes am Königsplatz (~ Wilhelm-Leuschner-Platz). Von hier aus sandte der Mörder ihn ¾ 7 Uhr wieder nach dem Eilboten-Bureau, um den von dem Messenger-Boy mittlerweile von Becker dahingebrachten Brief dem Mörder am Königsplatz zu überbringen. Boy und Knabe kamen zur gleichen Zeit auf dem Eilboten-Bureau an. Der Brief wurde übergeben, und ehe noch die Polizei auf dem Eilboten-Bureau eintraf, war der Mörder im Besitz des Briefes. (…)«

Da der Mörder in den folgenden Tagen nichts wieder von sich hören ließ, gestand die Staatsanwaltschaft ihr Versagen im *Fall Windmühlenstraße* ein und erhöhte am 1. Februar 1909 die Belohnung auf 5.000 Mark. »Derjenige, der die Postanweisung am 1. XI. 1908 auf dem Börsenpostamte in Leipzig aufgegeben hat, hat sich von Mitte Dezember 1908 bis Mitte Januar 1909 wieder in Leipzig aufgehalten und hat von hier aus an die Inhaber der Firma J. J.Weber in Leipzig, Reudnitzer Straße 1–7 am 24. XII. 08 und 11.1.09 Erpresserbriefe geschrieben, worin er größere Geldsummen unter Todesdrohungen fordert.

Der Mörder hat offenbar gute Bildung genossen und ist im Leipziger Buchgewerbe bekannt. (…)

An die genannte Firma will er sich gewandt haben, weil diese zahlen könne und ›sein Vater früher mit ihr in geschäftlicher Beziehung gestanden habe‹.

Der Mörder will längere Zeit im Auslande gewesen sein und beherrscht annehmbar auch fremde Sprachen, vielleicht Englisch oder Französisch.

Die Persönlichkeit dieses Mörders ist jetzt folgendermaßen zu kennzeichnen: 23–28 Jahre alt, etwa 1,65 bis 1,70 Meter groß, schlank aber kräftig, breites, jedoch nicht zu dickes Gesicht, etwas vorstehende Backenknochen, blasse Gesichtsfarbe, dunkelblondes Kopfhaar, zur Zeit der Tat vorn etwas aufrechtstehend, hinten kurz geschnitten, dunkler, nicht sehr starker Schnurrbart ohne besonders hervortretende Spitzen, der Bart kann in Wirklichkeit auch blond sein und vom Täter für besondere Zwecke dunkel gefärbt werden, gepflegte Hände, lange Finger, saubere Kleidung, meist schwarzer Überzieher und schwarzer steifer Filzhut, hiesige Mundart, gewandte Redeweise, sehr sicheres Auftreten, hält auf sein Äußeres, ist eitel und selbstgefällig, heftig und rücksichtslos, dabei meist aber ruhig und kaltblütig im Auftreten, hat praktischen Verstand, ist aber oft unklar und phantastisch im Denken.

Das Alte Grassimuseum (heutige Stadtbibliothek) am ehemaligen Königsplatz (Wilhelm-Leuschner-Platz). Foto von Hermann Vogel um 1905

Das an den Aushangstellen der *Leipziger Neuesten Nachrichten* und des *Leipziger Tageblattes* ausgehängte Bild des Mörders entspricht in der Tat seinem Aussehen.
Alle, die Aufschluß über die Persönlichkeit dieses Mörders und seines Genossen, die sich vielleicht heute noch in Leipzig aufhalten, geben können, werden dringend ersucht, ihre Wahrnehmungen sofort der Königlichen Staatsanwaltschaft oder dem Polizeiamte in Leipzig mitzuteilen.«
Fahndungsmeldung und die an *Argus* gerichteten Annoncen hatten den gewünschten Erfolg, »denn bereits am 4. Februar traf der sechste Erpresserbrief bei Weber ein.

Sehr geehrter Herr!
Den Empfang Ihres werten Briefes hiermit bestätigend mus ich Sie leider noch einmal mit meiner für Sie ›wenig erbaulichen Korrespondenz‹ belästigen. Aus Ihrem ganzen Brief ersehe ich, das Sie bisher nicht den geringsten Begriff davon haben, was Ihnen in dem von mir angebotenen Werk eigentlich für ein Anerbieten gemacht wird.
(...)
Glauben Sie mir nur mein Herr: Es ist mir blutigster Ernst mit der Veröffentlichung dieses Werkes, und so mancher von den Herren Verlegern würde, wenn sie eine Ahnung davon hätten, was dieses Werk für einen ungeheuren Erfolg haben wird, und Ahnung hätten, das die Herausgabe eines solchen beabsichtigt ist, sofort und ohne alle Umschweife mindestens 20 bis 30 Tausend Mark bieten.
Gewis! Sehr viele Autoren überschätzen den Erfolg ihres Werkes und müssen sehr oft die gröste Enttäuschung erleben. Hier wird das direkte Gegenteil eintreten; das Werk wird mehr, viel mehr halten, als es verspricht. Das Werk wird nicht nur in Deutschland, sondern auch im gesamten Auslande sehr lebhaftes Interesse wecken, und ungeahnten Erfolg haben. (...) Hier braucht das Publikum nichts zu glauben, hier sieht es schließlich nur reale Tatsachen. Das Werk wird sich ferner der grösten Objectivität befleisigen. Jedenfalls hat es mit allem derartigen Klatsch und Schutzprodukten wie sie jetzt in den Handel kommen, und von denen mancher sich Wunderdinge verspricht, um allerdings bald einzusehen, das es sich um das blödeste, geistloseste Geknatsch der Welt handelt, – nicht das geringste gemein. (...)

Können Sie sich vielleicht noch jenes mysteriösen Überfalls auf jene Dame in der Gottschedstraße im September des Jahres 1907 erinnern? Den Täter hat man bis heute nicht. Hätte man ihn fassen können? Jawohl! Mit totaler Sicherheit sogar. Man wuste ja noch nicht einmal zu welcher Art von Verbrechern man diesen Fall rechnen sollte (!). War ein Raubmord beabsichtigt? War es die Tat eines Geistesgestörten? Oder gar ein Racheakt? So rief damals, verzweifelnd die Hände ringend, die Leipziger Behörde aus. Nun, jeder Laie konnte, wenn er mit einem menschlichen Durchschnittsgehirn ausgestattet war, herausfinden, was hier los war. Die Motive der Tat konnte man sehr wohl finden. (...) Das ich über diese Tat selbst sehr gut unterrichtet bin, werden Sie aus folgendem ersehen, mus mich aber recht kurz fassen, um bald zum Grunde meines Schreibens zu kommen.
An einem sehr regnerischen Nachmittag des Septembers 1907 ging in schnellen kurzen Schritten eine sehr elegant gekleidete, mit weißer Boa behangene Dame die Gottschedstr. entlang. Unmittelbar hinter ihr konnte man einen ebenfalls elegant gekleideten, ungefähr 28- bis 30jährigen Herrn beobachten, wie er richtig auffallend darauf bedacht war, möglichst immer nur einen Schritt hinter der Dame zu bleiben. Offenbar hatte die Dame, von dem eigentümlichen Gebaren des hinter ihr gehenden Herrn keine Ahnung, und bemerkte nicht, wie er ihr unausgesetzt folgte; sonst wäre es ihr auch unbedingt aufgefallen, das derselbe auf einmal dasselbe Haus betrat wie sie und schnell an ihr vorbei in den breiten Hausflur vorübereilte, die Treppe hinauf, welche er aber sofort wieder herunterkam.
Inzwischen war die Dame die erste halbe Etage heraufgekommen, als der anscheinend an ihr vorbeigehende Herr blitzschnell auf sie losgesprungen kam und versuchte, ihr mit einem scharfen Messer den Hals durchzuschneiden. Jedoch die Boa vereitelte das Werk, indem sich das Messer darin verfing. Der Täter ließ aber, trotz der unerhört lauten Hilferufe der Frau, nicht nach, und versuchte kaltblütig seinen Zweck zu erreichen. Es wäre ihm auch seine Absicht vollständig gelungen, hätte er sich eine andere Waffe mitgenommen, als nur ausschließlich sein Taschenmesser, seinen Dolch hatte er – was nicht oft vorkommt – vergessen. Beim zweiten Schnitt, welchen er dann machte, klappte das Taschenmesser ein, und so wurde die Dame zu ihrem Glück nur leicht verwundet. Der Täter hätte, wäre er auf Raub abgesehen gewesen, in aller Gemütsruhe die silberne Tasche und Diamantene

Ringe an sich nehmen können, wenn er gewollt hätte. Die Dame war die Frau des Fabrikbesitzers N.N. in Naunhof. Die Behörde hatte hundert Mk. Belohnung ausgesetzt.

Dies ein ganz kleiner Auszug von Leipziger kriminellen Begebenheiten. Mein Werk wird sich nicht etwa darauf beschränken, begangene Verbrechen und deren Ursachen eingehend zu besprechen, sondern es wird in demselben noch eine ganze Anzahl, für das gesamte In- u. Ausland höchst wichtiger Kapitel erörtert werden. (…) Sie alle werden sehr Wissens- und Schätzenswertes darin finden, wie es bisher in solchen Mase und Form von keinem Werk auch nur annähernd erreicht wird. Es wird die gesamten bisherigen Grundsätze in der Ermittlung und Erkennung der Verbrecher umwälzen; es wird das ganze daktyloskopische u. anthropometrische Verfahren Kritisch und Fachmännisch beleuchten. Es wird der Intellekt der heutigen Polizei u. Kriminalbehörden u. Detectiven auf Grund erschöpfenden Materials eingehend geschildert werden; Es wird ferner der Intellekt u. Seelenleben der Verbrecher sämtlicher Staaten Europas so ausführlich geschildert, wie es bisher in solch lebenswahrem Bilde noch niemals der Fall war.

Dieses zu tun, konnte nur ein Mann in der Lage sein, welcher mit allen Kategorien der Verbrecherwelt in unmittelbarer persönlicher Berührung ist, und sich das Studium derselben zur Aufgabe gemacht hat.

Was würden Sie wohl jemanden antworten, wenn er Ihnen sagte, der Führer von Sect. F. der Charing-Großbundes wäre schon in Ihrem Hause gewesen, desgl. ein Mitglied der Apachen Paris-S.? (…) Es war der Fall, nur wissen Sie nicht, was dieses mitunter zu heisen hat. In Ihren Bemerkungen: uns schon in Ihre rsp. die Hände der Polizei zu bekommen, gebe ich Ihnen nur diese Antwort: ›Dor Lach ick öwer‹. Um Ihnen einen ganz kleinen Begriff davon zu geben, wie leicht ich es der Polizei zu machen bedacht bin, werden Sie hier aus diesen Tatsachen sehen: Ich spreche drei Sprachen (Deutsch, Französisch, Englisch) perfect. 2 Sprachen zum Teil (Russisch, Italienisch). Ich habe in vier Städten ›festen‹ Wohnsitz, einen davon im Auslande, und heise in jeder derselben anders. Ich führe verschiedene Militärpässe, obgleich kein Soldat gewesen, und von der Militärbehörde wegen Fahnenflucht steckbrieflich verfolgt, zahle in vier verschiedenen Städten schon jahrelang meine Steuern prommt, bin in jeder Stadt ein angesehener Mann, mein Beruf ist so gewählt, das Reisen eine Lebensbedingung ist, und es je-

dermann in Ordnung findet, wenn ich einige Wochen mal da bin, mal dort bin. Meine Genossen haben nur von zwei Wohnungen Kenntnis, haben von meinem Urnamen keine Ahnung, wissen weder wie alt ich in Wirklichkeit bin, noch haben sie ›Ahnung‹, wie ich in meiner wirklichen Gestalt aussehe. Wenn ich mich mit meinem Anerbieten ausschließlich an Sie bisher gewandt habe, so kamen dabei für mich folgende wichtigen Gründe in Betracht: Nun ist es für ein Werk durchaus nicht gleichgültig, von welchem Verlag es verlegt wird (...). Ihr geschätzter Verlag zeichnet sich nicht nur in Deutschland, sondern auch im Auslande durch einen vornehmen populären Ruf aus, und ist von all den unzähligen Verlagen in Leipzig unbedingt vorzuziehen. Wenn Sie aber glauben, für den geforderten Preis von zehntausend Mark nicht das Werk verlegen zu können, oder aus anderen Gründen daran verhindert sein, so ist Ihnen das meinerseits vollständig unbenommen. (...)
Sollten Sie sich aber die Sache überlegt haben u. glauben das Buch verlegen zu können, ohne sich irgendwie zu schaden, so will ich Ihnen meine sehr bescheidenen Bedingungen, hiermit documentieren: zweitausend Mark Vorschus abzüglich der hundert M., zweitausend Mark bei Übersendung des Manuscripts, dreitausend bei der zehnten Ausgabe des Werks und den Rest bei der dreißigsten derselben.
Bei Nichtvertrag bleibt selbstverständlich meine alte Forderung, 1.000 M. Abfindung bestehen. Also noch 900 M. (...)
Wenn Sie sich für nichts entschließen können, so erlassen Sie bitte bis spätestens 31. Jan. folgendes Inserat: A.R. 120 – Nein.
Wenn Sie auf eine der beiden Forderungen eingehen: – Ja.
Im Falle: Nein, schicke ich Ihnen die 100 M. sofort zurück.
Im Falle: Ja, sende ich Nachricht wohin.
Wenn Sie glaubten, das ich mit mir handeln liese, Sind Sie sehr im Irrtum. (...) Die Behörden können alle Schätze der Welt versprechen es wird ihr eben nicht gelingen uns zu fassen. Das steht so fest, wie 2x2 = 4. – Ihre Annahme, das ich in Not bin, ist vorläufig unbegründet. (...) Not leide ich unter keinen Umständen, das wäre das letzte. Wenn Sie sich vielleicht einbilden einen sogenannten ›Tagedieb‹ vor sich zu haben, so irren Sie gewaltig. (...)
Ich sehe Ihrer geschätzten Antwort bis Sonntag 31. Januar entgegen.
N.B. A.R.

Leider geht Ihnen der Brief eine volle Woche später zu, als beabsichtigt. Ich habe demselben Donnerstag 28. Jan. ihn in der Eile auf meinem Schreibtisch liegen lassen, als ich einer wichtigen Sache halber nach Kopenhagen einen Tag zu tun hatte. Ich erwarte demnach Ihre Antwort bis zum 5ten Februar.«

Und wieder gab der Schreiber Hinweise auf ein wirkliches Verbrechen. Der im Brief genannte Überfall war aktenkundig. Er fand nicht im September 1907, sondern am 5. Oktober statt. Frau Lisbeth Wagner, verehelicht mit Karl Wagner aus Naunhof, war überfallen worden. Echauffiert hatte sie Anzeige erstattet und sagte aus: »Sie habe heute nachm. ½5 Uhr die im Hause Gottschedstraße 15 wohnende Frau Kolmar-Fürst besuchen wollen. Als sie die Haustüre des bezeichneten Grundstücks habe öffnen wollen, habe sich plötzlich ein von ihr vorher nicht bemerkter, ihr vollkommen unbekannter Mann von hinten vor ihr durch die Haustür gedrängt und sei, als ob er zu den Hausbewohnern gehöre, die Treppe bis zum zweiten Ansatz hinaufgegangen, habe sich dann plötzlich, ohne ein Wort sprechen, umgedreht und sie angefallen, indem er ihr mit einem Instrument, vermutlich einem Messer, am Hals und am Nacken Wunden beigebracht habe. Auf ihre Hilferufe habe er sie losgelassen und sei eiligst die Treppe hinabgesprungen und durch die Haustür entflohen.
Von Herrn Dr. Tannert, dem Arzt des Sanitätswagens, welcher Frau Wagner verbunden hat, ist dem Kriminalwachtmeister Engelmann angegeben worden, daß Frau Wagner eine 3 cm lange, ½ cm tiefe Schnittwunde am Hals und eine ¼ cm tiefe Stichwunde am Nacken habe.« Frau Wagners rotes Halsbindchen aus Seide und ihre weißen Glacéhandschuhe nimmt die Polizei zur Akte (darin sind sie noch heut zu finden). Zum Täter macht die überfallene Fabrikantengattin folgende Angaben:
»Alter: etwa 26 Jahre
Augen: braun stechend
Bart: gutgepflegter Schnurrbart
Gesicht: gesundfarbig
Besondere Kennzeichen: hat einen sehr feinen Eindruck gemacht
Kleidung: schwarzer oder dunkelbrauner Rockanzug mit steifem, schwarzem Filzhut (...).«

(…) Tags später steht die Fahndungsmeldung in der Zeitung. Eine Belohnung wird ausgelobt.

»Als heute ½ 5 Uhr eine auswärtswohnende Dame einer im Hause Gottschedstraße 15, II. hier wohnenden Dame einen Besuch abstatten wollte, drängte sich ein von ihr vorher nicht bemerkter, ihr unbekannter Mann plötzlich von hinten vor ihr durch die Haustüre des bezeichneten Grundstücks und ging, als ob er zu den Hausbewohnern gehöre, die Treppe bis zum zweiten Absatz hinauf, drehte sich dann plötzlich, ohne ein Wort zu sprechen, um und fiel die Dame an, indem er ihr mit einem Instrument, vermutlich einem Messer, eine leichte Schnittwunde am Hals und eine ebenfalls leichte Stichwunde am Nacken beibrachte.

Obwohl die Dame ein Handtäschchen mit Geld in der Hand hielt, auch Brillantohrringe sichtbar trug, hat der Unbekannte doch nicht nach diesen Wertgegenständen gegriffen, sondern ist auf die Hilferufe der entsetzten Dame hin entflohen.

Diese beschreibe ihn als etwa 170 bis 172 cm groß, schlank, schmächtig, etwa 26 Jahre alt, mit wohlgebildetem Gesicht, schwarzem gutgepflegten Schnurrbart, gesunder Gesichtsfarbe, braunen, stechenden Augen, dunklem, feinem Rockanzug, steifem, schwarzem Filzhut.

Alle Wahrnehmungen, die zur Ermittlung des Unbekannten zu führen geeignet sind, wolle man schleunigst der Kriminalabteilung des unterzeichneten Polizeiamts mitteilen. Auf die Ermittlung des Unbekannten wird eine Belohnung von hundert Mark ausgesetzt

Das Polizeiamt der Stadt Leipzig«

Nunmehr legt man auch Frau Lisbeth Wagner das gefertigte Phantombild vor: Sie erkennt den Täter wieder. Offensichtlich: Der unbekannte Schreiber ist sowohl der Mörder im *Fall Windmühlenstraße* als auch der Täter, der Frau Wagner überfiel.

Außer der Photomontage hat die Polizei von *Argus* die handschriftlichen Nachrichten an Siegfried Weber. Wortwahl und Ausdruck lassen auf einen höheren Bildungsgrad schließen. (…) Mehrere Kurzmitteilungen waren auf Französisch abgefasst. Doch nehmen die Ermittler nie an, einen der international gesuchten *größten Verbrecher des Jahrhunderts* zu verfolgen. Eher scheint er sozial nicht abgesichert. Verwunderlich, daß er hartnäckig um

Geld für ungeschriebene Memoiren kämpft. Wahrscheinlich hat der Gesuchte seit je den Wohnsitz Leipzig und saß zweifelsohne bereits im Knast. (...) Fehler in Orthografie und Satzbau wirken wie absichtlich hingeschrieben, um mangelnde Sprachbeherrschung vorzutäuschen. Dass *Argus* in der Lage ist, Mords-Memoiren zu verfassen, bewiesen seine Briefe. Doch vieles darin schien ausgedacht und von den gängigen Klischees modischer Kriminal- und Sensationsromane inspiriert.

Seit je kursierten *wahrheitsgetreue Beschreibungen wahrhafter Morde*, die findige Drucker auf dem Hinrichtungsplatze feilboten. Räubergeschichten wie von *Rinaldo Rinaldini, Schinderhannes* oder *Michael Kohlhaas* erfreuten sich enormer Beliebtheit. Sie waren leicht verständlich und entsprachen dem Geschmack weiter Publikumsschichten. »In den Gestalten edler Räuber und Verbrecher arbeitete die Unterhaltungsindustrie das soziale Widerstandspotential ihrer Leser, insbesondere das Gefühl gesellschaftlicher Ungerechtigkeit ab. Der Held ist in der Regel durch die Schuld der *Gesellschaft* insbesondere durch ungerechte Vorgesetzte, philiströse Arbeitgeber, beschränkte Eltern in die Bahn des Verbrechens getrieben worden und bethätigt nun seine von Hause aus groß angelegte Natur durch die meisterhafte Vorbereitung und ebenso kühne wie geniale Ausführung seiner Einbrüche, Bankberaubungen und ähnliche Leistungen. Dabei handelt es sich um eine Art ausgleichender Gerechtigkeit, denn der edle Räuber nimmt natürlich den Reichen und giebt den Armen, er ist außerordentlich wohltätig.«

Insofern spekulierte der Briefeschreiber mit seiner *wahrheitsgetreuen Schilderung einer großen Anzahl vom Schreiber selbst begangener Verbrechen – darunter 20 Morde – 3 davon in Leipzig* markttypisch und gewinnorientiert. Doch war er überrascht, daß auf sein profitables Angebot vom Verlagshaus nicht eingegangen wurde. (...) Siegfried Weber zahlte nicht oder nur nach polizeilicher Maßgabe. Man bezog die Öffentlichkeit zunächst nur sporadisch in die Fahndung nach *Argus* ein, verschwieg die ganze Brutalität und Tragweite des Geschehens.

In Leipzig weiß man 1909, daß es sich bei *Argus* um einem Mörder handelt, mit dem man in Kontakt steht und den es unbedingt zu fassen gilt. Denn sowohl der *Fall Windmühlenstraße* als auch der *mysteriöse Überfall auf jene Dame in der Gottschedstraße* erwiesen sich als stattgefunden. Wahrscheinlich gehen in Leipzig noch mehr Straftaten auf *Argus'* Konto. Deshalb veröf-

fentlichte fortan die Presse teilweise *Argus'* Korrespondenz mit Siegfried Weber, und man ging erneut auf die Forderungen von *Argus* ein, bekundete nunmehr starkes Interesse am verbrecherischen Manuskript seiner Mords-Memoiren.
Doch »auf das in den *Leipziger Neuesten Nachrichten* am 5. Februar veröffentlichte Inserat: ›A. R. 120. Ja.‹ ließ der Mörder zunächst nichts von sich hören, antwortete aber auf ein zweites Inserat am 8. Februar: ›A.R. 120. Ja, muß geschäftlich verreisen‹, gleich am nächsten Tage mit einem siebenten Brief.

Sie wollen geschäftlich verreisen, und (...) möchten vor Ihrer Abreise Genugtuung haben, mich unschädlich gemacht zu sehen. Verreisen Sie ruhig, meine Glückwünsche begleiten Sie.
Wozu soll ich mir nochmals die Mühe machen und versuchen, von Ihnen diese Bagatelle zu bekommen? Wo Sie doch nur immer wieder in unglaublichster Verblendung versuchen werden, mich hinters Licht zu führen. Die Veröffentlichung unserer Korrespondenz hat mir gute Dienste geleistet. Sechs Herren haben mir seither ohne jede Umschweife das verlangte geschickt. (...) Fünftausend Mark sind kein Pappenstiel, aber meinetwegen Fünfzigtausend oder Fünfhunderttausend, das Resultat wird immer negativ sein. Die Behörde wird schon ihre Ohnmacht einsehen lernen. (...)
Meinetwegen verhafte man ganz Leipzig, ganz Deutschland, und man wird doch den Täter nicht haben, aber der selbe würde sich ganz kannibalisch freuen darüber, denn, man würde sich bei ihm höchst zuvorkommend entschuldigen, über die ihm zugefügten Belei-, und Belästigung. (...)
Also Herr Weber, glückliche Reise!
Es geht wohl nach Berlin? u. a. w. g.
Mit Rücksicht auf die Persönlichkeit des Mordbuben inserierte Staatsanwalt Dr. Mühle hierauf am 10. Februar: »A.R. 120. Unsinn, wohin?« Worauf am gleichen Tage nachmittags der nachstehende achte Brief in seine Hände gelangte.

»Unsinn – –? Nun wir werden es ja sehen. Vorläufig bin ich vom Gegenteil überzeugt. Ich kann Ihnen nur immer wieder versichern, das (...) es nie gelingen wird, mir eine Falle zu stellen. Wenn sich Ihr oben aufgeführter Satz

bewahrheitet, so soll es mich freuen, und Sie werden es nie bereuen. Wenn sich aber meine Annahme bestätigt, dann sind Sie, sowohl Ihre Famielie, bedauernswerte Menschen. (…)
Wenn Sie also gewillt sind, meine Bedingungen zu erfüllen, so tun Sie es bitte folgendermaßen: Die Sendung unter keinen Umständen wieder im Brief mit der Aufschrift! Machen Sie ein kleines Päckchen, vielleicht einen ganz kleinen Pappkarton und zwar so, das man auf keinem Fall bemerken kann, was in dem Päckchen enthalten ist. Es soll und darf kein Mensch davon eine Ahnung haben, das Geld darin ist. Versehen Sie es bitte mit folgender Aufschrift: ›Hermann‹! 120, A und bringen Sie dasselbe nach Hainstraße, zu Bäckerei und Conditorei von Mühlenberg! Bis um 6 (sechs) Uhr!
Sagen Sie bitte den Leuten, sie möchten doch bitte mal das Päckchen aufbewahren, bis dasselbe abgeholt werden wird. A.R.«

Noch immer hat *Argus* die Buchlegung seiner Memoiren nicht aufgegeben und kämpft um ein Honorar dafür. *Fünftausend Mark sind kein Pappenstiel.* Die Ermittler sind sich nunmehr sicher, dass sich *Argus* in finanziellen Schwierigkeiten befindet. Warum sonst hält er die bislang wenig gewinnbringende Korrespondenz aufrecht, wohl wissend, dass die Polizei längst involviert und ihm auf der Spur. *Argus* braucht Geld. Seine soziale Lage ist prekär, er ist aufs Honorar von Siegfried Weber angewiesen. Stetig minderte er seine Forderungen. Von ehemals veranschlagten 30.000 Mark, verlangt der Autor für seine Memoiren nur noch zwei, um überhaupt an Geld zu kommen. Doch zur Entlarvung führte bislang nichts.
Die Polizei ist ratlos und spekuliert in alle Richtungen. Französisch und die deutsche Sprachbeherrschung, der durchaus gewandte Ausdruck des Schreibers wirken geschult, sind sich die Experten einig. Vielleicht ist er im hiesigen Druck- oder Verlagsgewerbe tätig. Familiär scheint er alle Bindungen verloren. Unerkannt mischt er sich unters Volk und observiert die polizeilichen Observationen, die ihm gelten. *Und dann diese andern »Beamten«??! Oh! Horror! Alles Prachtexemplare. In der Tat!* Sein offensichtlicher Hang zur Verkleidung könnte auf einen Transvestiten weisen.
Mittlerweile hat der Fall von *Argus'* Mords-Memoiren auch überregional Beachtung gefunden. Die Leipziger Behörde steht überregional in keinem guten Licht. Hohngelächter und makabre Annoncen aller Orten und Druck-

erzeugnisse: »A.R. – ganz Ihrer Meinung! Ich drucke, 50.000 kein Problem.« Später widmen sich ganze Bücher dem Spektakel. Letztlich hilft den Ermittlern nur der Zufall und die Entschlossenheit des Verlegers Siegfried Weber.

Die Hainstraße führt vom Brühl direkt zum Markt. Hier befinden sich noch heute zahlreiche alte Handelshäuser, von denen Barthels Hof das wohl bekannteste ist. Im Haus Nr. 8, viertes von links, befand sich die Conditorei Mühlenberg.

Zunächst aber wurde in der *Conditorei von Mühlenberg* (Hainstraße 8) ein Paket mit einem höheren Geldbetrag hinterlegt »und eine scharfe Beobachtung des Ladens sofort eingeleitet. Bereits am Donnerstag, den 11. Februar, erschien nachmittags gegen ½ 2 Uhr ein Schulmädchen, das der Mörder auf dem Markt beauftragt hatte, und holte das hinterlegte Paket ab. Sie ging damit vor das alte Rathaus und wartete dort. Der Mörder, der sich in der Nähe aufgehalten haben muß, wagte es jedoch nicht, an das Kind heranzutreten. Das Mädchen brachte nach einer halben Stunde das Geld wieder in das Mühlenberg'sche Geschäft zurück. Der Raubmörder hatte offenbar den Mut verloren, sich an das Kind heranzuwagen, wie aus dem noch am selben Tage in die Hände der Behörden gelangte neuntem Briefe hervorgeht.

Ich glaube jetzt doch, das ich Recht hatte. Denn warum rannte gleich eine Verkäuferin des Bäckers schrägrüber in ein Lokal, als ich meinen Boten hinschickte – –? Als ich das sah, wuste ich genügend. Jedenfalls hat sie jemand benachrichtigt! Ich glaube wenigstens bemerkt zu haben, das sofort darauf einige, mir gut bekannte Herren erschienen, und hielt es für angebracht, schleunigst zu verschwinden. Sie haben unter diesen Umständen auch kaum das verlangte Päckchen hingeschickt! (...) Sollte ich mich getäuscht haben, so wäre das direckt ärgerlich, denn dann hätte das Geld ja der Bote, wenn er es nicht wieder zu dem Bäcker getragen hat.

Nun glaube ich aber, mich nicht getäuscht zu haben, denn wäre die Geschichte mit rechten Dingen zugegangen, dann hätte man doch das Päckchen dem Boten sofort geben können, aber der kam ja gar nicht wieder!!

Sollte ich mich doch getäuscht haben – was ja alles möglich ist, so lassen Sie mir bitte unter ›A. R. 120 getäuscht‹ Antwort zukommen, und ich werde, falls dies zutreffen sollte, noch einmal zu Mühlberg schicken.
Sollte sich aber bestätigen, daß mein Verdacht zutrifft, dann werde ich sofort meine Genossen telegrafieren, sie sollen auf der Stelle kommen, und dann gnade Ihnen (…).

Hierauf wurde sofort das Inserat: ›A. R. 120, getäuscht‹ erlassen, und die Überwachung des Mühlberg'schen Ladens fortgesetzt. Unterdessen war am 12. Februar in unserer Redaktion der nachstehende Brief eingegangen:

Sehr geehrte Redaktion!
Ohne besonders auf ihre mehr oder weniger entstellten, das wichtigste unterschlagende Artikel einzugehen, wollen Sie, bitte, folgendes zur Kenntnis nehmen, und falls es Ihnen beliebt, zur Kenntnis Ihrer Leser bringen: So vergeblich es für die Bewohner Leipzigs sein wird, jemals auf dem Mond spazieren gehen zu können, so vergeblich wird Ihre Hoffnung sein, uns bald gefangen genommen zu wissen.
(…)
Sie alle haben die Ohnmacht uns gegenüber einsehen müssen. Man möge die Probe aufs Exempel machen, und alle Bewohner Leipzigs, welche sich im 20–30 Jahre befinden, verhaften, man wird genau so weit sein wie vorher. Auch die Höhe der Belohnung wird nichts dazu beitragen, uns zu fassen. (…) Was die ›bürgerliche Entrüstung‹, ob dieser Schandtaten anbetrifft, so versteht sie wohl keiner besser einzuschätzen als ich, keiner mehr zu würdigen als ich.
Ich selbst habe, bevor ich wegen einer lächerlich geringen Verfehlung (…) die Bekanntschaft mit dem Gefängnis machte, selbst so geurteilt und solche Fälle aus dem Grund meiner Seele verabscheut; habe selbst es nicht fassen können, wie ein Mensch zu solch einer Tat fähig sein kann.
Ich entstamme (…) einer durchaus unbescholtenen, gut bürgerlichen (Familie), von denen heute noch Angehörige derselben angesehene Ämter bekleiden. (…) Diese traurigen, erbärmlichen Kreaturen sie schämten sich meiner weil ich mal im jugendlichen Übermute einen Fehltritt tat; sie verleugnen sich nie, diese ganze verdammte Philisterbande. (…)

Man glaubte damals, mich aus der Verzweiflung in die Arme der Philister treiben zu können, und fast hätten sie ihren Zweck erreicht. (…) Was hat man sich damals nicht alles mit mir erlaubt! (…) Eine Wut packt mich, eine grenzenlose Wut wenn ich daran denke. (…) Aber damit wären diese ›Herren‹ durchaus nicht gestraft, man kann sie viel empfindlicher treffen, nämlich an ihrem Allerheiligen: dem Geldsack. Und das mögen sich diejenigen gesagt sein lassen: Wer dieser Tage die Aufforderung von mir bekommt, eine bestimmte Summe an einem näher bezeichneten Ort zusenden, und dieser Aufforderung nicht strikte nachkommt, beweist damit, das ihm sein Mammon lieber ist, als sein Leben, und werden wir auch dem entsprechen ihm gegenüber verfahren. Ein Übergeben dieser Aufforderung an die Behörde, wird ein Schlag ins Wasser sein. Diejenigen aber, welche es sich zur Aufgabe machen, mich zu fangen, möchte ich den guten Rat geben, (…) sich möglichst einen stich- und kugelsicheren Panzer unterzuziehen (…).
Was dem als Post-Depeschen-Träger verkleideten Detectiv anbetrifft, so möge er sich bei der Dame bedanken, welche, als ich gerade meinen Browning abdrücken wollte, – vor ihm stehen blieb, und damit mir das Ziel verdeckte. Es wird schon mal passen!

Am Montag, den 15. Februar, entschloß sich der Mordbube, der bis dahin ebenso wie bei Becker nichts von der Observation gemerkt hatte, nochmals zu versuchen, sich in den Besitz des bei Mühlenberg hinterlegten Pakets zu setzen. Er schrieb an das Eilboten-Bureau in der Härtelstraße wie folgt:

Sehr geehrte Herr!
Lassen Sie bitte heute abend punkt 6½ Uhr von Herrn Bäckermeister Mühlenberg, Hainstraße 8, das bei demselben niedergelegte Päckchen abholen, welches ich dann später hole.
Achtungsvoll A.R.
Das Paket wurde auftragsgemäß ½7 Uhr bei Mühlenberg durch einen Boy abgeholt und nach der Eilbotenzentrale gebracht. Das ›Scheusal in Menschengestalt‹ zog es aber vor, sich weiterer Gelüste nach dem Gelde zu enthalten und verabschiedete sich bis auf weiteres am 16. Februar mit einem zwölften Briefe:

Bravo, Bravissimo!
(…) Na diesmal habt ihr ja definitiv den Beweis gegeben, wie ›rrreell‹ ›Ihr‹ es meint. Für mich ist es nach dem, was ich heute beobachtet habe, vollständig ausgeschlossen, das ich mir am Donerstag getäuscht habe. Bis heute glaubte ich indes, das es tatsächlich der Fall gewesen wäre; seit heute Abend, weis ich das Gegenteil. Auch das man in der Dame mit dem dunkelblauen Kostüm, welche sich verschiedene diverse Törtchen und Gebäcke kaufte und dann später auf und ab promenierte, den so sehnlichst gesuchten vor sich hatte, vermutete man nicht. (…) Bei dem heutigen Stande der Kosmetik, ist es ja, – bei etwas Geschick – eine Kleinigkeit als Dame aufzutreten, was die Leipziger Behörde auch wissen könnte. Abgesehen von der Ignorierung der ›Dame‹, hat man sich im grosen und ganzen etwas geriebener benommen als bisher. (…) Was nun die Herren Webers anbetrifft, so habe ich das sichere Gefühl, (…) das ich mich diese Herren mal auf eine ganz besondere Art »kaufe«; was ich in dieser Beziehung geschworen habe, wird unbedingt ausgeführt. Irgend wo und irgend wann.
(…)
Was glaubt und denkt man eigentlich! Man wähnt wohl einen bornierten Schwartenleser vor sich zu haben, dem der Erfolg seiner ›Taten‹ zu Kopfe steigt und dem Renommisterei alles, das tatsächliche aber nichts ist? (…)
Was ich von die Herren Webers von nun an zu halten habe, weiß ich, nachdem, ich sie auf den Zahn gefühlt. Auch verschiedene andere habe ich darauf gefühlt, von denen einige allerdings sich in richtiger Erkenntnis der Sachlage vorsichtiger gehandelt haben.
(…) Klammert euch ruhig weiter inbrünstig an eure liebe Behörde. Es soll mir von nun an eine heilige Pflicht werden, gerade euch speciell einige ganz besondere Denkzettel zu verabreichen. Einfachen und mittleren Leuten, soll von nun an alle Zukunft von mir und meinen Genossen, kein Haar gekrümmt werden. (…) Und würden die Wohlhabenden und schwerreichen Leute vernünftig sein und ohneweiteres meine bescheidenen Forderungen erfüllen, (…) dann braucht kein Mensch um sein Leben besorgt zu sein. Sobald ich aber sehe, das von einem dieser Leute sein Gold lieber ist als sein Leben, werde ich keine Rücksicht noch Hindernisse kennen, demselben sein überflüsiges Protzendasein so schnell als möglich zu beendigen. (…)
Gehabt euch wohl!

Auf ein weiteres Inserat vom 18. Februar: ›A. R. Törichte Schreiberei, scheinen Gespenster zu sehen, weshalb nur bis M. B.? Also Rücktritt vom Geschäft? Hätten es gern erledigt gesehen, nicht unsere Schuld‹, hat der Mörder nicht wieder reagiert.«
Nach diesem Brief No. 12 verstummt *Argus* – das »Scheusal in Menschengestalt«. Kein Brief. Kein Wort. Kein weiteres Angebot fürs »Werk, welches das größte Aufsehen in der ganzen Welt erregen wird«.

III. ACT

Auch vom letzten Akt des Dramas liest man in der Zeitung.

»Mordversuch 300 Mark Belohnung
Heute am 24. März 1910, frühmorgens gegen 3/4 7 Uhr ist das bei der Private Rauer in der Liviastr. Nr. 2, II., bedienstete Mädchen Marie Hulda Seifferth im Innern des Vorsaals hinter der Vorsaaltür bewußtlos in einer Blutlache aufgefunden worden. Nach der Überführung in das Krankenhaus sind bei der Seifferth 8 Wunden auf dem Kopfe festgestellt worden, die zweifellos von einem stumpfen Instrument, vermutlich dem Rücken eines Beiles oder Hammers, beigebracht worden sind. Hiernach liegt offenbar ein Verbrechen vor, an dessen Vollendung der Täter vermutlich gestört worden ist. Irgendwelche Wertgegenstände oder Geld werden nicht vermißt.

Wohnvillen im Leipziger Waldstraßenviertel. Die Liviastraße führt rechts am Elstermühlgraben vorbei.

Als Täter kommt in Frage eine bisher nicht ermittelte, auch nicht näher zu beschreibende Mannsperson, die sich Zutritt zu der Wohnung zu verschaffen gesucht hat durch Abgabe eines aus drei Fliederbüschen bestehenden Blumenstraußes (...). Anzunehmen ist, der Täter hat sich schon gegen 6 Uhr früh Eintritt in das Haus zu verschaffen gesucht, ist aber gestört worden und hat sich bis gegen 3/4 7 Uhr in der Nähe verborgen gehalten.
Alle Wahrnehmungen, die zur Ermittlung des Täters und zur Aufklärung des Sachverhaltes dienen können, bittet man der Kriminalabteilung des Polizeiamtes unverzüglich mitzuteilen.
Dort liegen Fliederstrauß und Papierhülle zur Einsicht aus.
Die obige Belohnung wird demjenigen zugesichert, durch dessen Angaben Ermittlung

und Überführung des Täters gelingt, vorbehaltlich angemessener Verteilung falls mehrere Berechtigte Anspruch erheben.«

Repräsentative Gründerzeitbauten säumen heute wie damals die Kurt-Eisner-Straße. Hier ein Beispiel eines repräsentativen Wohnhauses an der Ecke August-Bebel-/ Ecke Kurt-Eisner-Straße.

Schnell haben die Ermittler festgestellt, daß »der Blumen-(Flieder-)Strauß am Abend vor der Tat, am Mittwoch, den 23. März 1910, abends gegen 8 Uhr, in der Kronprinzenstraße (Kurt-Eisner-Straße) gekauft und zweimal mit weißem Seidenpapier umhüllt worden ist«. Der Täter kann beschrieben werden: Mitte der Zwanzig, schlank, aber kräftig, dunkelblondes Kopfhaar, Schnurrbart. Auffällig waren »auf beiden Wangen viele rote Pickel, genannt Blüten«. Einen angenehmen Eindruck hat der Täter nicht gemacht, eher finanziell abgekommen, ungepflegt.

»Bei der Tat hat sich der Täter annehmbar mit Blut stark besudelt.« So werden »Schlafstellenvermieter, Herbergswirte, Kaffeestubensitzer usw. hierauf besonders aufmerksam gemacht, da der Täter mit dem Blumenstrauß irgendwo genächtigt und dann sehr früh seine Schlafstelle verlassen haben muß, wenn er sich nicht während der ganzen Nacht in der Nähe des Tatorts herumgetrieben hat. Spaziergänger im Rosental bitten wir, nach einem eventuell weggeworfenen Werkzeug (Hammer oder Beil) zu fahnden.«
Am 3. April wird ein Verdächtiger verhaftet: Alfred Engst war »mit einem Fliederstrauß in der Gaststube von Schmidt auf der Nordstraße« gesehen worden. Doch erweist sich seine Unschuld. Die Belohnung zur Ergreifung des Täters wird um 1.000 Mark erhöht. Viele Zeugen melden viel Verdächtiges. Aber auch diesmal hat die Polizei keine heiße Spur, kann Zusammenhänge nicht erkennen.

»*Argus*, einer der gefährlichsten Verbrecher, die je Leipzig unsicher gemacht haben, konstatierte in seinem ersten Brief, es werde der Polizei nie gelingen,

einen einigermaßen intelligenten Täter zu fassen. Er fühlte sich offenbar sehr sicher – und behielt im Grunde recht. Er wurde zwar festgenommen, doch nicht durch die Polizei, sondern durch den Siegfried Weber.
Am 12. August 1910 rüstete sich der Verleger gegen achtzehn Uhr zu einem Jagdausflug. Sein Chauffeur wartete bereits mit dem Wagen vor dem Haus. Weber wollte eben nach der Waffe und dem Fernglas greifen, als ein Junge von der Straße an seiner Wohnungstür klingelte und einen weiteren Brief von *Argus* überbrachte. Der Verlagsbuchhändler sprang auf. Er hatte genug von dem Spiel, und er war entschlossen auf jede Gefahr hin, die Sache in seine eigenen Hände zu nehmen und Schluß mit dem Burschen zu machen. Er gab dem Jungen eine rasch geschriebene Antwort und warf sich in sein Auto. Sie folgten dem Boten, und als dieser zwei Männer ansprach, trat die Jagd nach *Argus* in das entscheidende Stadium. Die Männer flohen. Weber, sein Chauffeur und ein schnell auf der Straße herbeigewinkter Schutzmann setzten hinterher. Nach einer abenteuerlichen Verfolgungsjagd durch fast die gesamte Innenstadt konnte Siegfried Weber einen der Täter stellen: Karl Koppius, arbeitsloser Kellner.
Karl Koppius leistete keinen Widerstand, als man ihn packte. Er war vollkommen ausgehungert und erschöpft, er hatte nicht einmal 10 Pfennige mehr gehabt, um sich morgens mit einer Tasse Kaffee zu stärken. Sein Komplice Fritz Koppius lief der Polizei am andern Morgen in die Falle. Die Handschrift der Erpresserbriefe verriet sie. In ihnen hatte man das vier Jahre lang gesuchte Mörderpaar endlich ergriffen.«

Die Gebrüder Koppius gestehen. Und sie gestehen nicht nur den Mordversuch an Hulda Seifferth. Die Zeitung verkauft im Sonderdruck:

»Das Geständnis der Raubmörder Karl und Fritz Koppius
Leipzig, 17. August 1910. Am 16. August 1910 hat die Staatsanwaltschaft ihre Erörterungen gegen die Brüder Koppius wegen der verschiedenen in den letzten Jahren hier verübten schweren Straftaten abgeschlossen und die Sache an den Untersuchungsrichter beim Landgericht Leipzig weitergegeben. Dem Staatsanwalt Dr. Mühle ist es nicht nur gelungen, den Brüdern Koppius eine große Anzahl schwerer Verbrechen nachzuweisen, sondern er hat auch beide zu umfassenden Geständnissen gebracht.

Danach hat Karl Koppius, während er in der *Taberna* in Stellung war, nach einem einmaligen vorherigen mißglückten Versuch vom 14. Dezember 1906 am 17. Dezember 1906 den Geldbriefträger Rübner mit dem Hammer niedergeschlagen. Und zwar im Treppenhaus des Grundstückes Nikolaistraße 11/13, hat mit einem eigens dazu geschliffenen Messer ihm beide Bestelltaschen abgeschnitten und mit diesen etwa 9.000 Mark geraubt. Den Raub hat er zunächst vorübergehend im Kohlenschuppen des Weinrestaurants *Taberna* untergebracht und bis zum Herbst 1907 in der Hauptsache durch Verlust bei Rennwetten verloren.
Am 5. Oktober 1907 hat Karl Koppius weiterhin einen Raubmordversuch an der Fabrikbesitzersehefrau Wagner im Treppenhaus des Grundstücks Gottschedstraße 15 verübt. Er kannte die Wagner nicht, traf zufällig mit ihr am genannten Tage in der Nähe des Marktes zusammen, wo sie durch ihre Brillanten und ihr silbernes Geldtäschchen seine Aufmerksamkeit erregte. Da er völlig mittellos war und am 17. Oktober heiraten wollte, folgte er kurzentschlossen der Wagner bis zum Grundstück Gottschedstraße 15, drängte sich vor ihr durch die Haustür und fiel sie im Treppenhaus mit seinem Taschenmesser an, indem er versuchte, ihr den Hals zu durchschneiden. An der Durchführung der Tat wurde er durch die gellenden Hilferufe der Frau und durch das Einklappen seines Taschenmessers gehindert.
Die Ermordung der Friedrich'schen Eheleute haben die Brüder Karl und Fritz Koppius gemeinschaftlich verübt. Zunächst war beabsichtigt die Tat im Grundstück Petersteinweg 1 auszuführen. Da dort die Untermieter noch in der Wohnung waren, begaben sich die Brüder Koppius in die Friedrich'sche Wohnung. Die Ehehleute Friedrich sind mit einem schweren Hammer von Karl Koppius niedergeschlagen worden. Fritz Koppius hat sich besonders an der Tötung der Friedrich'schen Eheleute mit beteiligt. Karl Koppius empfing den Geldbriefträger. Fritz Koppius hatte es übernommen, ihn mit dem Hammer niederzuschlagen. Die Ermordung und Beraubung des Geldbriefträgers ist nur unterblieben, weil der zweite Briefträger vor dem ersten nicht wegging.
Die seinerzeit veröffentlichten und auch die späteren Erpresserbriefe an die Firma Weber hat bis auf einen Teil des zweiten Erpresserbriefes und einige Adressen (derselben), die Fritz Koppius geschrieben hat, Karl Koppius geschrieben und auch selbst verfaßt. Bei den verschiedenen Versuchen, die

erwarteten Geldbeträge abzuholen, sind beide Brüder tätig gewesen. Ein dritter Täter kommt weder für den Friedrich'schen Mord noch für die Erpressungen in Frage.
Endlich haben die Brüder Koppius gemeinschaftlich auch das Attentat in der Liviastraße vom 24. März 1910 verübt. Sie haben zusammen am Abend vorher den Einkauf des Fliederstraußes bewirkt, im Laden war Fritz Koppius. Bei der Tat hat Fritz Koppius dem Dienstmädchen Seifferth zunächst den Strauß überreicht, dann ist er ihr an den Hals gesprungen, hat sie zu Boden geworfen. Darnach hat Karl Koppius mit einem Hammer das Mädchen wiederholt auf den Kopf geschlagen. Verscheucht wurden die Täter durch das Schreien des Mädchens und das Klingeln der Rauer. (…)
Die Geständnisse der Brüder Koppius decken sich gegenseitig vollständig. Auf die Angabe des Karl Koppius ist auch im Walde hinter der Kettenbrücke der Hammer, den er zur Ermordung der Eheleute Friedrich und zum Attentat auf die Seifferth verwendet hatte, gefunden worden.«
(…) Die Verbrecher stehen alsbald vor Gericht. Karl Koppius »hat in der ganzen Verhandlung starke Energie, entschiedenen Geist und Witz und nur einmal Bedauern gezeigt: als er darauf zu sprechen kam, wie er an einem unglücklichen Tag, als er körperlich schlecht disponiert war, von seinen Verfolgern, die er verächtlich als Idioten bezeichnet, überwältigt und gefangen wurde. In seinen Briefen und Äußerungen spricht er sich weitaus stärker, als man es sonst von Mordprozessen her kennt, die soziale Wut aus. (…) Diesem Mann hat es von Natur aus an nichts gefehlt, um ein wertvoller, vielleicht ein bedeutender Mensch zu werden: starkes Denken, Stolz, Empfindung, Phantasie, alles hatte er; und seine kindische, übrigens durchaus stereotype Verbrechereitelkeit kommt ganz vom Mangel an Bildung oder Heuchelei, wie man's nennen will. All seine ungeheuere Bosheit und Erbarmungslosigkeit ist Schuld der Gesellschaft, die ihn nicht aufkommen, die ihn nicht zu seinem Berufe, die ihn nicht zur Übung des Denkens kommen ließ. (…) Jetzt sind wir auf die ungenauen Angaben der Tagespresse angewiesen. (…) Er spricht von selbstzufriedenen Philistern; ernennt auch die, die prassen und Tausende verhungern lassen, Mörder. (…) Er erklärt, er selber habe keine Spur von Moral in sich und keinerlei Respekt vor der Gottähnlichkeit der Reichen. Vieles von allem mag angelesen und nicht originell sein; aber er hat es durch den ingrimmigen Volkston seiner Sprache zu sei-

nem Eigengut gemacht; und vor allem: in dem Munde eines Mannes, der so furchtbar getan hat, wie er dachte, wirken solche Worte wie das, was wir unmittelbare Eingebungen eines Genies nennen, obwohl es ja auch nur Weiterleben des immer Gewesenen ist.
Kurz vorher, als Karl Koppius beim Militär stand, machte er den Eindruck eines seltenen warmen Menschen von Gefühl und rührend-liebenswürdiger Phantasie. (…) Der Offizier, bei dem er diente, hatte ein Kind, das Karl Koppius liebgewonnen hatte; in der Nacht vor dem Geburtstag des Kindes stand er auf, um in heimlicher Liebe das Bett des Knaben mit Blumen zu überschütten. Diesen glühenden Jüngling hat die Gesellschaft zum wilden Menschensein, zum Räuber und Mörder gemacht. Und nun wird sie diesem, ihrem eigenen Kind, damit die Schande aus der Welt kommt, den Kopf abhacken. (…) Wir können nichts für ihn tun. Er hat viel für uns getan, wenn wir uns sein Schicksal zu Herzen, zu Hirn und zu Hand gehen lassen. An unserer Natur, unserem Wesen, unsrer Menschenart liegt's nicht, daß es so grauenhaft zwischen uns hergeht. Das ist schuld, was zwischen uns hergeht, daß wir nicht das halten, was wir versprechen; daß wir nicht das sind, was wir doch sind. (…) Heute ist's so, daß die Kleider, die wir umhängen haben, einander auf Leben und Tod bekämpfen, daß aber die lebendigen Menschen an Leib und Seele die Wunden davon tragen. (…) Stellt die Ordnung der Natur wieder her; verstehet das Wort des weisen Sokrates: Erkenn dich selbst, wie du wahrhaft bist, hinter all dem Plunder, den du umhängen hast, und handle nicht nach den Gesetzen des Plunders, sondern nach dem Wesen des Menschen. Erkenne dich selbst, deinen Nächsten und Gleichen, in dem, der vor dir steht; erkenne ihn hinter der Larve, die er angetan hat wie du. Alle miteinander sind wir nackte Menschenleiber und lassen uns tief ins Fleisch hinein peinigen und ins Blut hinein vergiften von des Nessusgewändern dieser verruchten Fratzengesellschaft, die keiner sein will und die jeder doch ist.« Das Todesurteil ist erwartet, Karl Koppius' Gnadengesuch und die Bitten seiner Frau werden abschlägig beschieden. »Dresden, den 14. November 1910. Se. Majestät der König hat auf Vortrag des Justizministeriums beschlossen, in Bezug auf die vom Schwurgericht gegen Karl Friedrich Koppius erkannte Todesstrafe von dem Begnadigungsrecht keinen Gebrauch zu machen, dagegen die von dem Friedrich Wilhelm Koppius zuerkannte Todesstrafe in lebenslängliches Zuchthaus zu verwandeln.«

König Friedrich August III. von Sachsen (1865–1932) lehnte das Gnadengesuch von Karl Koppius' Frau ab.

In der Begründung heißt es, Fritz Koppius sei begnadigt worden, »weil er der Verführung seines älteren und energischeren Bruders Karl erlegen war. (…) Der 29jährige Karl Koppius, von Beruf Flaschenspüler, dann Hausdiener, dann Kellner, war ursprünglich fleißig und arbeitsam gewesen, hatte sich eifrig fortzubilden gesucht und sich schon als junger Bursche 500 Mark zu sparen verstanden. Irgendwie war es auf einmal anders mit ihm geworden: Spiel und Müßiggang, Rennwetten, die ihm mühelosen Gewinn bringen sollten, brachten nur Fehlschläge, aber Spiel und Spekulation hatten in ihm die Sucht geweckt, auf irgendeine Art reich zu werden. Ein Zufall brachte ihn auf den Gedanken, einen Geldbriefträger zu überfallen. Als seine Hände erst einmal von Menschenblut befleckt waren, fand er keinen Weg mehr zurück. (…)«

Die Vollstreckung wurde anberaumt. Gäste waren zugelassen, die Platzzahl begrenzt. 50 Personen erhielten Eintrittskarten. 20 allein bot das Opfer Lisbeth Wagner aus Naunhof auf. Scharfrichter Brand waltete seines Amtes.

Die Schwestern der mörderischen Brüder beantragten einen Namenswechsel. Zu sehr erinnerte Koppius' an Bluttat und Verbrechen, war Gesprächsstoff und in der Öffentlichkeit bekannt. Ihrem Antrag wurde stattgegeben. Sie nahmen den Geburtsnamen ihrer Mutter an: Meier.

GOHLIS
Eutritzsch
Straßenbahn-Depot
Militär-Waschanstalt
Schillerhain
Schillerhaus
Friedens K.
Schiller-Gymn.
Schreber-Gärten
Gohl. Wehrbr.
Pleiße
Rosental
Friedenseiche
Große Wiese
Leutzscher A.
Waldstr. Br.
Frege Teich
Tennis-Pl.
Tennis-Plätze
Schweizerh.
Fechner D.
Zool. Garten
Rosental-Teich
Bonorand
Gellert-D.
Kammgarn Spinn.
K. Albert Gymn.
I. Realsch.
York Pl.
Bezirks-Kommando
Nördl. Schreber Gärten
Michaelis-K.
Nord-Pl.
Freilade
Brausebad
Bahnhof
Städt. Gasanst. I
Elektr. Werk
Hauptzoll-Amt
Preuß. Güter
Berliner Str.
Dresdner Bhf.
Sächs. Güter-Bhf.
Brandenburger Str.
Berliner Bhf.
Straßenb. Depot
Lokomot. Schuppen
Christianstr.
Humboldtstr.
Meßplatz
Frege Str.
Gustav Adolfstr.
Alt. Theat.
Neues Theat.
Handels-Lehranst.
Ref. K.
Börse
Blücher Pl.
Hauptpostamt
Kristall-Pal.
Apost. K.
Marien Pl.
Matthäi K.
Turnhalle
Kredit A.
Orts-Krankenk.
Dörrienstr.
Kgl. Palais
Nikolai K.
N. Theater
Augustus Platz
Universit.
Museum
Johannis-K.
Johannis Pl.
Alter Johannis Friedh.
Rabenst. Pl.
Gärten
LAGWITZ
König Albert Park
Scheiben Holz
Rennbahn
Tribüne
Die Nonne
Kettensteg
Reichs Ger.
Konservat.
Konzerth.
Südl. Schreber Gärten
Städt. Schul Gärten
Städt. Freibad
Der Beipert
Schreber Gärten
SCHLEUSSIG
Prov. Kirche
Pleißen Wehr
Süd Pl.
Andreas K.
Peters K.
Petrisch.
Anatomie
Bayrischer Bahnhof
Städt. Krankenhaus (St. Jakob)
Siechen Haus
Botan. Garten
Psych. u. Nerven Klinik
Physik. Inst.
Kgl. Sternwarte
Johannis-Tal
Johannis Stift
Frauen Klinik
Landwirtsch. Inst.
Patholog. Inst.
Veterinär Inst.
Prachtstr. z. Völkerschlacht-Dm.
Diana-Bd.
Berliner Bhf.

KOPFLOS IM GEPÄCK

Die ehemalige preußische Seite des Leipziger Hauptbahnhofs

Am 7. März 1922 meldeten die Zeitungen: »Eine Mordtat in Leipzig – Montag Nachmittag, den 2. März 1922, 6:30 Uhr hat eine etwa 50-jährige Frau vor dem Hauptbahnhof, preußische Seite, zwei Dienstmänner beauftragt, einen Reisekorb aus Weidengeflecht zum Zug 7:14 nach Halle zu bringen und in einen Personenwagen vierter Klasse zu stellen. Die Dienstmänner hatten die Nummer 49 (Otto Böttcher) und 38 (Robert Hentschel). Der Reisekoffer hatte sich auf einem vierrädrigen Handwagen befunden, der am Droschkenplatz gegenüber dem Astoriahotel stand. Beim Wagen hat sich ein junger Mann aufgehalten, der offenbar Beziehungen zur Auftraggeberin hatte. Der Korb auf dem Wagen war mit Säcken zugedeckt. Die Frau selbst war in großer Eile und sehr aufgeregt. Sie zeigte große Sorge, daß der Korb rechtzeitig zum Zuge käme und hatte für die Dienstmänner bereits Bahnsteigfahrkarten gelöst. Sie hieß sie immer vorausgehen und teilte ihnen mit, daß sie sich selbst noch eine Fahrkarte lösen wolle und die Dienstmänner dann am Zuge wieder treffen wolle. Als sie indes bei Abgang des Zuges nicht kam, nahm ein Dienstmann den Korb wieder aus dem Zug heraus und brachte ihn, da ihm die Sache verdächtig vorkam, zu der Kriminalhauptstelle im Hauptbahnhof. Hier öffnete man den Koffer und fand unter blutigem Papier einen schwarzen Herrenmantel mit Samtkragen. Darauf lag eine goldene Uhr mit Kette. Dann kam unter nochmaligem Papier die Leiche eines Mannes ohne Kopf zum Vorschein und zwar auf dem Bauche liegend.

Gepäckträger an einem Zug der Deutschen Reichsbahn. Auf diese Weise wollte die Mörderin ihr Opfer entsorgen.

Der Querbahnsteig des Leipziger Hauptbahnhofs um 1930. Der Bahnhof ist seit seiner Entstehung der flächenmäßig größte Kopfbahnhof Europas.

(...) Personalbeschreibung der Frau: Sie wird als etwa im Alter von 45 bis 60 Jahren stehend geschildert, soll ca. 1,55 Meter groß sein und ein langes schmales Gesicht haben. Sie war bekleidet mit einem schwarzen Kleid und schwarzem Hut und machte den Eindruck einer besseren Arbeiterfrau oder einer solchen aus dem Mittelstand. Als besonderes Kennzeichen wird angegeben, daß sie anscheinend ein fehlerhaftes, rechtes Auge hatte, was entweder von Schielen herrührte oder sonst einen starren Ausdruck zeigte.
Personalbeschreibung des jungen Mannes: Nach den Augenzeugen hat dieser eine Größe von 1,65 bis 1,75 Meter, kann 18 bis 25 alt sein, hat ein langes schmales Gesicht und ist bartlos. Bekleidet war er mit dunkelen einfachen Sachen und einem weichen schwarzen Hut. Er machte den Eindruck eines Gelegenheitsarbeiters.

Der Reisekorb trug einen Klebezettel mit folgender Aufschrift: 1 Stück von Leipzig Hbf Pr. Stbhf nach 24B Wahren und die Gepäcknummer 436. Auf dem Deckel stand in großen lateinischen Buchstaben, soweit man es entziffern konnte, das Wort Elli.
Wie schon erwähnt wurde, war die Leiche ohne Kopf. Der Kopf selbst war nicht aufzufinden. Allem Anschein nach handelt es sich bei dem Ermordeten um einen rothaarigen Juden von schwächlicher Gestalt. Er trug eine schwarze gestreifte Hose, einen schwarzen Rock und eine dreiteilige Weste mit hellem Ärmelfutter. Ferner eine graue Unterhose und schwarze wollene Socken. Das grüne Hemd zeigte rote und blaue Streifen. Die Hosenträger

waren graublau, die Taschentücher waren wie das Hemd, mit E.C. 18 oder 13 gekennzeichnet. Ferner befand sich bei ihm ein Schließfachschlüssel der Firma Kästner mit der Nummer 3060. Die weitere Untersuchung ergab einen goldenen Klemmer in einem Lederfutteral, ferner eine kleine Schnupftabakdose aus Horn, die schwarz und gelb markiert war. Von Wichtigkeit dürfte ein braunes Reklamenotizbuch der Firma Orenstein & Koppel in Berlin sein, in dem sich zahlreiche Adressenangaben befanden. Es enthielt anscheinend Kundenadressen, sowie Notizen über abgeschlossene Geschäfte, die sich teils auf Schokolade, teils auf Konfektionswaren bezogen.

Das Hotel Astoria, ehemals erstes Haus am Platze. Gegenüber dem Hotel befand sich der Droschkenplatz.

Die Leiche hat schätzungsweise eine Länge von 167–168 Zentimeter. Sie war eingewickelt in eine grüne Decke mit gelben Streifen, die als Reise- oder Pferdedecke anzusprechen ist. Der übriggebliebene Halsteil war in eine rote Decke eingehüllt. In der Manteltasche befand sich ein kleiner sechsläufiger geladener Trommelrevolver, aus dem offenbar in letzter Zeit nicht geschossen worden war. Nach der Aussage von Prof. Dr. Kockel, Vorstand des gerichtsärztlichen Instituts der Universität, kann die Leiche bis zu drei Tagen alt sein. Jedenfalls war verhältnismäßig wenig Blut in den Umhüllungen vorhanden und auch am Reisekorb waren nur geringe Blutspuren bemerkbar. Sie ist also bereits an anderer Stelle ausgeblutet. Von Wichtigkeit für die Feststellung des Namens des Ermordeten ist, daß sich ein Bezugsschein der ›Leipziger Neusten Nachrichten‹ bei dem Ermordeten vorfand.
Sachdienliche Angaben sind zu richten an die Kriminalpolizei, deren Mordkommission sofort nach Meldung im gerichtsärztlichen Institut erschien und die Untersuchung in die Hand genommen hat. Telephonische Meldungen an das Hauptpolizeiamt, Zimmer 106, und an jede Polizeiwache.«

Mit Inbetriebnahme der Eisenbahn dachten Mörder auch daran, sich mit Hilfe von Zügen ihres Opfers zu entledigen, über weite Strecken weg wohin

Im gerichtsärztlichen Institut der Universität (heute Institut für Rechtsmedizin) fand die Obduktion des Opfers statt.

Die Polizeidirektion Leipzig an der Ecke Dimitroffstraße/Peterssteinweg

zu transportieren. Die Hochzeit der Kofferleichen begann 1859, und sie dauert an. Der erster der sagenhaften »Koffermörder« hieß Johann Schmidt und kam aus Wien. Er tötete seinen Arbeitgeber und gab am 15. März 1859 dessen Körper samt ausgefüllten Frachtpapieren am Gepäckschalter des Bahnhofs auf.

Die Ermittlungen im Fall der Kofferleiche auf dem Leipziger Hauptbahnhof im Jahre 1922 zeitigten schnell Ergebnisse. Bereits am folgenden Tag lobt die Presse die »erfolgreiche Arbeit der Leipziger Kriminalpolizei«.
»Wir können heute mit Genugtuung feststellen, daß es durch die sofort einsetzende umfangreiche Tätigkeit der Leipziger Kriminalpolizei sehr schnell gelungen ist, den Toten zu identifizieren. Wie wir aus eigenen Erkundigungen feststellen konnten, nahm die Mordkommission sofort eine genaue Untersuchung des Toten vor, wobei auch ein Nähring zutage gefördert wurde, wie ihn die Kürschner benutzen. An Hand des Monagramms in der Wäsche, die E.C. gezeichnet war, und einer Zigarrenspitze, auf der der Namen einer Gastwirtschaft aufgedruckt war, stellte es sich schließlich heraus, daß der Ermordete niemand anderes sein könne, als der privatisierende Kürschnermeister Emil Conrad.
Noch mitten in der Nacht zum Dienstag wurden die bei dem Toten im Reisekorb aufgefundenen Gegenstände Freunden und Bekannten Conrads vorgezeigt, die diese sämt-

lich als dessen Eigentum wiedererkannten. Auch eine verheiratete Tochter Conrads wurde im Laufe der Nacht sofort von dem an ihrem Vater begangenen grausigen Verbrechen verständigt und vernommen. Die Tochter lebte seit einigen Tagen um ihren Vater in großer Sorge, da dieser auf ihr unerklärliche Weise verschwunden war, und war tief erschüttert, als sie das traurige Ende ihres Vaters vernehmen mußte.«

Allerdings hatte ihre Mutter ein von ihr nicht dechiffrierbares Telegramm erhalten: »Gekauft, einpacken, komme Montag, Dienstag.« Unterzeichnet: Emil. Die Familie war ratlos, nun geschockt.

»Inzwischen war die Spur des Verbrechers durch verschiedene Aussagen, Feststellungen und Erörterungen nach der Ewaldstraße 18, Volkmarsdorf, gelenkt worden. Dort wohnt die 47-jährige Witwe Berta Hoffmann, die den Ermordeten näher kannte und geschäftlich mit ihm zu tun hatte. Am Mittwoch früh 7 Uhr wurde Frau Hoffmann bereits festgenommen und in das Polizeigefängnis eingeliefert. Frau Hoffmann war Ende vorigen Jahres erst in das Grundstück Ewaldstraße 18, das sie käuflich erworben hatte, eingezogen. Sie betrieb in dem im Hause befindlichen Laden ein Nahrungsmittelgeschäft, handelte mit Christbaumschmuck, Wein, Likören usw. Infolge eines Augenleidens gab sie das Geschäft dann aber auf.« Ungewöhnlich hatte sie sich nur insofern verhalten, dass sie am vermuteten Tattag »einen vergnügten Abend im Café« machte und für sich und ihre Kneipengäste eine Rechnung beglich, die sich auf mehr als 90 Mark belief.

Die Ewaldstraße heißt heute Dornbergerstraße und liegt im Stadtteil Volkmarsdorf. Das Haus Ewaldstraße 18 befand sich in unmittelbarer Nähe der Lukaskirche. Heute ist die Straße durch moderne Neubauten geprägt. Das Foto zeigt den Zustand der Häuser in der Nähe der Lukaskirche um 1980.

»Sie hatte schon, als sie das Ladengeschäft noch betrieb, ein Nebenstübchen eingerichtet, in dem Spirituosen verschenkt wurden, und als sie den Laden aufgegeben hatte, empfing sie sehr oft Besuche älterer Herren, die bei ihr aus und ein gingen. Autos und Droschken fuhren bei ihr vor, und die Nachbarn beobachteten, daß sehr oft bis in die

Ein Süßwarengeschäft in Leipzig um 1922. Ein ähnliches Geschäft besaß Frau Hoffmann in der Ewaldstraße.

Nacht in der Wohnung von Frau Hoffmann ›Betrieb gemacht‹ wurde. Hausangehörigen gab sie an, daß die älteren Herren Bekannte ihres verstorbenen Mannes seien, die ihr mit Rat und Tat zur Seite stünden, Da sie ein Dienstmädchen hatte, konnte es sich Frau Hoffmann leisten, tagsüber sehr viel auszugehen. Mitte voriger Woche hatte Frau Hoffmann ihr Grundstück in der Ewaldstraße 18 verkauft und wollte nach Lindenthal ziehen, wo der ermordete Conrad wohnte.

Gleich bei ihrer Ankunft im Polizeigebäude wurde Frau Hoffmann von den beiden Dienstleuten Nummer 40 (Otto Böttcher) und 38 (Robert Hentschel), die den Korb ahnungslos zur Bahn gebracht hatten, gegenübergestellt. Die Dienstleute erkannten sie sofort mit voller Bestimmtheit als die Frau wieder, die ihnen den Auftrag erteilt hatte. Frau Hoffmann leugnete, jemals mit den Dienstmännern gesprochen oder ihnen einen Auftrag erteilt zu haben, aber einer der Dienstleute hob noch hervor, die Frau an ihrem Augenfehler ganz bestimmt wiederzuerkennen. (…) In der Tat schielt Frau Hoffmann stark und hat außerordentlich schlechte Augen. Sie ist von untersetzter Figur, schlank, hat schmales Gesicht und leicht gewelltes, dunkles Haar.

Bei der Gegenüberstellung der Leiche des Ermordeten erschütterte sie der grausige Anblick des Toten und brachte sie außer Fassung, aber sie blieb doch fest bei ihrer Behauptung, den Mord nicht begangen und auch den Korb mit der Leiche nicht aufgegeben zu haben.

In der Zwischenzeit war bei der Kriminalpolizei freiwillig ein sehr wichtiger Zeuge erschienen: Der junge Mann, der den Wagen mit dem Reisekorb gefahren hatte. Er gab an, daß Frau Hoffmann am Donnerstag oder Freitag voriger Woche bei seinem, ihr befreundeten Vater in Plagwitz erschienen sei und diesen gebeten habe, den Reisekorb, den sie mitgebracht habe, einstweilen in seinem Keller aufzubewahren. Sein Vater habe ihr den Gefallen erwiesen und am Montagnachmittag sei Frau Hoffmann in die elterliche Wohnung nach Plagwitz gekommen und habe gefragt, ob der Junge (der

Zeuge) ihr den Korb nach dem Hauptbahnhofe bringen könne. Der Vater habe dem zugestimmt, der Korb sei aus dem Keller geholt, von ihm, dem Zeugen, und der Frau Hoffmann nach dem Hauptbahnhofe gebracht und dort zwei Dienstleuten übergeben worden.
Das Lügengewebe der Frau Hoffmann hatte durch diese Angaben einen großen Riß bekommen. Sie wurde dem jungen Mann gegenüber gestellt, leugnete aber trotz alledem dreist weiter, mit der Mordtat irgend etwas zu tun zu haben. Mit einem Schwall von Worten suchte sie sich herauszureden und den sie vernehmenden Beamten zu überzeugen, daß hier möglicherweise ein andrer Korb in Frage käme. Erst behauptete sie, in dem Korb, den sie mit dem jungen Mann zum Hauptbahnhofe gefahren habe, seien nur Betten gewesen und änderte auf Vorhalt, daß der Korb aber doch sehr schwer gewesen sei, ihre Aussage dahin ab, daß sie Schutt in den Korb zu den Betten gepackt habe.
(…) Nach ihrer Angabe hat sie mit dem ermordeten 65-jährigen Emil Conrad einen Hauskauf abgeschlossen. Herr Conrad wohnte in Lindenthal, und Frau Hoffmann hatte von ihm das dort gelegene Grundstück gekauft. Am Donnerstag oder Freitagabend voriger Woche sei nun in ihrer Wohnung der Hauskauf perfekt geworden. Conrad sei mit einem ihr unbekannten Herrn erschienen, habe ihr eine Quittung über 33.000 Mark ausgestellt und dann von ihr das Geld genommen. Die Herren hätten angeblich Lust gehabt, bei ihr den Abend zu bleiben, und sie sei deshalb aus der Wohnung gegangen, um für das Abendbrot einzukaufen. Als sie wiedergekommen, sei der Herr Conrad nicht mehr anwesend gewesen. Der Unbekannte sei allein gewesen und hätte gesagt, Herr Conrad käme bald wieder. Dann hätte der Unbekannte ihr mitgeteilt, daß er sich inzwischen ihren Reisekorb geborgt und etwas hineingepackt habe (???) Wenn ein Dienstmann komme, solle er hereingelassen werden, er bringe noch eine schwere Presse. Sie möge so freundlich sein, den Korb aus dem Hause zu bringen. Er habe ihr 5.000 Mark für diese Besorgung gegeben, und sie habe den Korb zu ihren Bekannten nach Plagwitz gebracht. Als der unbekannte Mann ihr dann gesagt habe, sie solle den Korb nach Magdeburg bringen, habe sie den Korb mit dem jungen Mann nach dem Hauptbahnhofe geschafft, um nach Magdeburg zu fahren.
Der ›Unbekannte‹, der ja in fast allen Kriminalfällen eine große Rolle spielt, ist bei Frau Hoffmann reichlich spät aufgetreten. Erst als sie sah, daß der Lü-

genschleier immer mehr und mehr zerriß, nahm sie den ›Unbekannten‹ zur Hilfe. Daß freilich irgendein Mittäter in Frage komme, ist nicht so leicht von der Hand zu weisen, denn die Beseitigung der des Ermordeten dürfte Kräfte erfordert haben, denen die Angeschuldigte nicht ganz gewachsen ist.
(...) Das Dienstmädchen der Ermordeten wurde ebenfalls vernommen. Das Mädchen gab an, daß sie zusammen mit Frau Hoffmann den Korb nach Plagwitz gefahren habe. Frau Hoffmann habe außerdem ein kleines Paket in der Hand gehabt, das nach unten spitz, nach oben viereckig verlaufen ist. Das Mädchen hat den Eindruck gehabt, daß das Paket mit Ziegelsteinen beschwert war. Es besteht nun die Wahrscheinlichkeit, daß Frau Hoffmann das Paket, in dem sich sicherlich der Kopf des Ermordeten befunden hat, an der Heiligen Brücke oder Sachsenbrücke in das Wasser geworfen hat.«

»Der mysteriöse Mord, der an dem 67Jahre alten Kürschnermeister Emil Conrad begangen wurde, hat in der Bevölkerung große Erregung hervorgerufen. Neben allergrößter Anteilnahme mit den schwer getroffenen Verwandten des auf so grausame Weise aus dem Leben Geschiedenen erweckt die Art der Ausführung der Tat in der Einwohnerschaft tiefste Abscheu vor der immer noch leugnenden Witwe Bertha Hoffmann. Obwohl sich der Ring der Beweise immer enger schließt, bleibt diese Frau doch bei ihrer ständigen Rede: ›Ich bin es nicht gewesen!‹
(...) Sie verwickelt sich fortwährend in Widersprüche, findet blitzschnell einen Reichtum an leeren Worten, um sich zu verteidigen, ist teils entrüstet, wenn sie beschuldigt wird, teils beleidigt. Von innerer Erregung ist bei ihr nicht mehr viel zu spüren. (...) Daß sie den bedauernswerten Herrn Conrad ums Leben gebracht hat, steht zwar noch nicht ganz fest, aber sicher ist, daß zum mindesten eine Mittäterin bzw. Mitwisserin dieses scheußlichen Verbrechens ist.
Die Witwe Hoffmann hatte früher in Lindenthal gewohnt und dort ihr Haus an Conrad verkauft. Nun stand sie mit dem Ermordeten in Unterhandlungen, um das Haus zurückzukaufen. Conrad scheint damit auch einverstanden gewesen zu sein und ist zum Abschluß des Hausverkaufs bei ihr in der Wohnung erschienen. Hier hat, wie die festgenommene Frau Hoffmann erklärt, Conrad eine Quittung über 33.000 Mark ausgestellt und diese Summe von ihr in Empfang genommen. Es ist nun nicht ausgeschlossen,

daß sich Frau Hoffmann durch den Mord wieder in den Besitz der Summe bringen wollte und die Tat ausgeführt hat. (...)
Es erscheint ausgeschlossen, daß sie den alten Herrn, der noch ziemlich kräftig war, durch Erwürgen aus dem Wege geräumt hat, Gift kommt nach dem Ergebnis der Leichenöffnung auch nicht in Frage, bleibt nur noch übrig, daß der Tod durch Zertrümmerung der Schädeldecke mit einem schweren Werkzeug oder durch Erschießen eingetreten ist. (...) Sie kann dann den Leichnam in aller Ruhe in den Korb verpackt und ihn mit ihrem Dienstmädchen aus dem Hause gebracht haben. Daß sie selbst den Kopf von der Leiche getrennt hat, ist umso eher anzunehmen, als seit jenem Tage ein Rasiermesser, mit dem sie wahrscheinlich die fürchterliche Tat vollbrachte, aus ihrer Wohnung verschwunden ist.« Dazu gibt später ihr Sohn Fritz Libbach zu Protokoll: »Seit dem 3. März vermisse ich ein schwarzes Rasiermesser, das ich zuletzt am Dienstag und am Mittwoch früh benutzt hatte. Mutter erkundigte sich nach der Schnittfähigkeit.«
Die Durchsuchung der Wohnung wurde »am gestrigen Mittwoch vorgenommen. Die Kriminalpolizei meldet folgendes: Die gründliche Durchsuchung der Hoffmannschen Wohnung in der Ewaldstraße 18 ergab mit unzweifelhafter Sicherheit, daß Herr Conrad in einem fensterlosen Raum hinter dem Korridor ermordet worden ist. Es fanden sich zahlreiche Blutspritzer in einer Ecke an der Tür und an der Wand. Es müssen sich größere Blutlachen auf dem Fußboden befunden haben. Diese sind nach Möglichkeit durch Aufwischen beseitigt worden. (...) Hervorgehoben sei, daß unter dem Gußstein auch ein Küchenmesser gefunden wurde, an dessen Griff noch deutlich Blut zu erkennen war.
Im Laufe des gestrigen Tages wurden weiter eine ganze Menge zum Teil außerordentlich wichtige Zeugen vernommen, die teils unmittelbar vor, teils gleich nach der Tat am Tatort gewesen waren. Einer dieser Zeugen belastet Frau Hoffmann außerordentlich schwer. Seine Bekundung geht dahin, daß er am Mordtage, etwa gegen 5 bis ½ 6 Uhr, die Frau Hoffmann geschäftlich aufgesucht habe. An der Vorsaaltür fand er einen mit einer Stecknadel festgesteckten Zettel des Inhalts: ›Bin gegen ½ 7 zurück‹. Da es dem Zeugen wiederholt passiert war, daß er von Frau Hoffmann in ihrer Wohnung wußte, aber nicht eingelassen wurde, klopfte er sehr energisch an die Tür. Schließlich meldete sich auch Frau Hoffmann sehr erregt und fragte, wer da

sei. Er nannte Namen und den Zweck seines Kommens. Frau Hoffmann hieß ihn einen Augenblick warten und öffnete nach einigen Minuten, ließ ihn in die Küche treten und ihn dort wiederum minutenlang warten, ohne auf die geschäftliche Angelegenheit einzugehen. Frau Hoffmann stellte den Zeugen angebotenen Stuhl so, daß er mit dem Rücken nach der Tür, hinter der sie arbeitete, saß. Instinktiv setzte sich jedoch der Zeuge mit dem Gesicht nach der Tür und konnte so beobachten, wie Frau Hoffmann hinter derselben mit einem Tuche die Dielen aufwusch. Als sie endlich hereinkam und nach seinem Begehr fragte, nahm sie in großer Erregung aus einer auf dem Küchentische liegenden Brieftasche mehrere Briefe und verbrannte sie hastig im Ofen.

Ob diese Brieftasche Eigentum der Beschuldigten oder des Ermordeten ist, bedarf noch der Feststellung. Der Zeuge, dem das aufgeregte Wesen der Frau Hoffmann auffiel, musterte sie aus diesem Grunde genauer und bemerkte, daß sie unter einer dunkleren Arbeitsbluse eine graue Strickjacke trug, letztere wies hauptsächlich an den Aermeln größere Blutflecken, und wie der Zeuge ausdrücklich betonte, ausgesprochene Blutspritzer auf. Als Frau Hoffmann merkte, daß der Zeuge sie so scharf musterte, krempelte sie den blutigen Unterärmel nach innen um.

Das als Zeugin vernommene jugendliche Dienstmädchen Böhme der Hoffmann bekundete, daß die Beschuldigte sie am Mordtage nach dem Mittagessen zwecks Besorgung eines Weges in die innere Stadt gesandt und ihr gesagt habe, sie brauche vor 7 Uhr abends nicht wieder zu kommen. Das Mädchen kam gegen 8 Uhr abends vor der verschlossenen Wohnung an, fand keinen Einlaß und begab sich daher zu seinen in Lindenau wohnenden Eltern.

Ein weiterer Zeuge bekundet, er sei am Montag, den 27. Februar, nachmittags 4 Uhr zu der Beschuldigten gekommen und habe dort Conrad angetroffen. Dieser habe mit Frau H. über den Verkauf seines Hauses in Lindenthal verhandelt. Frau H. sagte dem Zeugen, sie hätte dem C. 55.000 Mark für das Grundstück geboten, er verlange aber 75.000 Mark. Der Zeuge wurde in ein anderes Zimmer geführt und erhielt die Weisung, sich von Conrad nicht sehen zu lassen. Die H. lief aufgeregt hin und her und animierte beide Männer zum Trinken. Schließlich als sie merkte, daß C. bei seiner Forderung stehen blieb, erklärte sie dem Zeugen: ›Hier ist nur Gewalt anzuwenden, wir sind

ganz allein. Meinen Sohn habe ich nach Dresden geschickt. Das Dienstmädchen kommt jetzt auch nicht wieder. Den schaffen wir beiseite und du hilfst mir dabei!‹
Der Zeuge lehnte rundweg ab. Darauf setzte sie sich dicht neben den Zeugen auf einen anderen Stuhl, erfasste seine rechte Hand und sagte eindringlich zu ihm: ›Sei nicht dumm, denk an deine Kinder, andere geben dir auch nichts, und die 6.000 Mark, die ich dahabe, kannst du gleich bekommen. Das geht schnell, in ein paar Minuten ist alles abgetan. Du hast dann weiter nichts damit zu tun, ich schaffe ihn selbst fort und benachrichtige die Frau Conrad, daß ihr Mann nach Halle gefahren ist.‹ Dann nahm sie den Zeugen wieder bei der Hand und führte ihn an die Verbindungstür vom Vorsaal in das dunkle Zimmer. Dabei sagte sie, der Zeuge solle ich an die Tür stellen und sie wolle mit dem Conrad vorbeigehen. Dann solle er ihm eine Leine über den Kopf werfen, das andere wolle sie selbst besorgen.
Dem Zeugen wurde es bei dem teuflischen Weibe ungemütlich, und er wollte sich entfernen. Frau H. ließ ihn jedoch nicht gehen mit dem Hinweis, dann käme er nicht wieder. Darauf sagte der Zeuge, daß er erst ein Glas Bier trinken müsse. Frau H. stellte sofort solches zur Verfügung. Als der Zeuge dann gehen wollte, trat ihm die H. entgegen und fragte, wohin er wolle. Um fortzukommen, habe der Zeuge die Ausrede gebraucht, den Abort aufsuchen zu wollen, und aus diesem Grunde seinen weichen Hut unter die Weste geknüpft. Frau H. begleitete ihn aber und blieb vor dem Abort stehen. Endlich war es dem Zeugen doch geglückt, sich der Frau H., die nicht mehr nüchtern war, zu entziehen, nachdem Conrad schon vorher gegangen war.
Der Zeuge kam unmittelbar nach diesem unheimlichen Erlebnis in eine in der Hedwigstraße gelegene Gastwirtschaft und erzählte, was ihm angetragen worden war. Die Gäste hielten seine Reden für nicht ernstzunehmende Aufschneiderei und machten sich über das Gehörte lustig. Dadurch sei es gekommen, daß der Zeuge das ihm gestellte Ansinnen nicht mehr so ernst aufgefasst und der Sache keine Bedeutung mehr beigelegt habe. Am Mittwoch ging der Zeuge, der übrigens mit der H. wegen ihres Hausverkaufs in Geschäftsverbindung stand, wiederum zu ihr. Er wies, auf die Angelegenheit vom Montag zurückkommend, darauf hin, daß sie Gott danken könne, daß es am Montag nicht zur Ausführung ihres Planes gekommen sei. Frau H. stellte es nun auch so dar, als ob sie das an den Zeugen gestellte Ansinnen

nicht ernst gemeint habe, weil sie betrunken gewesen sei. Um zum Kaufabschluß zu kommen, hatte der Zeuge Frau H. später in sein Geschäft bestellt, sie war aber nicht erschienen. Dann hat er sie nochmals am Donnerstag, den 2. März zwischen 2:30 und 3:30 Uhr nachmittags aufgesucht. Er traf bei ihr einen ihm unbekannten Mann, der im Wohnzimmer auf dem Sofa saß und sich auf einem Zettel Zahlen notierte. Der Zeuge ist dann nach Erledigung seiner Angelegenheit gegangen. Er beschreibt den Unbekannten, den er für einen Grundstücksvermittler hielt, als etwa 26 bis 32 Jahre alt, 1,70 Meter groß, schlank, schwarzes Haar und schwarzen Schnurbart und bekleidet mit einem dunklen Anzug. Dieser Herr wird gebeten, sich schleunigst zum Zwecke seiner Vernehmung als Zeuge bei der Kriminal-Polizei zu melden. Denjenigen Personen, die somit noch weitere sachdienliche Angaben machen zu können glauben, werden gleichfalls gebeten, sich schnellstens zu melden.«

Der Unbekannte ist tatsächlich ein Immobilienmakler, der versuchte, das Haus Ewaldstraße 18 per Annonce zu veräußern. »Wir bieten Ihnen an: Ein Wohngrundstück in Leipzig Volkmarsdorf in nächster Nähe des Volkmarsdorfer Marktes. Das Grundstück ist vollständig unterkellert und besteht aus Erd-, 1. Und 2. Obergeschoß mit ausgebautem Dachgeschoß. Im Erdgeschoß befindet sich ein Laden mit Ladenstube mit besonderem Eingang und eine Wohnung aus Stube, Kammer und Küche bestehend. In dem 1., 2. Und 3. Obergeschoß befindet sich noch je eine Wohnung aus Vorsaal, 4 Zimmern und Küche bestehend. 1. Hypothek 21.000,-- von einer Bank, 2. Hypothek 10.000,-- Privat. Gas, elektr. Licht und Wasserleitung ist in jeder Wohnung vorhanden. Kaufpreis 85.000,--, Anzahlung 30–40.000,-- Mietertrag 3.900 und kann noch bedeutend erhöht werden, da die Mieten noch nicht gesteigert worden sind. Das Grundstück ist vor einigen Wochen vollständig renoviert worden. Die ganze Vorder- und Hinterfront ist neu geputzt und das Treppenhaus, sowie sämtliche Wohnungen sind neu vorgerichtet und gemalt worden. Weiter hat die Besitzerin in sämtliche Wohnungen elektrisches Licht legen lassen. Die Rechnung dafür beträgt ca. 16.000,-- und für die Maler- und Maurerarbeiten ca. 9.000,-- Mk. Im Verkaufspreis ist die gesamte Ladeneinrichtung sowie auch noch vorhandene Waren mit enthalten. Der Laden mit Ladenstube, sowie auch noch ein Zimmer in der 1. Etage mit separaten Eingang kann beim Kauf sofort übernommen werden, da sich die Besitzerin in einem Leipziger Vorort einkaufen will. Das Grundstück befindet sich in Leipzig Volkmarsdorf, Ewaldstraße 18. Besitzerin Frau Bertha Hoffmann, 1. Etage, Besichtigung kann in der Zeit vom Dienstag und Mittwoch nachmittags von 2–6 Uhr stattfinden und (es) ist einer unserer Herren dort anwesend. Kaufabschluß kann sofort erfolgen.«

Die Suche »nach dem Kopf des Ermordeten hat am Mittwoch begonnen. Bis jetzt war es trotz umfänglicher Nachforschungen nicht möglich, den Kopf des Conrad aufzufinden. Infolge des Hochwassers ist die Absuchung des Flutkanals, in dem man den Kopf vermutet, äußerst schwierig.«

Um die Suche einzuschränken wird die Beschuldigte zum Lokaltermin auf die Brücke gebeten, von der der Kopf ins Wasser fiel. »An Ort und Stelle hat sie angegeben: Es ist richtig, daß wir mit dem Korbe durch die Sebastian-Bach-Straße dann die Bismarckstraße entlanggefahren sind. Als wir an der Bismarckstraße auf die Brücke nach links einbogen, ging ich mit dem Pakete, das ich immer trug, links auf dem Brückenfußwege an dem Brückengeländer entlang. Es war sehr dunkel, deshalb kann ich nicht genau den

Blick auf den Stadtteil Plagwitz und den Karl-Heine-Kanal. Rechts oben im Bild ist die Plagwitzer Brücke zu sehen. Hier sollte das Opfer entsorgt werden.

Punkt angeben. Ich glaube, es war auf der Mitte der Brücke, wo ich dann stehen blieb. Als das Dienstmädchen mit dem Wagen herangefahren war, kam sie zu mir herüber, den Wagen ließ sie auf der Fahrbahn stehen. Ich wollte das Paket selbst hineinwerfen, weil ich aber sehr kurzsichtig bin, nahm es mir mein Dienstmädchen ab, die es dann hinunterfallen ließ. Da man nichts in das Wasser werfen darf, ging ich langsam weiter auf die Nonnenstraße zu, sie holte mich noch vor der anderen Brücke – Plagwitzer Brücke – ein. Wir sind nun mit dem Korbe nach Nonnenstraße 36 zu Noack gefahren. Ich habe die Noackschen Eheleute beauftragt, den Korb in den Keller zu bringen. Ich habe ihnen nicht gesagt, was der Korb enthält, sie haben auch nicht danach gefragt.«

Den Mord leugnet Bertha Hoffmann weiterhin, so wenig glaubwürdig ihre Einlassungen zum »Großen Unbekannten« andern auch erscheinen mögen. »Was das Paket enthielt, kann ich nicht sagen. Es war ein kleiner grauer Sack, der vorher immer in der Küche auf dem Salzkorbe lag. Der Sack lag auch noch am Donnerstag (…) noch auf dem Korbe in der Küche. Als ich gegen 6 Uhr zurückkam, stand der Sack gefüllt in der Küche neben dem Ofen. Der halbe Mauerstein hat längere Zeit in der Küche neben dem Ofen gelegen. Den Mauerstein habe ich früher als Wärmstein benutzt. Richtig ist auch, daß ich zum Dienstmädchen gesagt habe, es sei altes Gerümpel. Trotzdem ich nicht wußte, was der Sack konkret enthielt.«

Die Hoffmann bezeichnet dem sie begleitenden Polizeibeamten auch die Stelle, »wo die Böhme das Paket über das Brückengeländer der Elsterflutbrücke ins Wasser fallen ließ. Es kommt demnach nicht die Plagwitzer Brücke in Frage. Während wir auf der Brücke auf die Mitte gingen, bemerkte ich,

Das Elsterflutbett in Höhe des Palmengartens. Hier wurde am 12. Juli 1922 der Kopf des Opfers aus dem Wasser gezogen.

daß sich die H. im Gesicht abwechselnd färbte und sehr zitterte. Als wir etwa einen Meter an dem mittelsten Pfeiler heran waren, sagte sie: ›Hier kann es gewesen sein!‹ Sie ließ mich nicht zum Stehen kommen, sondern zog mich immer fort nach Plagwitz zu, bis sie an der dort befindlichen Bedürfnis-Anstalt sitzen blieb.« Die Beschuldigte zeigt Regung.

Wer ist Bertha Hoffmann? Sie wurde als »Bertha Wilhelmine Caroline Libbach am 20. Februar 1875 in Berlin geboren. Ohne Beruf. Verheiratet seit 1905 mit Bruno Wilhelm Hoffmann, seit 1919 verwitwet. 1 unehel. Sohn von 26 Jahren.
Bis zum 13. Lebensjahr elterliche Erziehung und Besuch der höheren Töchterschule in Prag und Wien. Vom 13. bis zum 15. Lebensjahre war sie in einem Prager Pensionat untergebracht. Mit 15 ½ Jahren ging sie als Erzieherin nach Rußland und verblieb dort bis zum 20. Lebensjahre. Alsdann war sie in Wien Gesellschaftsdame bis zu ihrem 25. Lebensjahre und in Wien, Görlitz und Bischofswerda Stütze bis zu ihrem 29. Lebensjahre. Mit dem 29. Jahre, 1905, schloss sie mit dem Kaufmann Bruno Wilhelm Hoffmann in Dresden die Ehe. Beide wohnten dann bis 1906 in Breslau, bis 1912 in Chemnitz, bis 1915 in Leipzig, bis 1917 in Dresden und bis 1919 wieder in Leipzig. Seitdem ist sie verwitwet, ihr Mann starb an Lungenschwindsucht. Sie führte nun das Kaffee in Leipzig-Lindenau allein. Im Jahre 1921 verkaufte sie das Kaffee und zog nach Leipzig-Volkmarsdorf in die Ewalstraße. Dort betrieb sie zunächst ein Materialwarengeschäft und handelte später, weil ihr Geschäft nicht ging, mit Zigarren und in der Weihnachtszeit 1921 mit Christbaumschmuck. Ihre gesellschaftlichen Verhältnisse waren gut.
Die Verurteilte ist sittlich verwahrlost. Noch zu Lebzeiten ihres Ehemannes hat sie ein Liebesverhältnis mit einem ihrem Ehemann befreundeten Ehemann unterhalten. Sie hat auch ein sogen. alkoholfreies Kaffee gehabt, in dem sie selbst mit Gästen in unsittlicher Weise sich abgegeben haben soll.«
»Geistig ist sie gut entwickelt. Ihr Charakter ist schlecht. Wer gegen sie auftritt, dem hängt sie etwas an. Selbst ihrem früheren Liebhaber, den Tischler Oskar Weisse, beschuldigt sie jetzt, da er sich von ihr abgewendet hat, aller möglichen Straftaten. Sie behauptet jetzt sogar, daß er den Mord an Conrad ausgeführt, und dass sie nur hinterher bei der Beseitigung des Leichnams mitgewirkt habe. Es ist aber durch Zeugen bewiesen, dass Weisse zur Zeit

der Tat sich nicht in ihrer Wohnung befunden hat. Auch des Meineids und des Diebstahls hat sie Weisse beschuldigt. Auch andere Zeugen, die gegen sie ausgesagt haben, hat sie des Meineids beschuldigt. Die Schrift, in der sie Weisse des Mordes an Conrad beschuldigt, ist äusserst raffiniert abgefasst, insbesondere hat sie dabei versucht, alles das, was als besonderer Verdachtsgrund vorgebracht worden war, zu entkräften.«

Dann nach Tagen bringt ein Beamter Bertha Hoffmann nach dem Verhör zur Zelle. »Ich führte sie sie nicht den allüblichen Weg nach dem Gefängnis sondern die frühere Treppe nach unten. Auf der halben Treppe vor der Tür 23 redete ich ihr nochmals in ihr Gewissen , worauf sie meine linke Hand an sich nahm und krampfhaft festhielt: In dem Paket war der Kopf des Conrad, ich schäme mich, aber ich kann es nicht sagen, er war verliebt, wir haben zusammen gekokelt – geliebt gemeint – dabei fiel der Amboß herunter auf seinen Kopf. Vor Schreck und Angst raste ich auf ihn los, dann habe ich ihn mit dem Rasiermesser abgeschnitten und in das Paket getan … es war alles ein Unglück.«

Und weiter im Protokoll: »Wieder vorgeführt berichtete sie erneut mit ihrer alten lächelnden Miene, sie wolle nun die volle Wahrheit sagen: Conrad habe, nachdem sie ihm 33.000 Mark, teils in barem Gelde, teils in Wechseln, für das Haus in Lindenthal bezahlt habe und der Kaufvertrag von beiden Parteien unterschrieben war, ihrem Drängen, den Kauf mit einem Glas Grog zu beschließen, nachgegeben.« Nun habe Conrad zur Toilette gehen wollen und strauchelte, stieß an den Tisch und fiel. Und dabei sei ihm »plötzlich infolge des Unglücksfalls ein hochgelegener, schwerer eiserner Schraubstock auf den Kopf gefallen. (…) Aufs höchste erschrocken, sei sie hinzugesprungen und habe den Schraubstock, der auf seinem Kopf liegengeblieben sein ›soll‹ aufgenommen. Er sei ihrer Hand abermals entglitten und sei zum zweiten Male auf den Kopf des Unglücklichen gefallen. Nunmehr habe sie den Schraubstock ergriffen und noch ein oder zweimal auf ihn eingeschlagen. Weshalb sie das getan habe, wisse sie selbst nicht. Sie habe danach in ihrer Verzweiflung und Bestürzung für das Beste gehalten, die Leiche heimlich zu beseitigen, und alle Schritte, die sie nun unternommen habe, sollen nun nicht dazu gedient haben, die Spuren des Verbrechens zu verwischen, sondern hätten nur den Zweck gehabt, zu verhüten, daß auf sie ein schlechtes Licht falle. Sie habe nunmehr die Weichteile des Halses mit dem Rasiermesser ihres Sohnes durchschnitten. Die Wirbelsäule will sie nicht durchschnitten, sondern den Kopf abgedreht haben. Darauf habe sie den Kopf in die Küche getragen und mitsamt dem Rasiermesser in einen kleinen alten Blecheimer getan und den Kopf mit einem halben Ziegelstein beschwert. Alsdann habe sie den Eimer mit Inhalt in einen Jutesack gesteckt und diesen oben mit einem Bindfaden fest zugebunden, später in den Keller getragen und in eine Ecke gestellt. Den Körper, der nicht stark geblutet habe, habe sie in einen Reisekorb gepackt, Mantel und Uhr dazugetan und ihn geschlossen. Alsdann habe sie das Zimmer vom Blut gereinigt.«

Das bleibt nicht die ihre letzte Variante des Geschehens. Die Hoffmannsche sagt später, »daß sie allein den 67 Jahre alten Conrad mit einem schweren Schraubstock erschlagen und ihm dann den Kopf vom Rumpfe getrennt hat. (...) Sie habe in der Ewaldstraße immer Pech gehabt. Deshalb habe sie ausziehen und das Herrn Conrad gehörige, in Lindenthal gelegene Grundstück, das dieser erst von ihrem Manne gekauft hatte, zurückkaufen wollen. Conrad sei damit einverstanden gewesen und sei am 2. März zwecks Abwicklung des Kaufvertrags zu ihr in die Wohnung gekommen. es sei an diesem Tage kalt gewesen, Conrad habe gefroren und sie aufgefordert, einen Grog zu machen. Dieser Aufforderung habe sie auch Folge geleistet und mit Conrad zusammen mehrere starke Grogs getrunken. Bei Besprechung des Hauskaufs habe ihr Conrad nun zugesichert, daß sie in dem Lindenthaler Grundstück, in dem Conrad wohnen bleiben sollte, drei Zimmer und eine Küche als Wohnung für sich erhalten solle. Damit sei sie zufrieden gewesen, und es sei dann durch reichlichen Alkoholgenuß zu Zärtlichkeiten gekommen. Sie hätten in der Dunkelkammer den Beischlaf auf den Dielen vollzogen, da Conrad sich nicht habe in das Bett legen wollen. Aber nach dem Geschlechtsverkehr habe Conrad gesagt, daß seine Frau dagegen Einspruch erheben werde, wenn er ihr drei Zimmer und eine Küche ablasse, er könne ihr nur ein Zimmer geben, das genüge ja auch für sie. Gleichwohl habe er sie von neuem zum Beischlaf anregen wollen (...)«

Das medizinische Protokoll wird deutlicher. »Beim 2. Coitus sollte ich ihn schlagen, ich sollte ihm in den Mund bullen, ich sollte sein Glied in den Mund nehmen! (...) C. wollte mich dafür auch unten küssen. Ich lehnte das alles ab. Schließlich, als er sein Glied herausnahm, ärgerte ich mich. Ich hatte viel getrunken. Er legte dann hin, ich sollte mich wieder obendrauf legen.

Nun geriet ich in Wut, daß er mir nur ein Zimmer überlassen wolle. Ich habe den schweren Schraubstock ergriffen und Conrad damit sinnlos auf den Kopf geschlagen.«
Was Phantasie, was Wahrheit und bewusste Lüge lässt sich im Nachhinein nicht feststellen.

Von den zahlreichen Gerichtsgebäuden in Leipzig zählt das ehemalige Reichsgericht zu den repräsentativsten. Heute ist hier das Bundesverwaltungsgericht untergebracht.

Der kurze Prozess findet am 12. Juli 1922 statt. »Die Angeklagte wird wegen Mordes und schweren Raubes nach den §§ 211, 249, 251, 73, 32 StGB zum Tode und zum dauernden Verlust der bürgerlichen Ehrenrechte verurteilt. Sie hat die Kosten des Verfahrens zu tragen.« Als Gründe werden angegeben: Es »ist als feststehend anzusehen, daß die Bertha Wilhelmine Caroline verw. Hoffmann geb. Libbach aus Berlin z. Zt. hier in Untersuchungshaft, am Nachmittage des 2. März 1922 in ihrer Wohnung in Leipzig durch eine und dieselbe Handlung einen Menschen, den Kürschnermeister

Emil Conrad, vorsätzlich getötet, die Tötung auch mit Überlegung ausgeführt hat und ihm mit Gewalt, die seinen Tod herbeigeführt hat, ihm gehörige, also für sie fremde bewegliche Sachen, nämlich eine Brieftasche mit Inhalt weggenommen hat in der Absicht, sie sich rechtwidrig anzueignen.«

Bertha Hoffmann wird zu lebenslanger Haft begnadigt, die sie im Zuchthaus Waldheim verbringt. Dort erweist sie sich als renitente Gefangene, aufmüpfig, streitlustig. (...) »Sie zeigt nach wie vor einen gehässigen, mißgünstigen, gefühlsarmen Charakter und verliert sich ganz in ihren Grübeleien über ein Wiederaufnahmeverfahren, durch welches sie ihre angebliche Unschuld beweisen will. Ihr mangelt jegliche sittliche Einsicht und der gute Wille, sich zur Selbsterkenntnis und zur Bekennung ihrer Tat aufzuschwingen. Die jahrelange Untätigkeit infolge eines Augenleidens macht die Hoffmann immer schlaffer und mißgestimmter.« Einen Arzt soll sie geschlagen haben.
»Die Hoffmann leidet an einer Hirn- und Rückenmarkssyphillis mit Sehnervenschwund, der zu völliger Erblindung geführt hat, mit dem 1 Auge wird nur noch hell und dunkel unterschieden. Sie litt im letzten Jahr an gehäuften Nerven- und Gelenkschmerzen und war fast dauernd bettlägerig. Abgesehen von ihrer gesteigerten Erregbarkeit sind schwere psychische Störungen nicht vorhanden.«
Bertha Hoffmann strickt. Sie strickt für kargen Anstaltslohn. Sie strickt für Enkelkind und Sohn. Und so bittet die »Gef. Nr. 54 Hoffmann ihre fertige Sonntagsarbeit: 1 weißen Schal, 1 weiß und rosa Schal, 1 rosa Schal, 1 Paar Kindersöckchen, 1 Lesezeichen, 2 Puppenmützchen, 1 Puppenschal und 2 Bücher von der Schwester Frieda an ihren Sohn schicken zu dürfen.« Es ist Weihnacht und sie Mutter und Großmutter.
Einzig Wiederaufnahmeverfahren und Gnadengesuch halten sie psychisch aufrecht. Und wieder schildert sie die Tat: »Am 2.März 1922 kam Conrad unverhofft zu mir und wollte Geld von mir haben, was ich ihm auch nicht verweigerte. Da es regnete und er fror, braute er selbst bei mir einen Grog und zwar so stark, dass wir bis aufs Höchstmaß betrunken waren. Dadurch der Sinne nicht mehr mächtig, kamen wir beim Geldaufzählen in Zank und Streit. Ausserdem war ich sehr schwach, da ich vordem 2 mal die Kopfgrippe hatte.

Ich bereue tief und bitter, dass die Tat geschehen und wie sie geschehen ist. Ich leide noch heute seelisch schwer darunter und jedes Jahr, wenn der betreffende Tag wiederkehrt bin ich einige Tage krank vor Herzeleid. Im hiesigen Anstaltskrankenhaus liege ich seit dem 18. Oktober 1923. Mein Zustand ist jetzt dermaßen, dass ich die meiste Zeit im Bett liegen muss. Ich bin blind, kann nur noch etwas Strickarbeit leisten – sonst bin ich arbeitsunfähig, ausserdem leide ich an Rheuma. Mein Sohn Fritz Libbach, Jessen a. d. Elster, Zwiesigkstraße 6 ist kriegsbeschädigt. Er hat ein kleines Häusschen mit Garten. Er ist verheiratet und hat ein Kind. Mein Sohn sagte und schrieb mir, dass er mich aufnehmen und für mich aufkommen will. Somit fiele ich keiner Fürsorge zur Last (…). Am 7. März 1922 wurde ich verhaftet. Die Strafe fällt mir von Tag zu Tag schwerer. In tiefster Reue erlaube ich mir nochmals Herrn Oberstaatsanwalt um Gnade zu bitten. Mit vorzüglicher Hochachtung gez. Hoffmann.« Erneut falsche Beschuldigungen. Erneut bezichtigt sie die Belastungszeugen, die Unwahrheit gesagt zu haben. Bertha Hoffmanns Reue erscheint fahl. Der Herr Oberstaatsanwalt lehnt ab.

»Am 3. April 1942, 10:30 Uhr teilt die Oberwärterin Sch. telef. mit , daß die 54/Hoffmann schwer erkrankt sei, sodaß mit ihrem Ableben gerechnet werden müßte. Die H. habe angegeben, ihre Schwiegertochter Gertrud Libbach zu benachrichtigen. Ferner wünschte die H. falls sie sterben sollte, auf dem hiesigen Anstaltsfriedhof beerdigt zu werden. Ihr Sohn Fritz sei verstorben.« Fritz starb im Krieg. Die Schwiegertochter teilt »auf Schreiben vom 3.4.42 mit, dass ich leider nicht nach dort kommen kann. Die Fahrt ist nicht an einem Tag zu machen und über Nacht kann ich von hier nicht fortbleiben. Heil Hitler Frau Gertrud Libbach Jessen/Elster.« Am 6. April tritt Bertha Hoffmanns Tod durch Herzversagen ein. Sie wird auf dem Anstaltsfriedhof Waldheim beigesetzt.

Der Kopf des Emil Conrad wird just am Tage des Prozesses aus dem Elsterflutbett gezogen. »Am 12. Juli 1922 vormittags erschien bei der Kriminalabteilung der Fischer Raue junior und überbrachte in einem Sacke einen menschlichen Kopf, den er seinen Angaben nach in der Nähe des Palmengartens am Ufer des Hochflutbetts, also in der Gegend, wo die Mörderin Hoffmann den Kopf ihres Opfers ins Wasser versenkt hat, aufgefunden habe. Der Fund wurde sofort dem Gericht übergeben.« Im rechtsmedizinischen Institut wurde er »eingeliefert früh 10 h, stark gefault, jedoch überall unverletzt. So war dem Ermordeten doch kein Schraubstock auf den Kopf gefallen (worden). Wurde ihm vielleicht im Zustand der Trunkenheit, nach einem sexuellen Exzeß, des Schlafes, mit einem Rasiermesser ein tödlicher Halsschnitt beigebracht und der Kopf anschließend abgetrennt?«

Idyllisch glänzt die Abendsonne über dem Palmengarten in Leipzig. Heute erinnert nichts mehr an das scheußliche Verbrechen, dass sich hier vor fast 100 Jahren zutrug.

Zoolog. Garten
Gaswerk I
Große Wiese
Louise-Otto-Pl.
Hauptbhf.
Eilenburger Bhf.
Neu Schönefeld
Neustadt
Sedan-Str.
Frege-Str.
Auen-Str.
Gottsched-Str.
Frankfurter Str.
Hindenburg-Str.
Synagoge
Thomas K.
Nikolai K.
Augustus Platz
Universität
Grimmaische Str.
Dresdner Str.
Johannis-Pl.
Roß-Platz
Königs-Pl.
Markthalle
Reichsgericht
Beethoven-Str.
Karl-Tauchnitz-Str.
König-Albert-Park
Scheibenholz
Rennbahn
Bayrischer Bhf.
Straße des 18. Oktober
Neuer Johannes Friedhof
Riebeck Brauerei
Neu-Reudnitz
Russ. Kirche
Deutsche Bücherei
Deutscher Platz
Ausstellungsgelände
(Technische Messe)
Städt. Vieh- u. Schlachthof
Kaiserin-Augusta-Str.
Sport-Pl.
Zwickauer Str.
Kronprinz-Str.
Adolf-Hitler-Str.
Kaiser-Wilhelm-Str.
Die Bauernwiesen
Der Leipziger
Gaswerk
An der Tabaksmühle
Philipp-Rosenthal-Str.
Gärten

BLUTWURST, SAGT DER KOMMISSAR

DER FALL ERICH ROUVEL UND GEN., LEIPZIG 1917–1925

Es war ein Großereignis trotz Krieg und tausendfachem Tod. Die Eröffnung des Leipziger Hauptbahnhofs am 4. Dezember 1915 veränderte das städtische Leben auf Dauer wie der Erste Weltkrieg bleibend Europa.

»Zur Feier der Schlußsteinlegung hatte sich am Sonnabendmittag eine ansehnliche Versammlung in der östlichen sächsischen Ein-

Der Leipziger Hauptbahnhof aus der Vogelperspektive. Er wurde zwischen 1902 und 1917 nach Plänen von William Lossow und Max Hans Kühne erbaut.

gangshalle des Hauptbahnhofes eingefunden. Unter anderem waren Vertreter des sächsischen Finanzministeriums, der Generaldirektion der sächsischen Eisenbahnen, des preußischen Ministeriums der öffentlichen Arbeiten, der Eisenbahndirektion Halle, Mitglieder der Ständekammern, der Oberbürgermeister, Ratsmitglieder und Stadtverordnete von Leipzig, der Kreishauptmann, der Amtshauptmann und weitere Vertreter staatlicher und militärischer Behörden erschienen.« Noch heute steht der Bahnhof für Superlative. Immer wird er architektonisch und statistisch beeindrucken: Der Querbahnsteig misst knapp 300 m, ist 33 m breit und 27 m hoch. Die Fläche von 16 Fußballfeldern wurde überdacht. Dafür verbaut: 625 t Glas, 34.000 t Zement, 7.000 t Eisen (ausschließlich Umbau- und Rekonstruktionsmaterial). Die Gesamtsumme für den kompletten Umbau der Bahnanlagen samt Bahnhof betrug 137,05 Millionen Reichsmark. Stolz waren Bauherren und Stadt, stolz waren Eisenbahn und Architekten. »Licht und Luft« hatten William Lossow und Max Hans Kühne ihren Entwurf genannt.

Querbahnsteig des Leipziger Hauptbahnhofs zur Zeit seiner Vollendung um 1915

»Das neue Leipziger Bahnhofsgebäude war auch deswegen so groß, weil es eigentlich zwei Bahnhöfe unter einem Dach vereinte: einen der königlich sächsischen und einen der preußischen Eisenbahngesellschaft. Zwischen beiden gab es eine erbitterte Konkurrenz. Vor allem die preußische Staatseisenbahn war eigentlich gegen den Neubau. Sie hatte erst wenige Jahre zuvor im benachbarten Halle einen modernen Durchgangs-Bahnhof errichtet. Der Kompromiß sah nun so aus, daß es am neuen Leipziger Hauptbahnhof alles doppelt geben sollte. Wenn man zum Beispiel in den sächsischen Raum fahren wollte, konnte man nur auf sächsischer Seite die Fahrkarten lösen, wollte man nach Berlin fahren oder nach Thüringen, mußte man auf der preußischen Seite die Fahrkarten lösen. Es ging sogar so weit, daß auf beiden Seiten unterschiedliche Uhrensysteme herrschten, auf der einen Seite hatte man das neue uns heute bekannte 12-Stunden-Zifferblatt eingeführt, auf der anderen Seite gab es noch das 24-Stunden-Zifferblatt.«
Reisende und Passagiere, Zuschauer und Einsame durchliefen Tag für Tag Schalterhallen, Bahnsteige und Gepäckstationen, »auch die Unterwelt, für die die Bahnhöfe mit ihren Menschenansammlungen und ihrer Unüberschaubarkeit geradezu Arbeitsplätze waren (...)«.

120.000 betreten täglich den Hauptbahnhof in Leipzig. Taschendiebe sind unterwegs, auch am 29. Dezember 1924: Anselm Breitner, fünfzig Jahre, Ingenieur, zeigt an: »Ich fuhr am 27. des Monats abends um 10.40 Uhr mit dem D-Zuge von Leipzig nach Trier. Kurz vor der Abfahrt des Zuges von Leipzig stellte ich fest, daß mir meine Brieftasche, die ich vorher in die innere Brusttasche meines Rockes gesteckt hatte, fehlte. Vorher bestiegen zwei Burschen den fraglichen Wagen, von denen sich einer dicht an mich herandrängte, was mir auffiel. Als ich deshalb nach der Brieftasche suchte, nachdem ich meinen Koffer abgestellt hatte, stellte ich das Fehlen derselben fest. Die beiden Burschen waren mittlerweile aber verschwunden und im Zuge auch nicht mehr aufzufinden.« Die 18jährige Henny Prokop gibt zu Protokoll, was ihr geschah, als sie den Zug nach Köln bestiegen hatte. Ein Mann kam ihr eilig auf dem engen Gang entgegen und »preßte mich an die Wand. Obwohl ich mich ganz dünn machte und überhaupt schlank bin, tat er so, als könne er nicht an mir vorbeikommen. Schimpfte sogar, und ich fühlte einen Riß an der Tasche die ich aber nur dem Drängen zuschrieb. Im nächsten Augen-

Eine der Empfangshallen des Leipziger Hauptbahnhofs. Die Hallen entfalteten eine repräsentative Wirkung und waren Treffpunkt der Bahnreisenden wie auch der Kleinkriminellen.

blick lief der fremde Mann davon. Ich trat in ein Abteil und ein Herr sagte mir: ›Sie haben die Handtasche offen!‹ Meine große Brieftasche war verschwunden.« Überall verschwinden Portemonnaies, Uhren, Schmuck, eine Krawattennadel: »Der 76jährige Fabrikbesitzer Otto Landgasser bekundet, daß die ihm von Taschendieben entwendete Schlipsnadel in ganz Europa nicht noch einmal existiere. Da in seinem Unternehmen Bernstein und Perlmutter verarbeitet wird, habe er 1878 in einer aus dem Golf von Mexiko stammenden Perlmutterschale eine in Größe und Farbe nicht wieder existierende Perle gefunden. Er ließ sie in Brillanten fassen, sie als Schlipsnadel arbeiten und trug sie dann immer. Am 23. April 1924 wurde sie ihm in dem üblich verursachten Gedränge auf dem Leipziger Hauptbahnhofe vom Schlipse gerissen, trotzdem eine Sicherung angebracht war. Vier bis fünf junge Männer bedrängten ihn, doch stieg kein Einziger in den Zug. Landgasser bemerkte den Verlust seines Wertstücks erst unterwegs. Seine Anzeige bei den Kriminalstellen und Staatsanwaltschaften Berlin, Leipzig, Wien und München brachte ihm seine Nadel nicht wieder.«

Am Bahnhof immer wieder, doch auch an anderen Orten Leipzigs wird geklaut: Neues Theater, Post und Schalterhallen. Leipzig ist ein Schwerpunkt der internationalen Diebesbanden. Allein in der Herbstmessewoche des Jahres 1924 wurden mehr als 55.000 Mark (das entspricht in heutige Verhältnisse gerechnet mehr als einer halben Million Euro) Verluste angezeigt. Ein Dezernat ist längst zur Bekämpfung des Taschendiebstahls eingerichtet. Dessen Chef seit 1923: Erich Rouvel. Der absolvierte »eine militärische Laufbahn während des Krieges, erhielt fünf Orden, wurde Offizierstellvertreter und trat nach Beendigung des Krieges beim Polizeipräsidium Leipzig wieder ein, dem er bereits vor dem Kriege vom 1. Januar 1912 angehört hatte. Später wurde er der Gruppe Fischer der Kriminalabteilung zugeteilt.« Rouvel, »ein Mann mit besten Zeugnissen«, wurde Dezernatsleiter Taschendiebstahl mit vier Untergebenen und eigenen Diensträumen auf dem Hauptbahnhof.

Augustusplatz, Foto von Hermann Vogel um 1910

Doch auch dem talentierten Polizisten Erich Rouvel und seinen vier Mitarbeitern Oskar Grimm, Gustav Kühle, Willy Schäfter und Heinrich Grandke gelingt es nicht, diese Kriminalität einzudämmen. Eher nimmt der Taschendiebstahl zu. Er wird zur Plage. Allein in einer Herbstmessewoche 1924 werden 330 Taten angezeigt. Die Presse weist in Regelmäße darauf hin: »Trotz aller Vorwarnungen in den Tageszeitungen, bei dem Empfang oder der Einzahlung größerer Geldsummen im Postamt oder bei Banken die größte Vorsicht walten zu lassen und allen Personen, die sich vor den Schaltern und Einzahler oder Abholer offensichtlich mit Absicht herandrängen, das größte Mißtrauen entgegenzubringen, haben geriebene Taschendiebe wieder Erfolge gehabt. »Am 14. des Monats sind im Hauptpostamte einem Leipziger Kaufmann bei dem Einzahlen von 1.000 Mk gestohlen worden, die er wahrscheinlich achtlos, aber jedenfalls vor den Augen des Spitzbuben in die äußere Tasche seines Pelzes gesteckt hatte. Nach der Beobachtung eines

Polizisten in Uniform. um 1930

Bei Razzien wie hier in Berlin wurden auch in Leipzig Verbrecher auf Fahrzeugen abgefahren.

Schalterbeamten kommen drei junge Burschen mit harten Hüten in Frage, die um den Bestohlenen ein Gedränge verursacht haben und ohne Zweifel dabei die Tat verübten. Leider ist ihre Festnahme nicht gelungen.«

Keine Ermittlungserfolge. Weggeworfene Brieftaschen finden sich in Massen, manches Mal bis zu dreißig an einer Stelle. Die Beschwerden über die mangelhafte Polizeiarbeit häufen sich. Schuhfabrikant Schmidtbauer aus Wermelskirchen: »Als ich im Seitengange einige Schritte getan hatte, drängte mich ein Mann zurück und hinderte mich am Weitergehen. In diesem Moment spürte ich aber schon einen Griff in meiner inneren Rocktasche und merkte sofort den Verlust meiner Brieftasche. Ich erfaßte sofort den Mann und stellte ihn hierüber zur Rede. Bei dieser Gelegenheit sah ich, wie zwei Herren im Seitengang näher gekommen waren und die Brieftasche in Empfang nahmen, denn ein verstecktes Händespiel fiel mir auf. Als ich dieses Individuum nicht los ließ, wollte er fortlaufen, später ging er aber willig mit zur Polizeiwache unter fortwährendem heftigen Protestieren.« Schmidtbauer übergibt den Dieb der Polizei. Als er sich später nach ihm erkundigt, ist das Protokoll verschwunden. Zugbegleitpersonal zeigt sich verwundert: »Es ist merkwürdig. In Leipzig habe ich schon mehrere Taschendiebe der Polizei zugeführt, doch allemal ist nichts draus geworden.«

Auch Kollegen und Vorgesetzte haben Zweifel. So gibt Polizeihauptwachtmeister Thom am 10. Februar 1925 zu Protokoll: »Ob die von mir angehaltenen beiden Unbekannten erst nach Schluß der Vorstellung von der Straße aus in den Garderobenraum gekommen waren, oder ob sie der Veranstaltung im Theater beigewohnt hatten, weiß ich nicht. Ich glaube den Angaben des Logenschließers, wonach sie erst von der Straße hereingekommen waren, um Taschendiebstähle auszuführen. Während die übrigen Theaterbesucher sich nach der Garderobe drängten, um ihre abgelegten Kleider in Empfang zu nehmen, standen die beiden Unbekannten vollständig mit Hut und zugeknöpftem Mantel bekleidet mitten im Gewühle. Sie machten beide einen sehr verdächtigen Eindruck und wollten sich gegenseitig nicht kennen. Ich nahm jeden von beiden an einem Arm und bat sie zur Klärung der Angelegenheit mit nach der nahegelegenen Polizeiwache zu gehen. Beide erklärten sich hierzu auch bereit. Krim.Hptw. Grandke stand im Theater im Garderobenraume dicht neben mir und hörte, was ich mit den beiden Unbekannten verhandelte. Gesagt hat er hierzu nichts. Während ich die Unbekannten der 6. Polizeiwache zuführte, folgte uns Grandke mit etwa 1 Meter Abstand. Ich ging mit den beiden Unbekannten die Bose- und Gottsched- und Promenadenstraße entlang. Kurz vor der Kreuzung Elster- und Promenadenstraße neben einer brennenden Laterne trat Krim. Hptw. Grandke an die beiden heran und wies sich ihnen gegenüber als Krim. Beamter aus. Die Unbekannten übergaben ihm ihre Papiere. Grandke machte sich Notizen in ein Buch. Ich habe keine Papiere in den Händen gehabt und habe sie auch nicht angesehen, bis auf einen Vermerk, auf den ich von Grandke aufmerksam gemacht wurde. Es waren anscheinend Reisepässe, die sie Grandke übergaben, denn es waren Lichtbilder eingeklebt. Der erwähnte Vermerk, der sich auf eine Aufenthaltsgenehmigung bezog, war mit roter Tinte geschrieben. Die beiden Unbekannten waren keine hiesigen Geschäftsleute, es waren bestimmt Ausländer, der Sprache nach Österreicher oder Polen. (…) Nachdem Grandke die Papiere der Unbekannten sich angesehen hatte, erklärte er mir, daß sie einwandfrei wären und eine Zuführung zur Wache nicht nötig sei. (…) Als die beiden Unbekannten sich von uns getrennt hatten, sie gingen die Promenadenstraße zurück nach dem Theater zu, habe ich Grandke gegenüber gleich geäußert, daß er einen Fehler gemacht habe, und wir die beiden Unbekannten unbedingt der Wache hätten zuführen müssen, zumal es sich um Ausländer handelte und wir nur noch eine kurze Strecke bis zur Wache hatten. Grandke entgegnete mir, die Sache sei geprüft und in Ordnung. Ich ging nach der Wache, während Grandke die Richtung einschlug, welche die beiden Unbekannten eingeschlagen hatten, nämlich die Promenadenstraße zurück dem Theater zu. Ich kann mich des Gedankens nicht erwehren und behaupte nach wie vor, daß die beiden Unbekannten Taschendiebe gewesen sind.«

Auch diese Fälle werden mehr und mehr. Auf der Post führt der gerufene Polizist ertappte Täter ab, nur kommen die auf dem Revier nicht an. Gleiches geschah auf dem Messamt, dort war es offensichtlich ein falscher Beamter, der die Verdächtigen kontrollierte und wieder laufen ließ. Die Diebstähle sind nicht in Griff zu kriegen, die Täter dreist. Der Presse bleibt zu warnen. Plakate werden gehängt, auf dem Bahnhof die Durchsagen wiederholt: »Bitte, achten Sie auf Ihr Gepäck!« Die materiellen Verluste bleiben wie auch die vielen Strafanzeigen: knapp 50 pro Tag.

Auch die ermittelten Polizisten geraten unter Verdacht: »Seit einiger Zeit beobachtete der Leiter des Leipziger Kriminalamtes, Oberregierungsrat Dr. Heiland, daß einer seiner Beamten, der Kriminalhauptwachmeister Erich Rouvel, von der Abteilung zur

Das Neue Theater am Leipziger Augustusplatz. Hier schlugen die Taschendiebe zu.

Auch das Schauspielhaus (ehemals Centraltheater) in der Gottschedstraße wurde zum Ort der Kleinkriminalität.

Bekämpfung der internationalen Taschendiebe, in seiner Kleidung einen Aufwand trieb, der mit seinen Diensteinkommen beim besten Willen nicht in Einklang zu bringen war. Unauffällig eingezogene Erkundigungen lieferten die nicht recht befriedigende Erklärung, daß Rouvel von reichen Verwandten großzügig mit Geld unterstützt werde. Auf jeden Fall mußte die Geldquelle des Beamten äußerst ergiebig sein, denn nach und nach stellte sich heraus, daß Rouvel seine im Stadtteil Möckern gelegene Wohnung verblüffend luxuriös eingerichtet hatte, daß er dort auch in verschiedenen Lokalen häufig Sektgelage mit größerer Teilnehmerzahl veranstaltete, und daß Frau Rouvel an Eleganz der Aufmachung ihren Gatten bei weitem noch übertraf.

Die Bosestraße mit dem Schauspielhaus (ehemals Centraltheater).

Da fiel eines Tages von der Waterkant her Licht in die dunkle Affäre: Die Hamburger Kriminalpolizei teilte ihrem Leipziger Kollegen Heiland mit, daß internationale Taschendiebe an einen ihrer Beamten herangetreten seien, um ihn zum Helfershelfer für ein rentables ›Ding‹ zu gewinnen, und daß sie dabei mit dem Hinweis gearbeitet hätten, in anderen deutschen Städten wie beispielsweise in Leipzig, seien derartige ›Geschäfte‹ mit ›guten Nutzen für beide Parteien‹ abgeschlossen worden. Sofort begab sich Oberregierungsrat Heiland nach Hamburg. Hier wurden ihm Beweise dafür unterbreitet, daß sein Beamter Rouvel seit Jahren mit dem internationalen Gaunertum unter einer Decke steckte. Auf die Bitte Heilands wurde zur Aufhellung der ganzen Angelegenheit der sachlich zuständige Hamburger Kriminalbeamte der Leipziger Behörde zur Verfügung gestellt. Er operierte so geschickt, daß schon nach verhältnismäßig kurzer Zeit die Voraussetzungen für die Festnahme Rouvels lückenlos beisammen waren. Bei einem der üblichen Rapporte lockte Dr. Heiland dem verbrecherischen Beamten die Dienstpistole ab und sagte dann zu ihm: ›So, Herr Rouvel, das Spiel ist aus!‹«

Der eher kleinbürgerlich geprägt Stadteil Möckern aus der Vogelperspektive. In der Halleschen Straße 260 III befand sich die Wohnung der Eheleute Rouvel.

Eine Durchsuchung von Rouvels Wohnung fördert Erstaunliches zu Tage: »1.500 Mk. in Hundertmarkscheinen, 660 amerikanische Dollar, 12 englische Pfund und andere ausländische Geldsorten, eine große silberne Herrenuhr, eine goldene Uhr, graviert mit Julius Henschel, Plauen, zahlreiche goldene Schlipsnadeln, teilweise mit echten Perlen besetzt, Etuis mit goldenen Ringen, goldene Ohrringe mit echten Brillanten besetzt, goldene Kolliers, Brillanten und viele andere kostbare Schmucksachen, weiter ein Reisenecessaire, ein Reisekoffer, ein Herrenpelz, Damensealmantel, 10 Sparkassenbücher mit verschiedenen Einlagen und vieles andere.« Bei Rouvels Verhaftung bleibt es nicht.

Alle mit der Aufklärung betrauten Polizisten steckten mit den Taschendieben unter einer Decke. Alle, samt Chef Erich Rouvel, waren von den Dieben »plattgemacht«. Schnell kann bewiesen werden, daß sämtliche Beamten aus Rouvels Abteilung aktiv am Diebstahl beteiligt waren. Zunächst war Oskar Grimm Chef des Dezernats Taschendiebstahl. Diesen Posten übertrug man später Erich Rouvel, dem »Grimm ein schlechter Lehrmeister gewesen sei«. Rouvel versucht sich zunächst herauszureden und »erklärte, daß es keinen Kriminalbeamten gebe, der nicht mit Spitzeln und Verbindungsleuten arbeite. Und diese Verbindungsleute seien fast nur Verbrecher.« Er schiebt seine Schuld dem andern zu. »Grimm habe aber bereits damals (als er die Abteilung übernahm) Verrat an der Arbeit seiner Kameraden geübt. Er habe die Maßnahmen der Beamten den Verbrechern verraten. Oskar Grimm habe schon längere Zeit mit den Gaunern unter einer Decke gesteckt. Er, Rouvel, habe ihn einmal zur Rede gestellt, da ihm eine Sache nicht sauber erschien, wie er aus den Akten ersah. Daraufhin habe ihm Grimm einmal im Januar 1924 in eine Weinstube eingeladen. Dort habe Grimm erklärt, daß die Kollegen viel zu dumm wären. Man könne doch auf leichte Weise viel Geld verdienen. Infolge verschiedener Vorgänge sei er, Rouvel, damals der festen Ueberzeugung gewesen, daß auch Kriminalrat Fischer mit den Taschendieben gemeinsame Sache mache. Schließlich hatte ihm Grimm gestanden, daß er sich bereits sieben Jahre lang in den Händen der internationalen Gauner befinde. Rouvel will, da er sich in guten pekuniären Verhältnissen befand, es abgelehnt haben, den Taschendieben Beihilfe zu leisten. Grimm habe gejammert, er solle ihn ja nicht unglücklich machen, er sei so schon unglücklich genug. Er, Rouvel, habe nicht das Herz gehabt, Grimm und Fischer zur Anzeige zu bringen. Er habe Angst vor dem Korpsgeist der Kollegen gehabt« und fortan an mitgetan am Verrat. Und nun hätten ihm »die Verbindungsleute im Nacken gelegen«. Die Verbrecher forderten für ihre Spitzeldienste einen Ausgleich. Einer wollte, daß »die gegen ihn wegen seiner Vorstrafen verfügte Ausweisung aufgehoben werde«. Ein anderer Erleichterungen in der Haft. Schließlich gaben die internationalen Taschendiebe den Polizisten Bestechungsgeld und erwarteten dafür die Gegenleistung. Oft mehr als 100 Mk. pro Woche – das war ein ganzer Monatslohn – erhielten die Polizisten. Und »wer nicht zahlte, bekam Hausverbot«. An den Flügeltüren des Querbahnsteigs hätten Grimm gestanden »und von den Taschendieben, die hinein wollten, abkassiert, und daß jeder, der nichts gegeben habe, von ihm heruntergewiesen wurde«. Wenn die Beute Rouvel und Gen. nicht genug, sei der Dezernatsleiter höchstpersönlich auf dem Bahnsteig erschienen und habe das Codewort »Blutwurst« geflüstert, denn »klaut mehr« habe er in der Öffentlichkeit schlecht sagen können.

Die »Kolonnen« hatte man unter den Ermittlern aufgeteilt. Jeder Polizist hatte 5/6 Bahnsteige zu kontrollieren und unliebsame Zeugen in Sicherheit zu wiegen. Schließlich seien alle Mitarbeiter des Dezernates Taschendiebstahl auf dem Bahnhof »platt« gewesen. Im Februar 1925 werden sie verhaftet. Und mit ihnen einige der namentlich bekannten Täter, doch bei weitem nicht alle.

Viele der Festgenommenen stehen schon lange Zeit auf den Fahndungslisten.

Kriminalrat Fischer beteuert seine Unschuld. Oskar Grimm begeht Selbstmord. Und »daß sei ein Unglück für ihn und seine Kameraden«, denn damit sei nun der Hauptschuldige verstorben. Polizeichef Dr. Heiland ermittelt persönlich in dem Fall. Kriminalrat Fischer scheint tatsächlich unter falschem Verdacht. Verblüffend: Nach den Verhaftungen sinken die Dieb-

stahlszahlen von 330 in der Herbstmesserwoche 1924 auf 83 zur Frühjahrsmesse 1925, die entwendeten Summen von 53.000 Mk. auf 1.800. Eineinhalb Jahre später wurden nur noch 21 Diebstähle angezeigt. Leipzig befindet sich somit wieder im »landesweiten Durchschnitt«.
Die Polizisten Erich Rouvel, Gustav Kühle, Willy Schäfter und Heinrich Grandke werden zusammen mit den von ihnen betreuten Taschendieben vor Gericht gestellt. Der Ernst der Lage scheint nicht allen klar: »Welcher Beamte hat noch nie etwas angenommen, ohne sich dabei gleich strafbar zu machen?« Der Prozeß erregt Aufsehen über die Regionalgrenzen hinaus. Das Schauspiel beginnt am 12. November 1926 nach umfangreicher Ermittlungsarbeit. Das Publikums- und Medieninteresse ist außergewöhnlich: Die Staatsmacht selbst ist korrumpiert. Beamte sitzen mit gemeinen Taschendieben zusammen vor dem Richter. Die angeklagten Beamten versuchen, auf der Bank Abstand zu wahren, doch Zeugen bestätigen die intime Nähe der Parteien. Man habe zusammen gefeiert und sich besoffen, und Polizisten haben den Tätern samt deren Geliebten Schlafstellen zur Verfügung gestellt. Selbst bei Rouvel sei übernachtet worden.

Die Angeklagten beschuldigen sich gegenseitig ohne Ansehen von Person und Stellung, »Pfui!« rufen sie sich mehrmals zu. »Pfui! Pfui!« Sie widersprechen sich, geben nur das zu, was ihnen die Staatsanwaltschaft beweisen kann.

Doch haben die Diebe nach gelungner Tat den Profit nicht allein verbuchen können. Briefe voller Geld haben sie übergeben müssen. Wie auch sonst hätten sich die Beamten solchen »pomfortionösen Lebensstil« gestatten können. Mehr als das Vierfache seines Monatslohns hat man Rouvel monatlich gezahlt. Oft seien die Forderungen der Polizisten zu hoch gewesen. Doch »wenn sie nicht zahlten, bekamen die Diebe Hausverbot. Und Rouvel sei immer hin und her gerannt und habe bald von der einen bald von der anderen Kolonne Geld genommen. Dabei habe er die Diebe durch leises Zurufen des Wortes ›Blutwurst‹ zum Stehlen angefeuert. In demselben Zusammenhange bekundet der Zeuge, daß Rouvel die Diebe angewiesen habe, die gestohlenen Brieftaschen zu vernichten oder ihm zu geben.« Und dann hatten sich die »guten Arbeitsbedingungen« in Leipzig unter den Dieben he-

rumgesprochen. Viele verlegten ihre »Wirkungsstätte« nicht nur zur Messezeit nach hierher. Es kamen mehr und mehr. »Der Angeklagte Amster erklärt, daß er sich über die jetzige Zurückhaltung der Kriminalbeamten wundere. Es sei doch stets offen davon gesprochen worden, daß etwa 40 bis 50 aus Versehen festgenommene Taschendiebe wieder freigelassen wurden, wenn sie nur Geld auspackten. Die Kriminalbeamten brauchten doch die Gauner gar nicht zu decken. Auf dem Polizeipräsidium seien sie genug gedeckt gewesen.«
Die Diebe hatten leichtes Spiel und Spaß. Ein Zeuge erzählte, »daß Wagschal sogar dem Untersuchungsrichter während der Vernehmung die Brieftasche mit 600 Mark entwendet hätte«. Die Taschendiebe waren die »Herren der Situation« in Leipzig – keine Frage. »Diese Menschen waren ja schlimmer als Insekten!« 30 bis 40 Mann haben gleichzeitig auf dem Hauptbahnhof gearbeitet. Doch »das ›Geschäft‹ habe aber dann nicht mehr so geblüht, da zu viele Taschendiebe mausten.«
Immer noch mehr Zeugen melden sich und identifizieren die Beamten, als diejenigen, welche Ermittlungen versprachen, die sie nie durchführten. »Dann teilt der Staatsanwalt mit, daß ein Fabrikant aus Adorf, Otto Landgasser, in einer der bei Rouvel gefundenen mit Brillanten besetzten Schlipsnadel sein Eigentum mit Bestimmtheit wieder erkannte, das ihm auf dem Leipziger Hauptbahnhof durch Taschendiebstahl entwendet worden ist. Rouvel erklärt, die Nadel seit 1919 rechtmäßig zu besitzen.« Gutachter bestätigen, ein unvergleichliches Einzelstück, Kopie nicht möglich. Der Fabrikant belegte sein Eigentum zudem mit einem Foto und ist hocherfreut, das Schmuckstück wieder in Besitz nehmen zu können.
Wegen Bandendiebstahls, Beihilfe dazu, Begünstigung im Amte, Bestechung usw. werden die Angeklagten für schuldig befunden. »Die Beamten sind in ihrer Unterstützung der Taschendiebe noch weiter gegangen. Sie haben die Diebstähle nicht nur geduldet, sondern die Taschendiebe noch zum Stehlen ermuntert und dabei ›gedeckt‹. (...) Die angeklagten Beamten, die ja durch ihr verwerfliches Verhalten verdienen wollten, hatten natürlich ein Interesse daran, das möglichst reiche Beute erzielt würde, damit sich auch ihre Einnahme möglichst groß gestaltete. Gerade dieses Verhalten der Beamten aber (...) widerlegt schlagend ihr Verteidigungsvorbringen, daß sie stets nur widerstrebend und nur unter dem Drucke der Taschendiebe ge-

handelt hätten. Denn dann hätten sie ihre den Dieben geleistete Unterstützung auf das notwendigste beschränken können, eben auf das erwähnte Dulden, das ›Beide-Augen-Zudrücken‹, und hätten es nicht nötig gehabt, in dieser weitgehenden Weise zu besonders erfolgreichem Gelingen der Diebeszüge mitzuwirken. Das entsprang nach der Überzeugung des Gerichts allein zu dem Bestreben, dabei möglichst reichen Gewinn zu ziehen.« Bei Erich Rouvel stellt das Gericht die besondere Schwere seiner Schuld fest: »Außer neuen Möblen fanden sich in seiner Wohnung in Möckern, Hallische Straße 260 III verschiedene Pelzsachen für ihn und seine Frau, eine goldene und eine silberne Taschenuhr, Schmucksachen, sowie vier goldenen Busennadeln, Ringe und Ohrringe mit Brillanten usw. schließlich zehn Sparkassenbücher über etwa 29.000 Papiermark, in Brieftaschen etwa 1000 Dollars, 12 englische Pfunde, tschechische Kronen und Schweizer Franken sowie 15 Hundertmarkscheine und 167 Dollarschatzanweisungen. Außerdem waren von solchen Vermögenswerten in Rouvels Schreibtisch im Polizeipräsidium noch eine goldene Taschenuhr und eine silberne Armbanduhr vorgefunden worden. (…) Rouvel selbst hat dazu angegeben, er habe sich schon von seinen Eltern und Schwiegereltern aus in guten Vermögensverhältnissen befunden, er habe sich später vielfach an Geschäften beteiligt, durch die er große Gewinne erzielt habe. Zu ersteren aber hat er zugeben müssen, daß er Ende des Jahres 1919, Anfang 1920 etwa 15.000 Mark besessen habe. Nach dem damaligen Kurse würde dieser Betrag etwa nur 1000 bis 1400 Goldmark ausmachen, also keineswegs ein beachtliches Vermögen darstellen. Für seine angeblichen Handelsgeschäfte aber hat Rouvel keine greifbaren Unterlagen angeben können. Sonach können beide Erklärungen Rouvels nicht als genügende Erklärung für seine auffällig günstige wirtschaftliche Lage angesehen werden.« Die Urteile lauten:
Erich Willi Rudolf Rouvel, 15.4.1886, Eberswalde, KHptw. 7,3 J ZH
Hermann Gustav Kühle, 5.11.1881 Schlanstedt bei Oschersleben, KK 5 J ZH
Emil Richard Willy Schäfter, 1885 Leipzig, KHptw. 4,9 J ZH

HAUPTBHF.
Neustadt
Volkmarsd
Neuschönefeld
Reudnitz
Anger
Crottendorf
Reudnitz
Thonberg
Gaswerk
Post Bahnhof
Eisenbahn Str.
Brandenburger Str.
Georgiring
Dresdner Str.
Täubchenweg
Eilenburger Bhf.
Bayersch. Bhf.
Neuer Johannis Friedhof
Alter Johannis Frdhf.
Alter Reudn. Frdhf.
Rathausring
Roß-Platz
Augustus Platz
Markt
Wurzner Str.
Torgauer Str.
Riebeck Str.
Stötteritzer Str.
Bhf. Stötteritz
Veterinär mediz. Inst.
Denkmals Park
Straße des 18. Oktober
Zeitzer Str.
Süd Str.
Bayersche Str.
Windmühlen Str.
Prager Str.
Ost Pl.
Linné Str.
Hospital Str.
Kohlgarten Str.
Eisenbahn Str.
Breite Str.
Oststr.
Holzhäuser Str.
Naunhofer Str.

MOSES ENTFÜHRUNG

Es meldeten die Sensation Zeitungen in Warschau, Stockholm, Paris, London, Wien, Tientsin, …
The Times lässt ihren Korrespondenten ausführlich von vor Ort berichten: »Theft of old master at Leipzig – a 400-year-old painting by Lucas Cranach was stolen from the City of Leipzig's Historical Museum yesterday morning. The thief appears to have been one of 10 or so visitors to the museum in the morning, when only one attendant was on duty in the hall. At about 12 o'clock the porter noticed, to his astonishment, that where the Lucas Cranach painting should have hung there was only a empty space. The picture had been torn down, and as it is not large could easily have been concealed under the thief's coat while he made his way out of the museum. The Lucas Cranach picture, which was set in a gold frame and showed Moses with the tablets of the Law and children of Israel in the background, was one of the most treasured possessions of the museum. The value is estimated at 25.000 M. (over £ 2.000), but it is thought that a collector might give considerabely more for it. The police of foreign countries have been advised of the fact by wireless and their assistance has been sought.«

In Leipzig war es längst Stadtgespräch, dass ein »Lucas Cranach« gestohlen worden war. Denn es war »ein unersetzlicher Verlust für Leipzig. Am Sonnabend, den 9. Oktober 1937, zwischen 10.30 und 12 Uhr wurde aus dem Stadtgeschichtlichen Museum im Alten Rathaus, Obergeschoß, ein Oelgemälde gestohlen: Mose, Halbfigur, mit den zehn Gesetzestafeln, im Hintergrund das Lager der Israeliten mit der erhöhten Schlange. Oelgemälde auf Birnbaumholz, 33 Zentimeter hoch, 21 Zentimeter breit und hing zur Zeit des Diebstahls in einem schmalen, schlichten Goldrahmen. Das Bild ist wahrscheinlich ein Ausschnitt aus einem größeren Gemälde. Als Täter kann nur ein Besucher des Museums in Frage kommen. Nachdem der Diebstahl festgestellt worden war, hatten sich bereits etwa zehn Besucher aus dem Museum wieder entfernt. Diese werden in ihrem eigensten Interesse und zur Aufklärung des Diebstahls dringend gebeten, sich sofort bei der Kriminalpolizeidienststelle Leipzig, Zimmer 113, zu melden.«

Lucas Cranachs Gemälde befand sich »im sogenannten Kirchenraum (Raum 3), in dem der Fürstenstuhl steht. Das Bild stammt aus der ersten Hälfte des 16. Jahrhunderts. 1910 wurde es aus alten Leipziger Lucas-Cranach-Besitz in das Stadtgeschichtliche Museum eingegliedert. Das kleine Gemälde ist ein Flügel oder Bruchteil eines größeren Bildes, das nach längerem Verschollensein morsch aufgefunden wurde, so daß nur noch dieser Rest geborgen werden konnte. Wenn es allerdings auch nicht zu den größten und bekanntesten Werken des Reformationsmalers gehört, so ist es doch eines seiner Arbeit und bedeutet wegen seiner Unersetzlichkeit einen Verlust, der nicht hoch genug veranschlagt werden kann. Der Täter muß das Bildchen mit Gewalt von der

Seit 1908 befindet sich das Stadtgeschichtliche Museum im Alten Rathaus.

Wand, an der es befestigt war, entfernt haben, als der Aufsichtsdienst gerade in einem anderen Raum war. Wie er allerdings mit diesem Gemälde entkommen konnte, ist noch nicht geklärt und wird Sache der polizeilichen Ermittlungen sein, die sofort nach Bekanntwerden eingeleitet wurden.«

Möglicherweise hatte das Kulturleben der Stadt den Täter zum Diebstahl inspiriert. Denn »erst vor wenigen Tagen hörten wir ja im Verein für die Geschichte Leipzigs von Dr. Albert Giesecke einen Vortrag, in dem von den Beziehungen des vielbeschäftigten kursächsischen Hofmalers in Wittenberg zu unserer Stadt die Rede war. Das Stadtgeschichtliche Museum bewahrt, was der Meister für Leipzigs Kirchen malte, aber nach der Reformation von da entfernt wurde. Bekannte Portraits von seiner Hand besitzt das (Bilder-)Museum am Augustusplatz, darunter das Bildnis Luthers als Junker Jörg.«

Der Innenraum der Thomaskirche vor dem neogotischen Umbau. Links auf der Empore ist der Fürstenstuhl zu erkennen.

Lucas Cranach und sein Verhältnis zur Stadt Leipzig jedenfalls gerieten aufgrund des sensationellen Raubes in den Mittelpunkt medialer Aufmerksamkeit. »Im Zusammenhang mit dem Diebstahl des wertvollen Gemäldes wird nachfolgender Aufsatz interessieren, der die innigen Beziehungen schildert, die Lucas Cranach, den volkstümlichen Maler der Reformation, mit Leipzig verbanden. Als Lucas Cranach anno 1539 wegen einer Epidemie nach Nürnberg flüchtete, da trug der dortige Ratsschreiber in die Liste ein, dem zugereisten ›Maler von Leipzig‹ sei verstattet worden, in der Reichsstadt an der Pegnitz bei den Dominikanern Quartier zu nehmen, ›eigenen Rauch zu halten und seine Kunst zu treiben‹.

Das Bildnis Luthers als Junker Jörg gehört noch heute zu den Schätzen des Museums der Bildenen Künste.

Die Bezeichnung ›Maler von Leipzig‹ traf aufs Beste zu. Von Haus aus war Cranach ein Franke; sein Geburtshaus an der Gassenecke zu Kronach am Fuße des Frankenwaldes steht heute noch zwischen dem Gedenkmal der ›Geschundenen Männer‹, denen die Schweden die Haut abzogen, und der ›jungfräulichen‹, weil nie bezwungenen Feste Rosenberg. Aber in Leipzig hatte der berühmte und vielbeschäftigte ›Konterfeier‹, der erst im vierten Jahrzehnt seines langen Lebens zur Berühmtheit gelangte, einen besonders großen Kundenkreis. Hier, in der verkehrsreichen, wohlhabenden Handelsstadt, wurden ihm zahlreiche Aufträge zuteil, und dabei hielt er sich, um alle Arbeiten bewältigen zu können, an einen Brauch, den selbst der unsterbliche Raffael angewandt hat, will sagen: Er beschäftigte eine Anzahl kunstfertiger Helfer, die Teile der Gemälde nach seiner Angabe und in seinem Sinne ausführten. Niemand fand an solcher Werkstattmanier etwas Bedenkliches. Jahrhundertelang haben die charaktervollen Bildnisse des Herzoglichen Amtmanns Georg von Wiedebach und seiner Frau Apollonia in der großen Ratsstube zu Leipzig gehangen, das Konterfei Luthers als bärtiger Wartburgjunker Jörg erinnert an den Reiseaufenthalt des Reformators in den Drei Schwanen im Brühl, und ferner ist hinzuweisen auf die bedeutsamen Werke, die Cranach im Auftrage von Leipziger Patriziern für Epitaphien in der Nikolaikirche schuf.«

»Auf die künstlerische Gesamterscheinung Cranachs einzugehen, ist hier nicht der Ort, und so haben wir auch nicht seiner *Buhlschaften*, seiner Venus- und Eva-Bilder, oder des amüsanten *Jungbrunnens* zu gedenken. Wenn wir das Portrait des Meisters in den florentinischen Uffizien oder sein Grabrelief zu Weimar betrachten, so fällt die Aehnlichkeit dieses langbärtigen Charakterkopfes mit Hieronymus Lotter, dem Erbauer unseres alten Rathauses (das ist eine falsche Annahme!) in die Augen, der ja ebenfalls ein Bürgermeister gewesen ist, wie zu Wittenberg Lucas Cranach, ›der Maler von Leipzig‹.«

Vor 1785 zierte das Bild *Der Sterbende* wie *Moses mit den Gesetzestafeln* die Nikolaikirche, wo man die Bilder wahrscheinlich »anläßlich des Umbaus des Gotteshauses unter Bürgermeister Kriegsrat Müller und Baudirektor Dauthe nach dem Boden verbannte. Man gab der Kirche ein ›antikisches‹ Inneres, und damit konnte der Stil alter Bilder nicht in Harmonie gebracht werden. Dem Türmer droben schienen die verachteten Holztafeln, auf denen die Meister der Palette ihr feinstes Können niedergelegt hatten, gerade gut genug, um einen Taubenschlag daraus zu zimmern. Dreißig Jahre lang waren die Gemälde dem Verfall auf dem Kirchenboden preisgegeben, bis sie endlich, anno 1815, noch zu Lebzeiten des ›Vandalen‹ Dauthe, von den kundigen Augen des Kaufherrn Quandt entdeckt und glücklich vor gänzlichem Untergang errettet wurden. Daß *Der Sterbende* während der Besuchszeit aus dem Museum gestohlen werden könnte, ist nicht zu befürchten, das Gemälde ist 92 Zentimeter hoch, also kaum zu verbergen.«

Jener Gemälderetter Gottlob Johann Quandt (*9. April 1787 in Leipzig; †19. Juni 1859 in Dresden) war ein kunstsinniger Kaufmann, der nicht nur in Leipzig die Kultur förderte. Er war u. a. Vorsitzender des Leipziger Kunstvereins und ließ noch zu des Dichters Lebzeiten auf der Schönen Höhe nahe Dresden das erste Goethe-Denkmal weihen. 1815 hatten er und andere »Kunstliebhaber unter großem öffentlichem Aufsehen eine Reihe von spät-

„Die grosse Ratsstube" im Alten Rathaus. Aquarell von Karl Werner, 1858

Der Innenraum der Nikolaikirche nach dem klassizistischen Umbau.

mittelalterlichen Tafelgemälden vom Dachboden der Nikolaikirche geborgen. Sie waren anlässlich verschiedener Umgestaltungen des Kircheninneren dort deponiert worden, einige vielleicht nach der Einführung der Reformation, großenteils wahrscheinlich bei der barocken Umgestaltung 1662–1680, die letzten beim klassizistischen Umbau 1785.

Porträt des Johann Gottlob von Quandt von Julius Schnorr von Carolsfeld, 1820

Die 1815 geborgenen Kunstwerke wurden zunächst in der Stadtbibliothek untergebracht, später kamen sie ins Städtische Museum (dem späteren Museum für bildende Künste). Dieses gab 1910 einige der Gemälde an das neugegründete Stadtgeschichtliche Museum ab. Man hatte 1815 jedoch nur die nach damaligen Gesichtspunkten interessantesten und größten Tafelbilder geborgen, vieles scheint liegen geblieben zu sein. Diese ›Reste‹ wurden, zusammen mit einigen Epitaphien aus der Thomaskirche, um 1870 vom Leipziger Geschichtsverein übernommen und gelangten auf diesem Weg ins Stadtgeschichtliche Museum.« Darunter auch der *Moses mit den Gesetzestafeln.*

36 Stunden nach dem sensationellen Raub die nächste Sensation! *Das 12 Uhr Blatt* in Berlin meldete bereits Montagmittag: »Cranach-Bild als Paket auf dem Leipziger Hauptbahnhof gefunden. Das am Sonnabend aus dem Leipziger Stadtgeschichtlichen Museum gestohlene Gemälde von Lucas Cranach ist gestern Abend gegen ¾9 Uhr aufgefunden worden. Es lag als Paket ohne Aufschrift in einem Korb, der zur Aufnahme abgehender kleiner Pakete und Rollen bestimmt ist. Da es keine Anschrift und keinen Absender angab, öffneten die Beamten die Sendung, um den Empfänger zu ermitteln. Zu ihrem größten Erstaunen hielten sie plötzlich das Bild in den Händen, das in den Stunden seines Verschwindens

soviel Aufsehen erregt hatte. Die Kriminalpolizei wird ihren Ermittlungen nun eine andere Richtung geben müssen. Ueber das bisherige Untersuchungsergebnis ist noch nichts bekannt. Es wird jedoch angenommen, daß Fingerabdrücke einen Hinweis auf die Person des Täters ermöglichen lassen wird. Die Meldung von dem Diebstahl des kostbaren Cranach-Gemäldes ging gestern wie ein Lauffeuer durch ganz Leipzig«, ja, die ganze Welt. Auch die Nachricht von seiner Wiederentdeckung war Schlagzeilen wert.
Leipzig jedenfalls war beruhigt und froh, den *Moses mit den Gesetzestafeln* wieder im Hause zu wissen. Beschädigungen wies das Bild nicht auf. Welch Glück!
Die Stadt war guter Hoffnung und gab dieser guten Hoffnung Ausdruck. Zwei Monate später verlieh man der Handelsmetropole den Ehrentitel der »Reichsmessestadt«.

Zur Ausstattung der Nikolaikirche gehörte auch Cranachs „Kreuzigung Christi" von 1557

Bereits am 15. Oktober 1937 wurde offiziell verlautet: »Ein neuer Abschnitt in Leipzigs Geschichte hebt an. Die weltberühmte Stadt an der Pleiße hat wieder ein Oberhaupt. Unser bisheriger Kreishauptmann und Kreisleiter, Adolf Hitlers alter Kämpfer Walter Dönicke, wurde zu ihrem Oberbürgermeister ernannt und in Vertretung des Reichsstatthalters vom sächsischen Innenminister in Anwesenheit des sächsischen Wirtschaftsministers in das neue verantwortungsvolle Amt eingewiesen. Hier mit einem langen curriculum vitae des ›neuen Mannes‹ aufzuwarten, erübrigt sich, denn ›neu‹ heißt in diesem Falle nicht etwa ›unbekannt‹, sondern das ganze Gegenteil! Mit dieser Ernennung Dönickes, der sich ganz aus eigener Kraft emporarbeitete, findet der Kampf des Nationalsozialismus um das einst ach so rote Leipzig seine Krönung. Die ganze Stadt grüßt freudig ihren neuen

Die Petersstraße während der Reichsmesse 1941. Von 1937 bis 1945 trug die Stadt den Titel Reichsmessestadt.

Oberbürgermeister und gelobt ihm treue Gefolgschaft bei allem seinem Streben zum Wohle Leipzigs. Das gleiche Gelöbnis legt sie auch an dem Manne ab, der Dönickes Nachfolger in der Leitung der Kreishauptmannschaft wurde und ebenfalls hier kein Unbekannter mehr ist, denn schon einmal hatte er den Posten des Kreishauptmannes inne, dem bisherigen Ministerialdirektor im Ministerium des Innern, Dr. Kurt Ludwig von Burgsdorff.

Just zu der Zeit, da Walter Dönicke die Zügel der Stadtverwaltung in die Hand nimmt, läßt sich als gutes Omen eine rege Betriebsamkeit im kulturellen Leben Leipzigs feststellen. In unseren Mauern versammelten sich Sachsens Obstbauernvereine zu ihrer Tagung, mit der man eine verblüffend reichhaltige Obstausstellung und eine Reihe von interessanten Sonderschauen verbunden hatte. Zum gleichen Zeitpunkt begingen das Museum der bildenden Künste und der Leipziger Kunstverein mit einem erhebenden Festakt im Neuen Rathaus die Feier ihres hundertjährigen Bestehens. Das war zugleich Auftakt und Eröffnung der Gaukulturwoche. Bei dieser Gelegenheit sei in die Erinnerung zurückgerufen, daß der Gedanke der Kulturwoche in unserem Leipzig seine Wiege hatte. Schon von 1933 an veranstaltet unsere Stadt solche Kulturwochen, und die großen Erfolge dieser Leipziger Einrichtung ließen schließlich den Entschluß reifen, im ganzen Gau dem Leipziger Vorbild zu folgen. Aus der Fülle der heurigen kulturellen Veranstaltungen in unserer Stadt sei auf die von der Stadtbibliothek im Zusammenhang mit der erwähnten Hundertjahrfeier eröffnete Ausstellung ›Alte Kunst- und

Raritätenkammern in Leipzig‹ hingewiesen, die die Sehenswürdigkeiten des Stadtgeschichtlichen Museums recht glücklich ergänzt.
Diesem letztgenannten Institut hatte neulich ein Bösewicht eine besondere Rarität freventlich entführt. Objekt dieser ruchlosen Tat war ein wertvolles Oelbild von der Hand Lukas Cranach des Aelteren, des vielbeschäftigten kursächsischen Hofmalers zu Wittenberg, den enge Beziehungen mit Leipzig verknüpften. Auf dem besagten Gemälde hat der Meister der Reformationsmalerei Moses mit den Gesetzestafeln dargestellt. Diese unfreiwillige Exkursion des in Oel gemalten Alten war freilich nicht von langer Dauer. Man fand das Kunstwerk noch am Abend des Entführungstages in einem fein säuberlich zurechtgemachten Päckchen ohne Anschrift in einem Postamt des Hauptbahnhofes wieder. Glück im Unglück. Wenig erfreulich an dieser Geschichte mit gutem Ende ist und bleibt aber, daß es noch Volksgenossen gibt, die den Unterschied zwischen mein und dein nicht kennen, und daß man in diesem Falle den Missetäter noch nicht am Hammelbein hat.«
Keinem wurden je für diesen Raub die Hammelbeine langgezogen. »Die Entführung des Moses«, sie blieb ungeklärt.

Haupt-Bahnhof
Platz der Republik
Neustadt
Volkmarsdorf
Neuschönefeld
Str. der Befreiung 8. Mai 1945
K.-Marx-Platz
Grassi-Museum
Alter Joh. Friedhf.
Anger
Trinitatis-Kirche
Reudnitz
Johannistal
Bayrischer Bhf.
Johannis Friedhof
Thonberg
Gelände der Techn. Messe
Bau-Messe
Deutscher Pl.
Siedl. an der Tabaksmühle
Gartenvorst.
Völkerschlacht Denkmal
Süd Friedhof
L.-Stötteritz
Karl Liebknecht Str.
Richard Lehmann Str.
Dösner Weg
Sportpl.
Kleingärten
Markt
Thomas-K.
Universit.
Nikolai-K.
Georgi-Dimitroff-Museum
Floß-Platz
Peters-K.
Park

FRIDOLIN! DIE FRAUEN STREIKEN

Noch heute berichten Leipziger über die Panik in den Fünfzigerjahren: Fridolin ist unterwegs. Fast täglich ging er in der ganzen Stadt auf Streifzug und klaute scheinbar ohne Sinn und Verstand alles von Wellensittich bis Reisewecker. Bis zu zehn Wohnungen besuchte er in einer Nacht. Oft schliefen die Mieter nebenan. Aber der Dieb zerriss auch die Kleidung von Damen und stellte ihnen nach. Nun wurde von Delitzsch bis Borna Frauen anonym mit dem Tode gedroht. »Komme morgen, Fridolin!« Die Panik war berechtigt. Sie währte drei Monate.

Fridolin, den Frauenschreck, hat das Gedächtnis der Stadt bewahrt: »Eine Panik war das gewesen … Der wohnte am Floßplatz … Schlüpfer hat der von der Leine geklaut und hat sie zerketscht … Unsere Mütter haben uns zu Hause behalten, nicht weg durften wir … Eingestiegen ist der in Wohnungen und hat die Frauen missbraucht … Gestreikt haben die, bis der Unhold gefasst war …«

Der Floßplatz im südlichen Zentrum Leipzigs. Hier wohnte Fridolin.

Am 20. Oktober 1954 wurde die Panik offiziell und öffentlich. Die LVZ meldete: »Ein krankhaft veranlagter, doch gefährlicher Verbrecher beunruhigt seit einiger Zeit die Bevölkerung von Leipzig und Taucha. Er verschafft sich durch Nachschlüssel Tag und Nacht Zutritt zu Wohnungen und durchwühlt Schränke und Behältnisse, wobei Damenkleidung und Damenunterwäsche von ihm beschädigt und beschmutzt werden. In der Wohnung Schlafende schließt er in den Zimmern ein und entblößt sich vor Frauen und Kindern. Auch wurden Sittlichkeitsverbrechern an Kindern von ihm begangen. Geld, Schmuck, Uhren und einzelne Bekleidungsstücke sowie Zigaretten nimmt er mit. Unterstützt die Volkspolizei beim Ergreifen dieses Verbrechers. Der wie folgt beschrieben wird: Etwa 25 Jahre alt, etwa 1,70 m groß, dunkelblondes, nach hinten gekämmtes, leicht welliges Haar, stechender Blick, breites Gesicht, eingefallene Wangen, spricht hochdeutsch. Den Händen nach zu urteilen verrichtet er keine schwere Arbeit. Auf einem von ihm hinterlassenen Zettel nannte er sich ›Fridolin‹, in einem anderen Fall gab er an, ›Sowalla‹ oder so ähnlich zu heißen. Die Bekleidung wechselt er ständig. Er trägt entweder einen hellen Trenchcoat oder dunkelbraunen Mantel, dunklen Anzug und Schuhe mit Kreppsohlen, bis Ende September trug er eine dunkelblaue Baskenmütze. Wer kennt diese Person? In welchen Lokalen verkehrt er? Wo versucht der Täter, Diebesgut zu verkaufen. Für den Hinweis, der zum Erfolg führt, wird eine Belohnung zugesichert.«

Der erste Hinweis auf einen Serientäter erfolgte am 12. September 1954. »Gegen 23.15 wurde ein Diebstahl in Leipzig C1, Scherlstraße 14 gemeldet. Hier drang ein unbekannter Täter in die im zweiten Stockwerk gelegene Wohnung mittels Nachschlüssel ein. Die Inhaberin befand sich gemeinsam mit ihrer Tochter während der Tatzeit in Leipzig U5, Ungerstr. (Lokal ›Gambrinus‹). Der Täter setzte sich bei dem schlafenden Kind (neun Jahre) auf die Bettkante und entblößte sein Geschlechtsteil. Das Kind fragte den Täter nach der Mutter und erhielt zur Antwort, daß sich diese in der Küche aufhalten solle. Da es den Worten keinen Glauben schenkte, stand es auf und ging nach der Küche, um sich selbst zu überzeugen. Es machte die Feststellung, daß seine Mutter nicht am angeführten Ort anwesend war. Der Täter, der ihm gefolgt war, fing an vor seinen Augen im Korridor der Wohnung zu onanieren. Daraufhin verließ das Kind die Wohnung, ging nach dem dritten

WIR BERICHTEN AUS LEIPZIG

Schnelldreher Kusmin fand viele Freunde

Photo: Haas

Ein Erlebnis aus meiner Jugend fiel mir ein

Nur wertvolle Arbeiten werden verkauft

Wer denn dann?

Größte Vorsicht an diesem Gefahrenpunkt!

Gefährlicher Verbrecher wird gesucht

Ein krankhaft veranlagter, doch gefährlicher Verbrecher beunruhigt seit einiger Zeit die Bevölkerung von Leipzig und Taucha.

Er verschafft sich durch Nachschlüssel Tag und Nacht Zutritt zu Wohnungen und durchwühlt Schränke und Behältnisse, wobei Damenkleidung und Damenunterwäsche von ihm beschädigt und beschmutzt werden.

In der Wohnung Schlafende schließt er in den Zimmern ein und entblößt sich vor Frauen und Kindern. Auch wurden Sittlichkeitsverbrechen an Kindern von ihm begangen.

Geld, Schmuck, Uhren und einzelne Bekleidungsstücke sowie Zigaretten nimmt er mit.

Unterstützt die Volkspolizei beim Ergreifen dieses Verbrechers, der wie folgt beschrieben wird:

Etwa 23 Jahre alt, etwa 1,70 m groß, dunkelblondes, nach hinten gekämmtes, leicht welliges Haar, stechender Blick, breites Gesicht, eingefallene Wangen, spricht hochdeutsch. Den Händen nach zu urteilen verrichtet er keine schwere Arbeit.

Auf einem von ihm hinterlassenen Zettel nannte er sich „Fridolin". In einem anderen Fall gab er an, „Sowalla" oder ähnlich zu heißen. Die Bekleidung wechselt er ständig. Er trägt entweder einen hellen Trenchcoat oder einen dunkelbraunen Mantel, dunklen Anzug und Schuhe mit Kreppsohlen, bis Ende September trug er eine dunkelblaue Baskenmütze.

Wer kennt diese Person? In welchen Lokalen verkehrt er? Wo versucht der Täter Diebesgut zu verkaufen?

Für den Hinweis, der zum Erfolg führt, wird eine

Belohnung

zugesichert. Angaben nehmen das Volkspolizeikreisamt Leipzig, Dimitroffstraße, Zimmer 423, Telefon 71 71, Apparat 373 und 542 oder auch jede andere VP-Dienststelle entgegen.

Verbrecherbande auf der Anklagebank

KLEINE NOTIZEN

Die *Leipziger Volkszeitung* meldete am 20. Oktober 1954 »Gefährlicher Verbrecher wird gesucht«.

Stockwerk des Wohngrundstückes und rief dabei um Hilfe. Ehe diese Hilferufe durch Personen gehört werden konnten, verließ der Täter fluchtartig das Haus. Später wurde durch die Mutter des Kindes (Geschädigte) festgestellt, daß ihr zwei Kleider fehlten.«

Das blieb in jener Nacht nicht die einzige Straftat. Denn »kurze Zeit später, die genaue Zeit konnte nicht ermittelt werden, ist Leipzig C1, Kurzestr. 4 im Erdgeschoß ein Nachschlüssel-Diebstahl verübt worden, wo der Täter auf das Bett onanierte (Spermaflecken festgestellt) und verschiedene Frauenkleidungsstücke, die sich im Schrank befunden haben, zerriß. Unter diesen befand sich eines der fehlenden Kleider des vorher angeführten Diebstahles. Nachträglich wurde bekannt, daß am gleichen Tage in der Zeit von 15 bis 18 Uhr in Leipzig C1, Thomasiusstr. 17. im ersten Stock ebenfalls ein Nachschlüssel-Diebstahl verübt wurde, wo der Täter die schlafende Geschädigte im Wohnzimmer ihrer Wohnung einschloß. Er benutzte dazu den Schlüssel, der von außen im Schloß steckte. Durch diese Handlungsweise gelang es dem Täter, in aller Ruhe sämtliche Zimmer und Behältnisse zu durchsuchen. Unter Mitnahme von 183,00 M Bargeld und einer Kette mit Anhänger verließ er in unbekannter Richtung wieder den Tatort.«

In der Bekämpfung des nunmehr bekannten Schwerpunktes wurden nachfolgende Vorfälle bekannt, die sich vor allem auf die Südvorstadt konzentrieren. Stichpunkte aus der Akte:
»25.09.1954, gegen 3 Uhr, drang er in die Erdgeschoßwohnung Floßplatz 28 ein. Die Wohnungsinhaberin wurde durch die Geräusche munter und, da sie annahm, daß es sich bei dem Eindringling um ihren Sohn Heinz handeln würde, rief sie diesen an. Der Täter setzte sich auf den Rand des Bettes, in dem diese lag, und sagte zu ihr, daß er ›Swobolla‹ oder so ähnlich wäre. Nachdem er dazu aufgefordert worden war, dann ging er. In derselben Nacht wurde auch ein Diebstahl aus dem Haus Hohe Straße 58 angezeigt.

26.09.1954, 4.15 Uhr, Nachschlüsseldiebstahl, Niederkirchnerstraße 6, Erdgeschoß, in Anwesenheit des Wohnungsinhabers. Gleiche Nacht ein Stockwerk höher, der Ehemann im Schlafzimmer dachte, seine Gattin würde rumoren und schlief weiter. Entwendet wurden eine Schachtel Turf und

Streichhölzer. Gleiche Nacht, Dufourstraße 38, erster Stock, wurde der Dieb entdeckt, als er kein Licht machte, sich aber mit Streichhölzern in der Wohnung orientierte. Gleiche Nacht, Arndtstraße 11, Erdgeschoß, dem Täter fielen 150,00 DM Bargeld in die Hände.
(…)

30.09.1954, 1.30 Uhr, die Tochter des Wohnungsinhabers wurde munter, als der Unbekannte sie an die Brust faßte. Es kam zum Handgemenge, davor hatte der Täter die Eltern im Schlafzimmer eingeschlossen. 2.40 Uhr in der gleichen Nacht zerriss der Täter in der Idastraße 6 in einer Wohnung alle Frauenkleidungsstücke und onanierte in den Büstenhalter.
(…)

03.10.1954, 0.15 Uhr, Tschaikowskistraße 27, Erdgeschoß, er stahl 20 DM und eine Monatskarte der Straßenbahn sowie eine Reinigungsquittung. Danach Fregestraße 5, er entwendete einen braunen Kunstledermantel und eine Homespun-Jacke, die Kleiderbügel legte er im Hausflur ab, die Ausweise klemmte er hinter das Fallrohr der Dachrinne Friedrich-Ebert-Straße 114 (Haltestelle 18), dabei waren auch Monatskarte und Reinigungsquittung.

04.10.1954, 0.30 Uhr, Grassistraße 23, Erdgeschoß, mehrmals drückte er das Licht ein und aus, der Hauptschalter wurde vom Wohnungsinhaber ausgeschaltet, als es dunkel war verschwand der Täter. ›Als er sich in Richtung Paul-Gruner-Str. entfernte, brannte er sich eine Zigarette an. Es wurde nichts vom Täter mitgenommen. Lediglich hatte er die Tischdecke im Korridor zu einem Büstenhalter geformt und darauf einen Schlüssel gelegt, der nicht zur Wohnung gehörte, also vom Täter mitgebracht worden sein muß.‹

07.10.1954, zwischen 14.15 und 15.50 Uhr, Richard-Lipinsky-Straße 6, der Wohnungsinhaber bemerkte Fußspuren auf dem Boden. Im Bad stand eine Glasschüssel mit Wurst, in die der Täter hineinuriniert hatte. Neben dieser Schüssel stand ein Butterteller, in den der Täter blaue Stoffreste, die zerkaut waren, hineingespieen hatte. Das dazugehörige Kleid und eine Büchse aufgegessenen Fisch fand sich daneben. Zutritt hatte er sich mit einem Nachschlüssel verschafft.

Vorderansicht eines SED-Parteiausweises

Innenseite eines SED-Parteiausweises mit einer Übersicht über bezahlte Mitgliedsbeiträge. Über einen ähnlichen Ausweis verfügte auch Fridolin.

10.10.1954, Zeit nicht eingrenzbar, Taucha, Poststraße 7, Erdgeschoß links, Wohnungsinhaber bei Verlobten in Böhlitz/Ehrenberg: alle Behältnisse offen, ein frischgebügelter Anzug wurde entwendet, desgleichen ein Damenring mit Granatstein und eine Schachtel Turf. Silberbesteck und Kristall wurden dagegen nicht angerührt. Aufs Bett hatte er uriniert. In der gleichen Nacht fand man in der Ferdinand-Lasalle-Straße 31, Erdgeschoß links, das Bett zerwühlt und zerrissene Damen-Kleidungsstücke.«

Fast täglich nimmt die Polizei Anzeigen entgegen. Das Muster lässt auf einen Täter schließen. Er klaut scheinbar wahllos, so entwendet er in einer Wohnung Reisewecker, Wellensittich, Heizkissen und eine Damengeldbörse. Ein andermal das Parteidokument der SED oder das »Abzeichen für gutes Wissen«. Der professionelle Handel mit den gestohlenen Gegenständen scheint kaum möglich. »Das Motiv ist in erster Linie auf sexuellem Gebiet zu suchen (…).«

Doch die Auswertung der Spuren zeitigt noch ein anderes, erschreckendes Ergebnis. Fridolin ist auch der Täter, der »am 17.09.1954 gegen 1.30 Uhr in

Schulklasse von 1954 – eine vierte im Waldstraßenviertel besuchte das Opfer

eine Wohnung in Leipzig C1, Friedrich-Ebert-Str. 64, viertes Stockwerk eindrang und dort ein in der Wohnung anwesendes 9jähriges Mädchen vergewaltigte. Unter Mitnahme von zwei Herrenhüten, die er sich, als er die Wohnung verließ, alle beide übereinander aufsetzte, hat er mit unbekanntem Ziel die Wohnung verlassen. Dieser Vorgang wurde bisher durch die MUK gesondert bearbeitet und wird nunmehr durch die gebildete Einsatzgruppe weiter bearbeitet.«

Die VP bittet die Bevölkerung um Mithilfe und löst mit der Annonce noch größere Panik aus. Denn im Einzugsgebiet der *Leipziger Volkszeitung,* von Borna bis Delitzsch, Oschatz, Torgau, Kohren-Salis, tauchen daraufhin unzählige anonyme Schreiben auf, die Frauen frankiert und unfrankiert in ihren Briefkästen finden. Sie gleichen sich: »Komme morgen!« – »Warte, bis ich dich erwische!« – »Du bist dran!« – »Den nächsten Tag erlebst du nicht!« – Die Schreiben tragen stets dieselbe Unterschrift: F. oder Fridolin. Fridolin – der Name wird Phantom und Feind. Bis zum 10. Dezember 1954.
»Gegen 20.15 teilte der Professor Heuer, Leipzig C1 Stephanstr. 12/II tel. mit, daß soeben seine Hausangestellte Frl. Elisabeth Schmidt auf der Straße vor

Die Stephanstraße in Leipzig mit ihren repräsentativen Gründerzeithäusern. Vor dem Haus Nr. 8 würgte Fridolin eine Hausangestellte.

dem Grundstück Stephanstr. 8 überfallen und am Halse gewürgt worden ist. (…) Als Personenbeschreibung lagen vor: Ein Mann ohne Kopfbedeckung mit hellem Mantel, Alter ca. 30–40 Jahre.

Die Hausangestellte Schmidt wurde gebeten, vor dem Grundstück das Eintreffen des Funkwagens zu erwarten. Gegen 20.30 führte dann der Funkwagen NEF 42 den Klempner Döpfner, Alwin, geb. am 01.03.1927 in Ullersricht, Kreis Weiden, wohnhaft Leipzig, Floßplatz 29 bei Mohlen, dem Dauerdienst zu … Im Dauerdienst wurden als Zeugen die Frauen Schmidt, Heuer und Klingbeil mit dem Funkwagen zur Dienststelle gebeten. Hier wurde im Raum 2 eine Gegenüberstellung mit den zugeführten Döpfner und zwei Gen. des Dauerdienstes durchgeführt. Die Frau Klingbeil erkannte in zwei Fällen (mit und ohne Mantel) Döpfner als denjenigen wieder, den sie in der Seeburg- und Stephanstr. gesehen hatte. Die beiden anderen erkannten bei der Gegenüberstellung im Mantel ebenfalls den Döpfner wieder, während sie ohne Mantel dies nicht konnten (…).«
Der Verhaftete ist Fridolin. Schrift und Fingerabdrücke stimmen überein. Alwin Döpfner, ergeben die Daten, ist im Januar 1954 aus Westdeutschland Leipzig zugezogen. Geboren ist er in Weiden, wo seine Eltern und Geschwister noch wohnen. Er arbeitet als Karosserieklempner im Kfz-Großinstandsetzungswerk Leipzig C1, Johannisplatz. Alwin Döpfner gesteht.

»Am 4. oder 5. Januar bin ich von zu Hause weggegangen, um mir in der DDR Arbeit zu suchen. Ich löste mir zu Hause eine Fahrkarte nach Westberlin, da ich keine ordnungsgemäßen Interzonenpapiere besaß. Ich fuhr mit dem Interzonenzug über Probstzella. In der Nacht vom 4. zum 5. Januar muß ich die Zonengrenze bei Probstzella passiert haben. Ich fuhr direkt mit dem Zug durch bis Leipzig. Leipzig war mir als Stadt unbekannt. Ich meldete mich bei der Trapo Leipzig und wurde zum VPKA zur Anmeldung verwiesen.« Döpfner hatte bei seiner Ausreise zwei Koffer und Gepäck, darin vier Anzüge, bei sich. Er wohnte zunächst Kochstraße 26, Erdgeschoß links, und bekam Überbrückungsgeld. Acht bis zehn Tage später vermittelte ihm das Amt eine Stelle als Kfz-Klempner im Opelhaus für 320 DM netto. Wegen eines Mädchens hatte er Differenzen mit seiner Wirtin und zog danach zu Frau Mohlen am Floßplatz 29. Auch diese Wirtin war gegen Mädchenbesuch. »Da unterließ ich es dann.« Überhaupt hat Döpfner außer den Kollegen keine Freunde. Nach Tanzveranstaltungen hat er ab und zu bei Mädchen übernachtet. »Eine feste Verbindung zu einem Mädchen habe ich aber nicht.« In der FDJ ist er seit Mai 1954. Von Mitte November bis 3. Dezember war er auf Jugendbezirksschule in Mutzschen.

»Ich gebe zu, verschiedene Straftaten begangen zu haben. Ich bin auch bereit, alle Straftaten zu nennen, die ich begangen habe. Mein sehnlichster Wunsch war, einen Radioapparat zu besitzen, und aus diesem Grunde habe ich mir im Sommer dieses Jahres einen gestohlen. (…) Ich ging spazieren, es war an einem Sonntag, die Straße kann ich nicht genau angeben, und ich sah eine Wohnung im Erdgeschoß, wo das Fenster auf war. Ich stieg ein, weil ich neugierig war zu sehen, was drinnen ist. Ich ging von einem Raum in den anderen und sah ein Radio darin stehen. Dieses Radiogerät nahm ich mit.« Danach bog sich Alwin Döpfner Schlüssel aus Draht und versuchte damit, fremde Wohnungen zu öffnen. Er brachte es zu gro-

Der Johannisplatz im Jahr 1966. Hier befand sich ein KfZ-Großinstandsetzungswerk, in dem Alfred Döpfner, alias Fridolin, arbeitete.

Der Johannisplatz mit seiner heutigen Bebauung

ßer Handfertigkeit, wie seine Einbruchserie beweist. »Ich habe die ersten Diebstähle begangen, weil ich Sachen brauchte. Später beging ich solche Straftaten, wenn ich ausgegangen war und beim Tanzen oder aus anderen Gründen Pech mit Frauen hatte, mich darüber ärgerte und aus Wut diese Straftaten beging (…) Ich bin zu diesem Gedanken gekommen, weil ich festgestellt hatte, daß die Mädchen in der Großstadt anders sind als zu Hause. Es liegt daran, daß 90 % der Frauen, die ich hier in der Großstadt kennengelernt hatte, schlecht waren. Es waren ganz große Huren. Die anderen 10 %, die übrigblieben, die findet man sehr selten. (…) Ich wollte ein Mädchen finden, das man heiraten konnte, ich habe doch nur Mädchen hier kennengelernt, die sagten mir ins Gesicht, daß sie die Abwechslung lieben.«

Seinen ersten sexuellen Kontakt hatte Alwin Döpfner mit 13 Jahren. Er machte es sich schwer mit den Frauen. In Leipzig hatte Alwin »ein ehrliches Mädchen bei der FDJ kennengelernt, aber die Verbindung
hielt nur 14 Tage, dann beendete sie das Verhältnis wegen Krankheit. Wir sind im Guten auseinander. Aus diesen Gründen habe ich Frauen gehaßt, und ich kam auf darauf, alles zu zerstören, was einer Frau an Bekleidung gehört.«

Beim Zerstören ist Alwin Döpfner nicht geblieben. »Ich gebe zu, am 17.09.1954, gegen 1.30 Uhr, das größte Verbrechen meines Lebens begangen zu haben. Ich weiß nicht, wie die Straße hieß, es war in der Nähe des Waldplatzes. Ich weiß nicht mehr, ob das Haus offen war. Ich bin ganz nach oben hinaufgegangen. Ich habe unten bei der ersten Tür angefangen, da konnte ich nicht hinein, da passte der Schlüssel nicht, und deshalb ging ich immer höher. Oben im obersten Stockwerk habe ich dann mit dem gefundenen Haken eine Tür geöffnet. Ich kam in einen langen Korridor. Ich habe in der Wohnung ein Kind gesehen, welches ich auf ca. 10–12 Jahre schätzte. Das Mädchen erkannte mich nicht, weil es finster war. Das Mädchen hat von irgendeinem Burschen erzählt. (…) Ich habe sie sehr wahrscheinlich gefragt, wie es heißt. Das Mädchen schien den Eindruck gehabt zu haben, als ob ich ihr Bruder oder ihr Vater wäre, und hat mich umarmt. Ich hatte mich zu ihm auf den Bettrand gesetzt. Das Mädchen hatte mich auch abgeküßt, und dann fragte es mich, wer ich bin. Da konnte ich ihr keine richtige Auskunft geben, und sie ist dann aufgestanden. Sie ging nach dem Korridor, wo sie Licht anmachte. Sie sah, daß ich ein Fremder war. Sie fragte mich, wie ich herein gekommen bin. Ich sagte ihr ›durch die Tür‹, und sie fragte mich, ob ich einen Schlüssel hätte, und ich sagte ›ja‹. Das Mädel ging dann zur Tür. (…) Daraufhin habe ich die Tür von innen abgeschlossen. Ich habe dann das Mädel hochgehoben und ins Bett getragen. Dabei wurde das Mädel laut, und sie hat gerufen. (…) Ich habe ihr erst den Mund mit der Hand zugehalten, währenddem ich sie zum Bett trug. Dann habe ich dem Mädel an den Hals gefaßt. (…) Ich weiß nicht mehr, ob ich beide Hände nahm und sie würgte. Als ich das Mädel so würgte, stand ich neben ihr vor dem Bett. (…) Soweit ich mich erinnern kann, ließ ich los, aber sie wollte immer noch rufen. Daraufhin habe ich sie wieder am Hals gefaßt, um sie erneut am Schreien zu hindern. Dann habe ich das Kind vergewaltigt. (…) Meines Wissens hat das Mädel eine Hose angehabt, die ich zerriß. Ich habe die Hose aufgerissen, weiß aber nicht, an welcher Stelle. Ich riß die Hose auf, um den GV mit dem Kinde ausüben zu können. (…) Mein Glied war steif geworden, und ich kam nicht in die Scheide des Kindes hinein. Aus diesem Grunde habe ich das Mädel an den Bettrand vorgezogen, so daß sie mit den Füßen heraushing. Das Mädel lag auf dem Rücken. (…) Ich hatte den Eindruck, daß das Kind während des Geschlechtsaktes ohne Bewußtsein war, da es nicht mehr gerufen hatte, obwohl ich es am Hals losgelassen habe. Es kam bei mir zum Samenerguß, den ich in die Scheide hineinlaufen ließ. Der Geschlechtsakt selbst hat nach meiner Schätzung ca. 5 Minuten gedauert. Dann habe ich das Kind ins Bett gelegt und zugedeckt. Anschließend kam das Kind wieder zu sich, und ich fragte das Kind, ob es mich gern hätte. Das Kind sagte aber, ich sollte ihm die Luft nicht mehr absperren … Ich wollte das Kind nicht töten. Anschließend habe ich zu dem Mädel gesagt, daß sie zu niemandem davon sprechen soll.«

Danach hat Alwin Döpfner die Wohnung mit dazugehörigen Schlüsseln verschlossen, das gestohlene Parteidokument in der Öffentlichkeit weggeschmissen, die ebenfalls entwendeten Hüte hat er in einem Hausflur auf einem Kinderwagen abgelegt. Die Angaben entsprechen der Wahrheit. Döpfner will sich erinnern.

Die Zeitung meldet den erfolgreichen Abschluss der Ermittlungen in Fall »Fridolin«. »Durch die Volkspolizei wurde in Zusammenarbeit mit der Bevölkerung am 10. Dezember … eine männliche Person festgenommen. Es handelt sich hierbei um den Klempner Döpfner, Alwin (…). Er wird den

zuständigen Justizorganen übergeben und seine gerechte Strafe erhalten.«
Doch die Person des Alwin Döpfner hat noch andere Facetten. »Am heutigen Tage wurde mit dem ehemaligen Parteisekretär der Arbeitsstelle des Beschuldigten Rücksprache genommen. Er gab dabei an, daß er persönlich den Vater des Beschuldigten durch dessen Besuche bei uns in der DDR kennt. Er schildert den Vater als fortschrittlichen aktiven Genossen der KPD. Da der Beschuldigte selbst gleichermaßen wie sein Vater die Veranlagungen zeigte, ein klassenbewußter Mensch zu werden, hat er ihm jegliche Unterstützung in dieser Hinsicht angedeihen lassen. (...) Döpfner hat wesentlich dazu beigetragen, daß verschiedene schwankende Elemente im Betrieb in fortschrittlicher Hinsicht beeinflußt werden konnten. Der Genosse hatte auch Kenntnis davon, daß über den Beschuldigten in der Presse seiner Heimatstadt sinngemäß stand, ein Arbeitsloser, dem von westlichen Behörden keinerlei Unterstützung zugebilligt wurde, verließ Westdeutschland und suchte die DDR auf, wo er Arbeit, Wohnraum und Gelegenheit erhielt, ein anständiges und auskömmliches Leben zu beginnen.« Im Selbststudium eignete sich Alwin Döpfner die Werke des Marxismus-Leninismus an. Er war zu Deutschlandtreffen delegiert. »Wenn er für die Aufnahme in die SED kandidiert hätte, hätten die Genossen seiner Aufnahme zugestimmt. Wir wollten übergehen, ihm Facharbeiterlohn zu zahlen.«
Verschwiegen hatte Alwin Döpfner, dass er bereits wegen Exhibitionismus und Diebstahl eines Schifferklaviers vorbestraft gewesen ist. 1948 stand er in Weiden wegen Beraubung eines amerikanischen Soldaten vor Gericht, zur Anklage ist es jedoch nicht gekommen. Und am 12. April 1950 meldet *Der Neue Tag* in Weiden: »Nachschlüssel-Diebe gefasst. Umfangreiches Einbruchsregister jugendlicher Gauner: Immer wieder konnte man im Polizeibericht der Monate Januar bis März Einbruchsdiebstähle im Stadtbezirk Weiden melden, die hauptsächlich in den Nachmittagsstunden verübt wurden, und bei denen die Täter meistens Nachschlüssel verwendeten. Dabei wurden durchweg Wertgegenstände gestohlen, zumeist Schmuckstücke. Der Verdacht der Kriminalpolizei richtete sich sehr bald gegen zwei junge Burschen aus Weiden. Am 15. März wurden dann die beiden, Alwin Döpfner und Niklas Franz, festgenommen und ins Landgerichtsgefängnis eingeliefert. Im Laufe der Ermittlungen gelang es der Kriminalpolizei, ihnen eine ganze Reihe von Diebstählen in Weiden als auch in anderen Orten (wie Hof

WEIDEN

NACH DEN OSTERTAGEN

Nach Festesglanz und Ostertagen
Umfängt uns wieder Einerlei —
Luise hat 'nen kranken Magen,
Und schuld dran ist ein Nougat-Ei!
Man selber hat vor Schokolade
Und Marzipan 'nen leichten Graus.
Doch denkt man traurig: O, wie schade,
Wenn's schön wird, ist es meistens aus!
Es flüstern die verlobten Pärchen
Vom nächsten, stillen Stelldichein —
(Man weiß bestimmt, in ein paar Jährchen
Wird das vermutlich anders sein).
Der Osterhut liegt tief im Schranke
Und harrt auf Lenz und Himmelblau.
Vorläufig ist dran kein Gedanke.
Denn meistens ist es kalt und grau!
Die Hennen sitzen auf der Rampe
Total erschöpft und reichlich matt . .
Dieweil der gute Meister Lampe
Ganz durchgelauf'ne Füße hat
Er kann sich garnicht mehr bewegen,
Kann weder liegen, weder steh'n,
Und seufzt: „Für all das Eierlegen
Gibt's nicht einmal ein — Dankeschön!"

Towen Grill.

Dr. Horlacher kommt

(kur) Am Samstag, 15. April, hält die Spar- und Darlehenskasse Weiden ihre diesjährige Hauptversammlung ab, die Bericht über den Ablauf des Geschäftsjahres geben wird. Gleichzeitig wird diese Tagung mit ihren Referaten auch einen Einblick in die Lage unserer Landwirtschaft geben. Den Höhepunkt der Versammlung bildet eine Rede des Präsidenten der bayerischen Spar- und Darlehenskassen, Dr. Michael Horlacher, der die Aussichten der deutschen Landwirtschaft umreißen wird. Die Versammlung beginnt um 14.30 Uhr im Josefshaussaal.

Baut alle mit

an dem Jugendwohnheim für Mädchen, das die Arbeiterwohlfahrt errichten will. Bestellt Zündholzbücher! Für den Einzelnen sind sie eine Werbung, im Gesamten aber Bausteine zu einem großen sozialen Werk.

Nachschlüssel-Diebe überführt

Umfangreiches Einbruchsregister jugendlicher Gauner

(md) Immer wieder konnte man im Polizeibericht während der Monate Januar bis März Einbruchsdiebstähle im Stadtbezirk Weiden melden, die hauptsächlich in den Nachmittagsstunden verübt wurden und bei denen

die Täter meistens Nachschlüssel verwendeten.

Dabei wurden durchwegs Wertgegenstände aller Art gestohlen, zumeist Schmuckstücke.

Der Verdacht der Kriminalpolizei richtete sich sehr bald gegen zwei junge Burschen aus Weiden. Am 15. März wurden dann die beiden, Alfred Lippert und Franz Nickl, festgenommen und ins Landgerichtsgefängnis eingeliefert. Im Laufe der Ermittlungen gelang es der Kriminalpolizei, ihnen eine ganze Reihe von Diebstählen sowohl in Weiden als auch in anderen Orten nachzuweisen.

Die jugendlichen Einbrecher hatten ihr erfolgreichstes „Unternehmen" in Hof verübt, wo ihnen

Schmucksachen im Werte von mehr als 1000 DM in die Hände fielen.

In Weiden selbst konnten ihnen nicht weniger als 11 schwere Diebstähle zur Last gelegt werden. Weiterhin dürften auf ihr Konto drei Einbrüche kommen, die in letzter Zeit in Marktredwitz begangen wurden. Verschiedene Gegenstände, die zur dortigen Diebesbeute gehören, wurden bei ihnen gefunden.

Einige aus den Einbrüchen stammende Gegenstände konnten den Geschädigten bereits wieder ausgehändigt werden. Einen Teil des Schmuckes jedoch hatten die jugendl. Gauner

unbrauchbar gemacht und bruchstückweise in Regensburger Juweliergeschäften

abgesetzt. Beide Täter sind wegen Eigentumsdelikten bereits vorbestraft.

•

Bei den Einbrüchen erbeuteten die Täter auch eine Geldkassette, die sie später ausgeleert in Nähe des Hammerweges wegwarfen. Wer über diese Kassette, Größe etwa 30 mal 30 cm, nähere Angaben machen kann, wird gebeten, sich an die Kriminaluntersuchungs-Abteilung, Obere Bachgasse 1, Zimmer 17, zu melden. Weiterhin werden jene Personen gebeten, sich zu melden, an die die Täter wegen Verkaufs von Gegenständen herantraten.

Milchpreis wird festgelegt

(kur) Heute findet in Amberg die entscheidende Sitzung über den Preis für Vollmilch statt. Dazu sind auch von Weiden Vertreter der verschiedenen Interessentenkreise eingeladen worden. Die Gewerkschaften beharren weiterhin auf die von ihnen beantragte Herabsetzung

Der Alkoholteufel war schuld

(md) Dieser Tage wurde in einer Wirtschaft an der Inneren Regensburger Straße ein Kistenmacher von einem stark angetrunkenen amerikanischen Soldaten bedroht. Der Deutsche ergriff die Flucht, der Soldat verfolgte ihn mit einem Bierglas bis zur Glasfabrik. Dort zertrümmerte er eine große Glastafel und mehrere Fensterscheiben mit einem Stein, nachdem er schon in der Wirtschaft mehrere Biergläser zerschlagen hatte.

Quellen, die den

Durch staatliche Zuschüsse wird de

(kur) Als bei der letzten Stadtratssitzung die Höhe der Ausgaben und Einnahmen Weidens bekannt wurden, mag mancher den Kopf geschüttelt und mit dem alten Faschings-Schlager gefragt haben: „Wer soll das bezahlen, wer hat so viel Geld . . .?" Aber Stadtkämmerer Franz Mörtel hat auf Heller und Pfennig nachgewiesen, daß die Mittel aufgebracht werden können. „Selbst wenn kleinere Rückschläge eintreten sollten", so schreibt er, „so ist

die Finanzlage der Stadt bereits wieder so gekräftigt,

daß diese in Kauf genommen werden können." Wir haben in zwei Berichten (N. 40 und 41 des NT) über die vielseitigen Ausgaben der Stadt gesprochen, um so ein Bild über die Leistungen zu geben, die Weiden 1950 vollbringen muß. Heute sollen die Finanzquellen der Stadt aufgezeichnet werden, aus denen immerhin ein Betrag von rund 5 Millionen DM geschöpft werden soll.

Die sechste Million, die der Haushaltsplan aufweist, sind öffentliche Zuschüsse,

die für die Polizei, die Schulen, die Fürsorge und besondere Verwaltungsaufgaben an die Stadt gegeben werden.

Zeitungsmeldung »Nachschlüssel-Diebe überführt« vom 12. April 1950 in *Der Neue Tag*, Weiden

es das Gesetz
es möglich
Bezirksvorsit-
en seine Aus-
en er sein Be-
brach, daß der
um Aufnahme
n den Woh-
hnt habe. Die
ein Vertrauen
Eine Zwangs-
führt worden,
n Stellen sich

wieder 402 000 DM zugewiesen hat, die auf die Landesarbeitsbezirke gleichmäßig verteilt werden. Anträge sind für Ausbildungshilfe an die zuständigen Arbeitsämter einzureichen. Auch die Ausbildungshilfe für höhere Schulen ist neu dotiert worden, so daß jetzt alle Schüler der Abschlußklassen, soweit sie unter das Soforthilfegesetz fallen, mit Beträgen bis zu 20 DM monatlich gefördert werden können. Für jede Schule steht außerdem ein Betrag zur Verfügung, der an Schüler niederer

Stadtgeschehen

der fachlichen
ammenführung
von Stadt und
besonders der
dwerk starke
len solle. Nach
man zu dem
erband ins Le-
Satzung wurde
nigt. Vor der
aft sollte den
nen noch die
werden, sich
lar werden zu
d am Mittwoch,
erkerhaus vor-
fizielle Grün-
10. September
ranstaltung im

Beim Bootsverleih Weiden wurde am vergangenen Sonntag ein Wettrudern mit humoristischen Einlagen veranstaltet. Hier das neueste Modell eines Schnellbootes mit Düsenantrieb.
Foto: Zimmermann

Religionslehrer
chule

der Genehmi-
fliche Ordina-
e nun dem Stu-
ich die Beru-
er an die hie-
teil. Studien-
bisher an der

Noch keine Schulspeisung

(=) Die Schulspeisung, die in Zukunft vom bayerischen Staat finanziert wird, kann zum Schulbeginn am 1. September noch nicht anlaufen, da mit der Umfrage über die Teilnahmestärke und die dadurch bedingte Festsetzung des Preises noch nicht begonnen wurde. Es ist daher damit zu rechnen, daß bereits an den ersten Schultagen in einer Umfrage die Teilnehmer für die Speisung ermittelt werden. Der bayerische Staat hat eine Ueberstürzung in der Festsetzung des Preises pro Portion absichtlich vermieden, da die Speisung dieses Mal besonders den Bedürftigen zugute kommen soll. Die Einteilung in Bedürftige und nicht Bedürftige ist nicht mehr beabsichtigt.

der SPD

Stimmen von

e Propaganda-
gewandt wer-
ließenden Dis-
ichkeiten und
nda und die
endigen Geld-

n 66 stimmbe-
der 3 Kreise
end der dem
vorangehenden
ler die Erklä-
Bewerbung im
lichen Willens-
ferenz zurück-
den für Max
abgegeben,
l auf H. Mül-
unbeschrieben

andidat sprach
rückgetretenen
nk für seine
aus. Das ihm
se er als Ver-
m die Person,
einsame Sache

Fahrt in die Heimat

(=) Am Sonntag veranstaltete die Volkshochschule Weiden zwei abwechslungsreiche Fahrten, deren eine durch das Stiftland bis Waldsassen zu den großen Kunst- und Kulturdenkmälern führte, wobei R. Kuhnle mit seinen Hinweisen viele Anregungen gab. Auch die Fahrt zum Rauhen Kulm war ein Erlebnis, das in vorzüglicher Weise Dipl.-Landwirt Wilhelm Vierling zu gestalten wußte. Geologische Seltenheiten sind der Parkstein, der Waldecker Schloßberg und die beiden Kulme. Eine Ueberraschung für die Fahrtteilnehmer war die herrliche Barockkirche zu Speinshart. Wenn es auch diesmal das Wetter nicht so gut meinte wie bei sämtlichen bisherigen Fahrten, so verliefen doch beide zu voller Zufriedenheit.

Dunkle Geschäfte am hellichten Tage

Junge Einbrecherspezialisten hatten ihre eigenen Methoden

(as) Das Schöffengericht Weiden hatte einen großen Tag. In zwei Strafverfahren wurden Einbrecherspezialisten abgeurteilt, die die ganze Stadt in Unruhe und Angst versetzt hatten. Aber unsere allseits anerkannte Kriminalpolizei hat gute und schnelle Arbeit geleistet. Für die Herren Einbrecher besteht daher wohl wenig Aussicht, ihr Handwerk in unserer Stadt auf lange Sicht ausüben zu können. Zu dieser Erkenntnis werden mittlerweile auch die beiden Angeklagten gekomen sein, die am Vormittag abgeurteilt wurden: Zu verantworten hatten sich der 23jährige ledige Installateur Alfred Lippert und der gleichaltrige Schlosser Franz Nickl, beide von Weiden, die durch ihre im Frühjahr bei hellichtem Tage ausgeführten frechen Nachschlüsseldiebstähle bekannt geworden sind. Beide Angeklagte sind bereits einschlägig vorbestraft und wurden erst vor kurzem vom Schöffengericht Hof wegen ähnlicher Delikte zu Gefängnisstrafen verurteilt, so daß sie aus der Strafhaft vorgeführt werden mußten.

Lippert betätigte sich zuerst als Alleingänger. Am Pfarrplatz brach er in die Wohnung eines Kutschers ein und entwendete eine Uhr und einen kleineren Geldbetrag. Dann suchte er sich einen Komplicen, den er in der Gestalt des Nickl am Bahnhof kennenlernte. Zu zweit ging die Sache entschieden besser. Relativ gut gekleidet, klopften sie in den Nachmittagsstunden die Wohnungstüren ab. Während der eine Schmiere stand, läutete der andere. Falls jemand öffnete, fragte man harmlos nach irgendeiner Adresse. Rührte sich aber nichts, so wußte man, daß niemand zu Hause war und daß man freie Bahn hatte. Das Aufsperren der Türen war für Fachleute wie die beiden Angeklagten eine Kleinigkeit. Ein von Lippert gefertigter Dietrich war das „Sesam öffne dich".

So drangen sie in der Ringstraße in die Wohnung eines Invalidenrentners ein. Ergebnis: 1 Weckeruhr und 70 DM. Ergiebiger war die Tour bei einem hies. Kaufmann, wo ihnen Schmuckstücke im Werte von 1 440 DM und ein Fotoapparat in die Hände fielen. In einer Parterrewohnung in der Jahnstraße erbeuteten die beiden Angeklagten eine Kassette mit 200 DM und eine Windjacke. Nach der Anklage drangen sie auch in der Franz-Mörtl-Straße in eine Wohnung ein, fanden aber in der Küche ein Mädchen vor, bei dem sie sich, wie sie es gewohnt waren, nach jemand erkundigten und sich unter Entschuldigungen wieder entfernten. Das gleiche sollen sie auch in zwei Wohnungen in der Feilnerstr. versucht haben. Die letzten drei Fälle hielt das Gericht aber nicht für bewiesen, da die betr. Zeugen die Täter nicht mit Sicherheit erkannten und die Aussage eines weiteren Zeugen, der selbst beinahe als Beteiligter zählte, nicht glaubhaft schien. Während die ersten Straftaten von beiden Angeklagten unumwunden zugegeben wurden, stellten sie die letzten drei auch entschieden in Abrede.

Interessant war auch noch, daß in „Berufskreisen" über die jeweiligen Unternehmen gesprochen wurde und daß man die Nachrichten im „Neuen Tag" daraufhin nachprüfte, ob die Angaben über das gestohlene Gut mit der wirklichen Beute übereinstimmte.

Nach einer eingehenden Beweisaufnahme verurteilte das Gericht die beiden jugendlichen Täter unter Zubilligung mildernder Umstände wegen je eines Verbrechen des schweren Diebstahls im Rückfall zu Gefängnisstrafen von 2 Jahren 6 Monaten bzw. 2 Jahren.

Der Haftbefehl wurde aufrecht erhalten.

78 Gewerkschaftsveteranen

Die Gewerkschaft ÖTV ehrte Verbandsjubilare

Am Sonnabend, dem 26. 8. 1950, fand im kleinen Saal des Josefshauses eine Ehrung der Mitglieder der Gewerkschaft Öffentliche Dienste, Transport und Verkehr, Ortsverwaltung Weiden/Opf., statt, welche bereits 25 Jahre und länger der Organisation angehören. Insgesamt waren es 78 Mitglieder, die geehrt wurden, davon 25 Mitglieder mit 25jähriger, 39 Mitglieder mit 30jähriger, 6 Mitglieder mit 35jähriger, 4 Mitglieder mit 40jähriger, 3 Mitglieder mit 45jähriger und 1 Mitglied mit 50jähriger Zugehörigkeit. Außer der silbernen bzw. der goldenen Verbandsnadel und der Ehrenurkunde erhielt jeder Jubilar noch ein Geldgeschenk überreicht.

In seiner Ansprache konnte der Vorsitzende Bindig außer den Jubilaren und Mitgliedern als Vertreter des Kreisausschusses des Deutschen Gewerkschafts-Bundes den geschäftsführenden Vorsitzenden Adolf Thiem, den Oberbürgermeister der Stadt Weiden Heilmann, sowie den Landtagsabgeordneten Schöner begrüßen. Oberbürgermeister Heilmann sowie Landtagsabgeordneter Schöner waren vor 1933 als Gewerkschaftsfunktionäre tätig und stehen auch heute noch der Gewerkschaftsarbeit nahe.

Umrahmt wurde die Feierstunde durch Musikstücke, ausgeführt vom Urbas-Quartett. An den offiziellen Teil schloß sich ein gemütliches Beisammensein der Jubilare und Mitglieder an.

Wir gratulieren

Zum 82. Geburtstag: Frau Sophie Frieges, Weiden, Unt. Bauscherstr. 11.

Zum 40jährigen Ehejubiläum: Stadtinsp. a. D. Hermann Franke und Frau Magdalena, Weiden, Moltkestr. 20.

Zur Vorbereitung der Wanderausstellung des Schreinerhandwerks findet heute um 20 Uhr die zweite Besprechung im Handwerkerhaus statt.

Eine Mieterversammlung hält der Mieterverein Weiden und Umgebung am Freitag, 1. 9., um 20 Uhr im kleinen Saal des ev. Vereinshauses ab.

Zeitungsmeldung »Dunkle Geschäfte am hellichten Tage« vom 29. August 1950 in *Der Neue Tag,* Weiden

oder Marktredwitz) nachzuweisen ... Einige aus den Einbrüchen stammende Gegenstände konnten den Geschädigten bereits wieder ausgehändigt werden.« Beide Täter waren wegen Eigentumsdelikten bereits vorbestraft. Alwin Döpfner wird als Rückfalltäter vom Weidener Gericht zu zweieinhalb Jahren Haft verurteilt. Aus der war er am 19.09.1953 entlassen worden.

In der DDR hat Döpfner seine Vorstrafen nicht verschwiegen. Nur wurde seine Bewerbung bei der LVZ als Schriftsetzer aus diesem Grunde abschlägig beschieden. Weitere Ablehnungen folgten. »Da habe er beschlossen, die Vorstrafen bewußt zu verschweigen.« Sofort erhielt er eine Anstellung im Opelhaus, Johannisplatz.
Genossen sind der Meinung, dass Döpfner mehr als nur die nachgewiesenen Straftaten begangen hat. »Daß der Beschuldigte auch eine Wirkung mit seinen Handlungen, die Terrorisierung der Bevölkerung erreicht hat, geht weiterhin aus der Tatsache hervor, daß weibliche Betriebsangehörige in verschiedenen Firmen (VEB Mitteldeutsche Kammgarnspinnerei, VEB Baumwollspinnerei, VEB Leipziger Wollkämmerei, LVZ) es ablehnten, weiterhin, solange der Beschuldigte auf freiem Fuß ist, Nachtschicht zu leisten. Zeitungsausträgerinnen weigerten sich, ihrer Arbeit nachzugehen, da sie in der Angst lebten, von diesem ›Fridolin‹ bei ihrer Tätigkeit auf der Straße überfallen zu werden. (...)« Der Fall »Fridolin« ist längst politisch.
»Das gesellschaftsgefährliche Handeln des Döpfner ist aus dem Geschilderten klar zu erkennen. Aber auch in Bezug auf die aufgegriffenen Objekte ist das gesellschaftsgefährliche, besonders beim Notzuchtverbrechen gegen das neunjährige Mädchen zu erkennen. (...) Kinder sind nicht nur das Glück einer jeden Familie, sondern gerade unserer Staat ist an einer guten Erziehung und einem gesunden Aufwachsen unserer Kinder interessiert. Hier aber wurde ein neunjähriges Mädel durch den Beschuldigten schwer geschädigt und einer Situation ausgesetzt, die sie in ihrem Denken bis ans Lebensende beeinflussen muß. In diesem Fall kommt das tierische und brutale Handeln des Beschuldigten besonders stark zum Ausdruck.
Den Beschuldigten wurden insgesamt 24 teils einfache, teils schwere Diebstähle nachgewiesen. Der Gesamtwert des vom Beschuldigten gestohlenen Gutes beträgt ca. 6500 DM. Damit ist das persönliche Eigentum unserer Bürger in einer Vielzahl in erheblichem Maße beschädigt worden. (...)

So hat der Beschuldigte eine weit über die einzelnen Delikte hinausgehende Gesellschaftsgefährdung hervorgerufen, und man muß erkennen, daß er sich auf der einen Seite großsprecherisch als gesellschaftlich positiver Mensch kennzeichnen wollte, und auf der anderen Seite vorliegende Straftaten beging, so daß geschlußfolgert werden muß, daß er ihre allseitigen Folgen abschätzen konnte.«

Alwin Döpfner wird verurteilt. »Unsere Republik ist keine Ausweichstation für verbrecherische Elemente«, titelt der Prozessbericht und hebt damit vor allem die gesellschaftspolitische Dimension von Fridolins Handeln hervor. »Ein junger Mann stand vor den Schranken des Gerichts, der vor einem reichlichem Jahr aus Westdeutschland in unsere Republik kam, dem unser Arbeiter-und-Bauern-Staat in großzügiger Weise Gastrecht gewährte und der ihm, dem ehemals arbeitslosen Klempner, Arbeit gab ... Was der 28-jährige zwischen Juli und Oktober an Schandtaten vollbracht hat, würde genügen, um ein Buch darüber zu schreiben. Er mißbrauchte die großzügige Haltung unserer Regierung, die dem westdeutschen Jugendlichen Asyl und friedliche Arbeitet bietet, auf das schmählichste (...). Die damit erzeugte Unruhe wurde von den Feinden unserer Republik künstlich weitergeschürt, in Leipzig und Umgebung tauchten in der Folgezeit Hunderte von Zetteln mit dieser Unterschrift auf, in denen den Einwohnern mit allen möglichen Repressalien gedroht wurde. (...) In seinem Plädoyer wies der Oberste Staatsanwalt des Bezirkes Leipzig auf die ungeheuerliche Tragweite der Verbrechen des Döpfner hin, die in der jetzigen politischen Situation besondere Bedeutung erlangen. Unsere Regierung reicht nicht den unsauberen Elementen die Hand, denen der Boden im Westen unserer Heimat infolge bereits begangener Straftaten zu heiß geworden ist, sondern nur denen, die sich in ehrlicher Arbeit ein friedliches Leben aufbauen wollen.

Unsere demokratische Gesetzlichkeit urteilt hart aber gerecht, wenn das Eigentum und die Gesundheit der Bürger durch gewissenlose Subjekte gefährdet sind. Der Staatsanwalt beantragte für Döpfner eine Gesamtstrafe von 15 Jahren Zuchthaus.« Der Antrag wurde vom Richter am 2. Dezember 1955 bestätigt. Die bürgerlichen Rechte wurden dem Verurteilten auf die Dauer von fünf Jahren aberkannt.

mahnt
rwirk-
nach-

West-
ich ge-
und
schaft
Frank-
n. Der
der
ete an
Landes
en die
Impe-

Theoretische Wirtschaftskonferenz der Akademie der Wissenschaften eröffnet

Berlin (ADN). Eine theoretische Konferenz des Instituts für Wirtschaftswissenschaften bei der Deutschen Akademie der Wissenschaften in Berlin über das Thema „Die Uebergangsperiode vom Kapitalismus zum Sozialismus in der Deutschen Demokratischen Republik" wurde am Freitagvormittag im Hause der Volkskammer eröffnet. An der Konferenz, die vier Tage dauern wird, nehmen Vertreter aller wirtschaftswissenschaftlichen Institutionen der Deutschen Demokratischen Republik und des demokratischen Sektors von Groß-Berlin teil.

Mit lang anhaltendem, stürmischem Beifall empfingen die Konferenzteilnehmer den Stellvertreter des Vorsitzenden des Ministerrats und 1. Sekretär des Zentralkomitees der Sozialistischen Einheitspartei Deutschlands, Walter Ulbricht.

Die Tagung wurde eingeleitet mit dem Hauptreferat des Akademiemitglieds, Sekretär des ZK der SED, Nationalpreisträger Professor Fred Oelßner. Während der Konferenz tagen sechs Arbeitskreise zu folgenden Fragen: „Die historischen Bedingungen des sozialistischen Aufbaus in der DDR", „Die Entwicklung der Landwirtschaft der DDR in der Uebergangsperiode vom Kapitalismus zum Sozialismus", „Die planmäßige proportionale Entwicklung der Wirtschaft in der DDR", „Die Rentabilität der volkseigenen Industrie und der Kampf um die Steigerung der Arbeitsproduktivität", „Arbeitslohn und Arbeitsnormen in der DDR" und „Die Stabilität der Währung in der DDR und die Labilität der Währung in Westdeutschland". Ueber das Referat und die Tätigkeit der Arbeitskreise wird an zwei Tagen eine große Diskussion stattfinden.

beschritten

usdeh-
s auf
fläche,
utzung
gebiete
roduk-
lanung
r öko-
ungen
on der
publik.
fgaben
-Staat
besteht
it der
n Ma-
in der
ischen
er des
stwirt-
itesten
ir die
dwirt-
n auf.
Stell-
d- und
Hussel,
en Fa-
Leip-
großen
tieri-
ch vor

allem aus der Durchsetzung der Prinzipien der Tier-Hygiene, aus sachgemäßer Zucht und Fütterung sowie aus verbesserter Tier-Seuchenbekämpfung und -vorbeugung ergeben.

In der darauffolgenden ausführlichen Aussprache brachten die an der Beratung des Beschlusses teilnehmenden Gäste die Uebereinstimmung ihrer reichen Erfahrungen mit den im Beschluß des Ministerrates festgelegten Maßnahmen zum Ausdruck.

Der Vorsitzende der VdgB (BHG) überreichte dem Ministerpräsidenten eine große Anzahl von Selbstverpflichtungen der Bauern des Kreises Salzwedel.

Ministerpräsident Otto Grotewohl sprach den Bauern für die Beweise ihrer Aufgeschlossenheit und Bereitschaft gegenüber den vom Ministerrat gestellten Aufgaben den Dank aus.

Der Ministerrat erteilte dem vorgelegten Beschluß seine Zustimmung und richtete an alle Genossenschaftsbauern, Einzelbauern, Traktoristen, Landarbeiter, Wissenschaftler, Parteien und Massenorganisationen den Appell, ihre ganze Kraft dafür einzusetzen, daß das Jahr 1955 zu einem Jahr der großen Erfolge für unsere Landwirtschaft wird.

Fünfzehn Jahre Zuchthaus für Schwerverbrecher

Leipzig (Eig. Ber.). Die Hauptverhandlung gegen den 28jährigen Klempner Alfred Lippert wurde gestern mit der Urteilsverkündung abgeschlossen. Entsprechend dem Strafvorschlag des Staatsanwaltes lautete das Urteil wegen 20 vollendeten schweren Einbruchsdiebstählen, 8 versuchten schweren Einbrüchen, einem einfachen Diebstahl, einem Notzuchtverbrechen und wegen Unzucht auf 15 Jahre Zuchthaus. Die bürgerlichen Ehrenrechte wurden dem Angeklagten auf die Dauer von fünf Jahren aberkannt.

Am 3. Dezember 1955 meldete die *Leipziger Volkszeitung* »Fünfzehn Jahre Zuchthaus für Schwerverbrecher«.

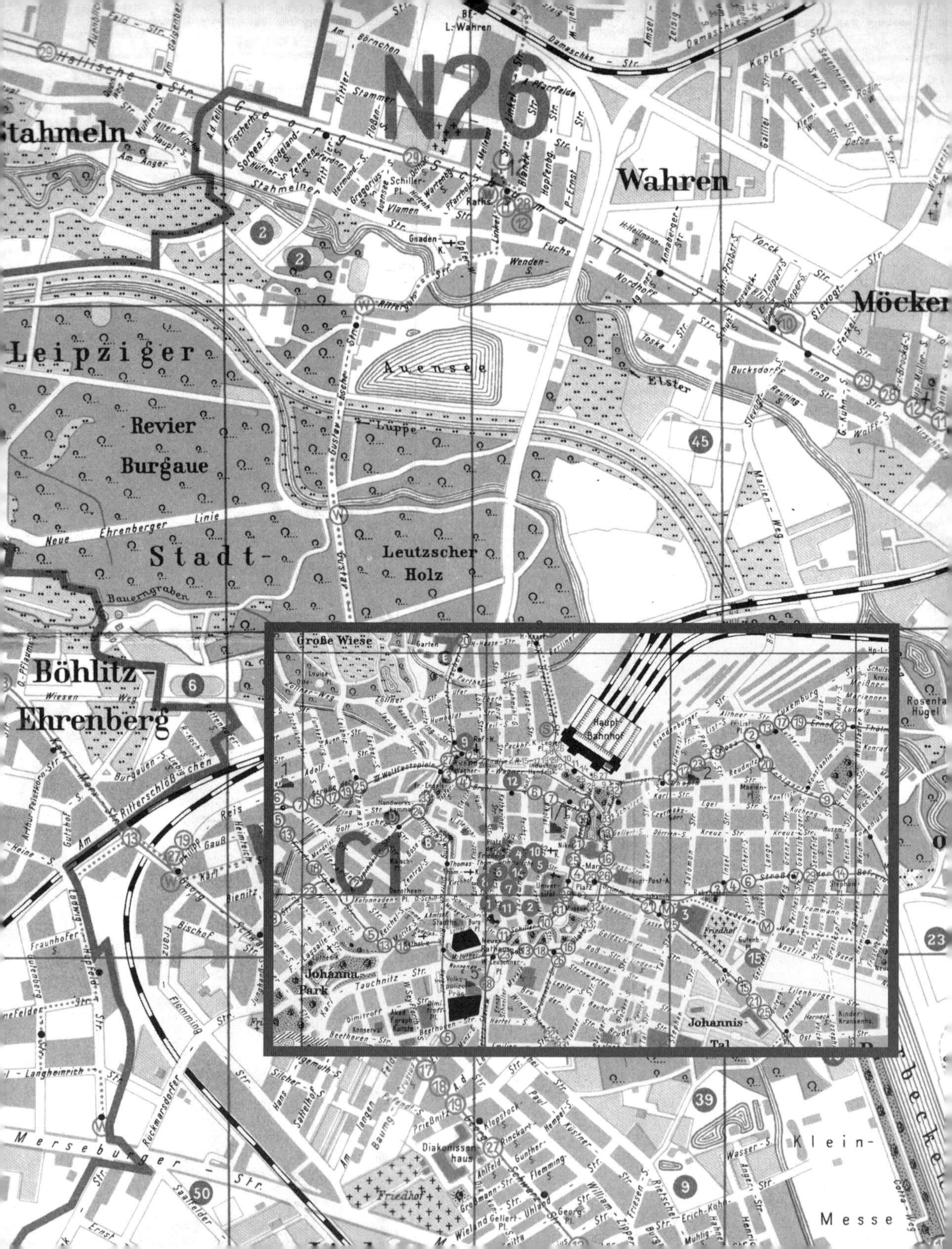
N26
Stahmeln
Wahren
Möcker
Leipziger
Revier
Burgaue
Stadt-
Auensee
Lüppe
Elster
Leutzscher
Holz
Neue Ehrenberger Linie
Böhlitz-
Ehrenberg
Große Wiese
Haupt-Bahnhof
C1
Johanna-Park
Johannis-Tal
Friedhof
Diakonissen-haus
Klein-
Messe
Merseburger - Str.

TAXI!

DER FALL HERMANN BEIER, LEIPZIG 1955

»Der imperialistische Krieg zerstörte unsere Stadt, wir bauen sie aus eigener Kraft wieder auf!« Diese Losung ist in großen, weißen Lettern auf blauem Grunde unweit des Leipziger Hauptbahnhofes an eine Mauer geschrieben. Sie enthält eine für Leipzig charakteristische Aussage. Nicht Gaben, die Ruhmsucht und Huld der Herrschenden spenden, prägten in Jahrhunderten das Antlitz der Messe- und Buchstadt, sondern Vertrauen in die eigene Kraft, das ihren Bürgern eigen ist (...).« Wie das neue Deutschland gedeiht, so gedeiht die Messestadt, lassen die Schlagzeilen wissen.

Schattenseiten wie Raub und Mord und Totschlag besprach man selten offiziell, und wenn, dann als Symptom einer dem Untergang geweihten imperialistischen Klassengesellschaft.
Dezent neben den großen Lettern der Propaganda liest der Bürger in den Zeitungen auch DDR-Realität. Am 19. Februar 1955 bittet die Deutsche Volkspolizei um Mithilfe: »In der Nacht vom 15. zum 16.2.1955 wurde in der Hermundurenstraße (Nähe Rathaus Waren) die Taxe 240 gefunden. Der Fahrer, der 62jährige Hermann Beier befand sich im Fahrzeug und war mit einer Leine erdrosselt. Aus der Brieftasche war ihm das Bargeld in Höhe von 360 DM graubt worden. In der Gustav-Esche-Straße wurde die leere Brieftasche am 16.2.1955 gefunden. Die Tat ist am 15.2.1955 zwischen 21.00 und 23.00 Uhr geschehen. Die Taxe wurde letztmalig in der Marthastraße gegen 21.00 Uhr gesehen. Wer hat nach dieser Zeit das Fahrzeug im Stadtgebiet beobachtet? Wer hat Personen in diese Taxe einsteigen sehen?
Die Taxe ist viertürig, von schwarzer Farbe und hat auffällig gelbe Räder. Der Innenraum ist mit rotbraunem Kunstleder ausgeschlagen, die Metallteile innen sind von auffällig roter Farbe. Zur Tatausführung wurde eine

14 m lange Küchenleine benutzt. Die Leine ist 6x3 mm im Durchmesser, aus gelblicher Kordseide und an den Enden mit einer 9 cm langen Schlinge versehen, und ist zuvor nicht in Gebrauch gewesen. Wer kennt Personen, die derartige Leinen in Besitz hatten und sich verdächtig gemacht haben? In welchem Geschäft wurde eine solche Küchenleine vor der Tat gekauft?

Sachdienliche Angaben werden von jeder Volkspolizeidienststelle entgegen genommen und auf Wunsch vertraulich behandelt. Für den Hinweis, der zum Erfolg führt, wird unter Ausschluß des Rechtsweges eine Belohnung von 1.000 DM in bar ausgezahlt.«

Das Rathaus von Leipzig-Wahren an der Georg-Schumann-Straße. In der Nähe des Rathauses wurde der ermordete Taxifahrer entdeckt.

500 Plakate werden in allen Stadtbezirken sichtbar platziert und zeigen den Citroën, Baujahr 1936, und die 14 Meter Leine, neu. In einem Schaufenster des Centrum Warenhauses hing das Tatwerkzeug vor einer weißen Wand. Die ausgelobten 1.000 Mark Belohnung waren hoch bei durchschnittlich 1,30 DM Stundenlohn.

Einmalig war der Tag für Hermann Beier gewesen. Denn er hatte nach dem Ende seiner Frühschicht am Dienstagmorgen auf seinen 62. Geburtstag einen ausgegeben. Kollegin Roswitha Gummich: »Ich hatte am 15.2. im HO-Café *Lessing*, Straße der III. Weltfestspiele, Ecke Lessingstraße (heute eine Filiale der Sparkasse Leipzig), Tagesdienst. Ich kenne den Hermann Beier und habe ihn am Tage seines Geburtstages bedient. Mit ihm zusammen haben der Tankwart von der Taxigenossenschaft, den Namen weiß ich nicht, der Chauffeur vom Direktor Paul und der Gemüsehändler Gantzler vom Laden gegenüber zusammengesessen. Außerdem kamen mehrere Taxichauffeure ins Café und tranken ihren Kaffee, was der Herr Beier bezahlte. (…) Der Hermann Beier hat mit den drei Personen bis etwa 13.00 Uhr gefeiert und dann sind sie alle gegangen. Beier, der ziemlich stark angetrunken war, wurde von dem Chauffeur des Herrn Paul nach Haus gefahren.« Dort angekommen wunderte sich die Gattin und: »habe ihm noch gesagt: *Du kommst aber spät*, worauf er erwidert hätte: *Ich habe doch nur einmal Geburtstag*. Sie habe ihm angemerkt, daß er angetrunken gewesen sei und aus diesem Grunde habe sie ihm beim Ausziehen der Kleidung geholfen. Er habe sich gleich hingelegt, als er gekommen sei, ohne etwas zuvor gegessen zu haben. Seine Brieftasche habe er stets in seiner Jackettasche, in der linken Innentasche getragen. Abends, bevor er zum Dienst ging, habe er diese Brieftasche zu Hause noch in der Hand gehabt und wieder eingesteckt.«

Der abgestellte Citroën, Baujahr 1936, Originalfoto

Dann ging Hermann Beier auf Arbeit, übernahm sein Taxi und fuhr. 72,90 DM betrugen seine Einnahmen. »Den letzten Auftrag von der Genossenschaft erhielt er am 15.2.1955, 21.02 Uhr, an der Anlaufstelle 05 Breite Straße Ecke Täubchenweg. Dieser Auftrag ging nach der Poliklinik Ost und von da aus in die Marthastraße 12, zu dem Bäcker Lehmann, Alfred.« Danach wurde kein Auftrag mehr an ihn vergeben.

»Am 16.2.1955, gegen 3.00 Uhr wurde die MUK der BDVP Leipzig fernmündlich vom Operativstab der BDVP verständigt, daß in der Hermundurenstraße eine Taxe mit dem amtlichen Kennzeichen SV 80-59 aufgefunden worden sei. Der Fahrer dieses Kfzs sei tot.« Und es wurde berichtet, »daß der im Grundstück Hermundurenstraße 15 wohnende Kfz-Reparaturwerkstattinhaber Schmidt, Hans, gegen 1.30 Uhr die Taxe erstmalig gesehen habe und Schmidt habe auch veranlaßt, daß die VP verständigt wird. Veränderungen an der Fundstelle seien nicht vorgenommen worden … Bei Eintreffen der MUK war das Licht am Fahrzeug ausgeschaltet (die Beamten hatten es aufgrund der Belästigung beim Schlafen gelöscht). Das

Taxometer lief. Hierzu wurde berichtet, daß um 2.35 Uhr das Taxometer auf 22.50 DM und um 4.25 Uhr auf 28 DM stand. Beim Ablesen des Taxometers durch die MUK um 5.00 Uhr stand dieses auf 30 DM. Die Türen des Fahrzeugs waren zugeklinkt, bis auf die hintere linke Tür, die nur angelehnt war ... Der Fahrer des Wagens wurde als der Kraftfahrer Beier, Hermann, geb. am 15.2.1893 in Borschütz, Krs. Liebenwerda, wohnh. gew. Straße der DSF 124 II li, identifiziert. Er war tot und saß vom Fahrersitz seitlich hinübergerückt, so daß er mit der rechten Schulter an die rechte Wagentür gelehnt war. Seine Füße waren noch in Höhe der Gas- und Bremspedale. (...) Um den Hals des Toten befand sich eine mehrfach geschlungene Leine, einer dünnen Wäscheleine bzw. einer starken Gardinenkordel entsprechend. (...) In der linken Schläfengegend, etwa in Höhe des äußeren Augenwinkels, waren bis zur Wange führend, rote Druckstellen erkennbar, die vermutlich durch fremde Gewalteinwirkung (Faustschlag o.ä.) verursacht wurden. Die Augen des Toten waren geschlossen. Seine Brille war heruntergerutscht und lag unbeschädigt auf seiner Brust, lediglich der linke Bügel war nach oben verbogen. (...) Die Bekleidung wies bei der Besichtigung an der Fundstelle keine Zeichen auf, die auf fremde Gewalteinwirkung schließen könnten. (...) Neben dem Toten, auf dem Fahrersitz liegend, wurden verschiedene Papiere vorgefunden, die möglicherweise aus der Jackentasche herausgerissen waren, aus der noch das Fahrtennachweisheft herausragte. Der Tote saß auf einem Stadtplanbuch von Leipzig mit Straßenverzeichnis, das er möglicherweise kurz zuvor benützt hatte. Beim Toten wurden kein Personalausweis, keine Fahrerlaubnis vorgefunden, so daß den Umständen nach gefolgert werden muß, daß ihm diese Gegenstände, evtl. in einer Brieftasche befindlich, aus der beschriebenen Jackentasche entwendet wurden. Zur Fundzeit lag auf den Straßen Schnee, und aufgrund der vorhandenen Fahrzeugspuren muß gefolgert werden, daß das Fahrzeug bis zur Fundstelle ordentlich auf der Straße gefahren ist. (...)«.

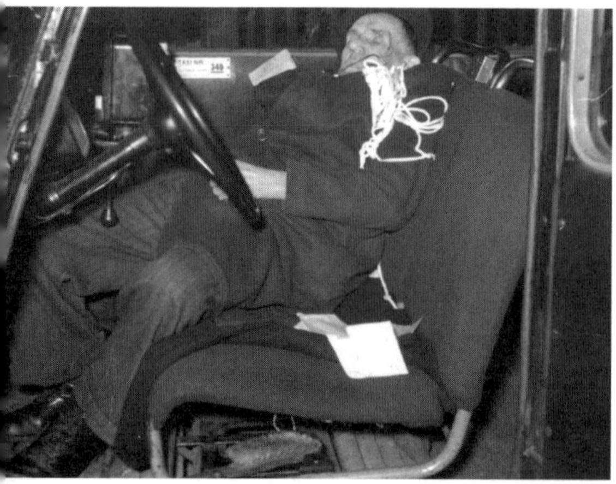

Foto des Mordopfers. Originalfoto aus der Polizeiakte

An der offenen Autotür können die Kriminaltechniker drei Fingerabdrücke sichern, die nicht von Hermann Beier stammen.

Der Fahrgast zur Marthastraße war der Täter nicht. Doch gut beleumundet ist die Gegend um die Martha- und Ernst-Thälmann-Straße (Eisenbahnstraße) nicht. In zwielichtigen Restaurants wie dem *Papser* hockt zwielichtiges Gesindel. Nicht selten werden Polizisten zu ruhestörendem Lärm, Schlägereien oder anderen Tätlichkeiten gerufen. Stieg dort zu Hermann Beier der Mörder in das Taxi? Trotz aller Aufrufe an die Bevölkerung um Mithilfe, diese Frage bleibt ohne Antwort.

Andrerseits die Hermundurenstraße 15. Hausbewohner Hans Schmidt verständigte die Polizei: »Ich bin gestern, Dienstag, dem 15.2.1955 gegen 20.15 Uhr aus meiner Wohnung weggegangen, und ich begab mich in das Lokal *Zur Post* in Stahmeln, um dort zu Kegeln … Als ich mein Wohnhaus verließ, habe ich noch nichts Auffälliges festgestellt. Erwähnen muß ich nur, daß bei uns im Hause eine Frau Großkopf mit ihrer Tochter Helga Timm wohnt. Diese beiden Frauen wechseln öfters ihre Männerbekanntschaften (…). Ich bin von meinem Kegelabend gegen 1.30 Uhr wieder an meinem Wohngrundstück gewesen. (…) Ich bin kurz nach ein Uhr aus dem Lokal *Zur Post* in Stahmeln weggegangen. Beim Kegeln traf ich einen Bekannten, der mit seiner Ehefrau gekommen war. Er hatte sein Dreirad bei sich. Ich bat ihn, auf seiner Heimfahrt einen Sack für mich mitzunehmen, den ich vom Gastwirt erhalten hatte und in dem sich Futter für mein Viehzeug befand. Ich wartete an der Ecke Hermunduren- und Stahmelner Straße auf meinen Bekannten, der mit seinem Dreirad noch nicht da war. Nach ungefähr fünf Minuten kam er dann an und gab mir meinen Sack. Ich muß noch erwähnen, daß, als ich von der Stahmelner- in die Hermundurenstraße einbog, um auf ihn zu warten, ich gesehen habe, daß an der Hermundurenstraße auf der Höhe, wo sich mein Grundstück befindet, ein Kraftfahrzeug hielt. Es war ein Pkw. Das Auto stand in der Mitte der Straße. Ich wunderte mich noch, weil an beiden Seiten das Stadtlicht brannte. Ich konnte von dieser Entfernung nicht erkennen, ob sich jemand im Wagen befand. Während meiner gesamten Wartezeit von etwa fünf Minuten veränderte sich am Auto nichts. Es stieg niemand ein und auch niemand aus.

Ich habe auch kein Motorengeräusch gehört. Dann beobachtete ich, wie mein Bekannter die Stahmelner Straße mit seinem Dreirad entlang kam … Er überholte mit seinem Dreirad den parkenden Pkw rechts und schimpfte, weil das Auto in der Mitte der Straße stand. (…) Ich ging ihm bis zu seinem Dreirad entgegen und dabei bemerkte ich das erste Mal eine Person im Wagen. Sie saß rechts neben dem Fahrersitz und war leicht in die rechte Wagenecke gelehnt. Ich dachte dabei, daß es sich wohl um den den Kraftfahrer handelt, der auf jemand wartet und dabei in der Ecke lehnt und schläft. Ich erhielt meinen Sack und begab mich an meine Haustür, die ich ordnungsgemäß verschlossen vorfand. Als ich an meiner Haustüre stand, schaute ich mich noch einmal nach dem Pkw um und dabei bemerkte ich, daß die linke hintere Wagentür leicht geöffnet war. (…) Ich wunderte mich, denn mir kam das alles komisch vor, vor allen Dingen, daß der Kraftfahrer die Stadtbeleuchtung eingeschaltet hatte, wenn er so lange auf der Straße steht und wartet.
Der Pkw stand mit seiner Mitte direkt vor unserer Eingangstür. Irgendwelche Fußspuren, vom Wagen kommend auf unser Haus zu, habe ich nicht festgestellt, weil der Schnee breitgetreten war. Ich fand im Hause alles in normalem Zustand vor. Mir ist bei meinem Heimkommen niemand begegnet. Meine Ehefrau war durch mein Kommen wieder munter geworden. Ich erzählte ihr von dem Pkw, der vor unserem Hause stand. Sie sagte dazu, daß dieser Wagen schon um 0.30 Uhr vor dem Hause gestanden haben muß mit der gleichen großen Beleuchtung, denn sie sei um diese Zeit ins Schlafzimmer gegangen, um ins Bett zu gehen, und dabei habe sie durch die geschlossenen Holzfensterläden Licht reinschimmern sehen, das aber auf keinen Falle von der Straßenbeleuchtung hergerührt hat. Ich war schon ins Bett gegangen, als mir die Geschichte keine Ruhe ließ, und ich mich noch einmal anzog, um zu sehen, was mit dem Wagen vor unserem Hause los ist. Ich begab mich an den Pkw heran und stellte dabei noch fest, daß die linke Türscheibe neben dem Fahrersitz halb heruntergedreht war. Ich stellte mich etwas hinter die heruntergedrehte Scheibe und rief den Mann im Wagen mehrere Male an. Ich erhielt jedoch keine Antwort. Dabei sah ich, daß dem Manne die Brille auf die Nase gerutscht war und daß aus seiner Manteltasche Papiere heraushingen. Ferner sah ich eine helle Kordel um seinen Hals. Ich konnte mir nun denken, daß hier etwas passiert war …«

Helene Trommer ist elf Jahre und wohnt im selben Haus der Hermundurenstraße 15. Sie kann die Angaben präzisieren: »Ich bin gegen 20.45 Uhr ins Bett gegangen … Noch bevor ich einschlief, es wird nach meiner Schätzung 21.15 Uhr gewesen sein, hörte ich ein Auto kommen und sah den Lichtschein in meinem Zimmer. Demzufolge kam das Auto aus der Pferdnerstraße und bog in die Hermundurenstraße ein in Richtung Stahmelner Straße. Ich konnte dann nicht einschlafen und hörte gegen 21.30 Uhr meinen Vater ins Bett gehen. (…) Kurz nachdem mein Vater ins Bett gegangen war, hörte ich ein Auto von der Stahmelner Straße her die Hermundurenstraße entlang kommen. Aus diesem Grunde bin ich aus dem Bett gestiegen und zum Fenster gegangen. Ich sah das Auto an mir vorbeifahren, bevor es 50 m weiter stehen blieb. Es hat dort etwa 3-4 Minuten gestanden, und ich war inzwischen wieder ins Bett gegangen, als ich das Auto zurückkommen hörte. Und ich hörte dann, wie es auf der Straße stehen blieb und der Motor ausgeschaltet wurde. Ich habe nicht mehr zum Fenster hinausgesehen … Es war ein dunkler Pkw. Personen habe ich darinnen nicht erkannt, doch sah ich im Auto ein rotes Licht glimmen, als wenn jemand eine Zigarette raucht … Ich habe keine Stimmen gehört und auch kein Zuschlagen der Wagentüren. Ich erinnere mich aber, in der Zwischenzeit, nachdem das erste Mal das Auto hinunter zur Stahmelner Straße gefahren war und von wo eine halbe Stunde später das von mir beobachtete Auto kam, Schritte gehört zu haben, die an unserem Haus vorbeigingen in Richtung Stahmelner Straße. Ich habe niemand in unser Haus hineinkommen gehört und auch nicht gesehen.«
Alle Mieter des Hauses Hermundurenstraße 15 verneinen die Frage, ob sie mit dem Taxi nach Hause fuhren. Auch bestellte das Auto niemand. Der Taxistand am Rathaus Wahren ist keine fünf Minuten des Fußwegs entfernt. Ob allerdings die Damen Großkopf und Timm die Wahrheit sagen, bedarf genauerer Recherche. Den Verdacht der Prostitution legte Kfz-Meister Schmidt den Ermittlern nah.
Nach dem Aufruf in der Presse melden sich Zeugen, die in der Nacht verdächtige Personen beobachtet haben wollen. So auch Johannes Ungrad, Drogerist, jetzt Krankenpfleger. Er wohnt auf der Georg-Schumann-Straße, dort, wo die Hermundurenstraße als Fußweg in sie mündet. »(…) Am 15.2.1955 hatte ich bis gegen 23.00 Uhr Dienst. Ich fuhr mit der Straßen-

bahnlinie 29 nach Hause … Gegen 23.30 Uhr bin ich an der Haltestelle Pittlerstraße ausgestiegen. Ich mußte zu meinem Wohngrundstück von der Haltestelle aus etwas zurücklaufen. Auf diesem Wege konnte ich in den sogenannten Gartenweg hineinsehen. Dieser Weg ist eine Verlängerung der Auenseestraße (Parallelstraße zur Hermundurenstraße). In diesem Gartenweg sah ich einen Personenkraftwagen stehen, mit seinem Kühler in Richtung Pittlerfabrik. Mir fiel dieses Auto sofort auf, weil ich es noch nie erlebt habe, daß auf diesem Wege um diese Zeit ein Auto hält. In dieser Straße bzw. dem Gartenweg ist kein Zugang zu einem Wohngrundstück. (…) Das Auto war unbeleuchtet. Das Auto selbst war vollkommen dunkel, es brannte auch kein Rücklicht. Der Wagen parkte scharf am Gartenzaun … Ich blieb an meiner Haustür stehen, die dem Gartenweg gegenüber liegt und beobachtete weiter. Ich sah dann, wie sich die hintere linke Wagentüre öffnete und ein Mann ausstieg. Er ließ die Wagentür offen stehen und blieb vor der Tür in wartender Haltung stehen. Er blieb ungefähr 4–5 Minuten vor der Wagentür stehen. Dann ging er zum Kühler des Wagens und lehnte sich an die linke Kühlerseite. Ich hatte den Eindruck, daß seine Aufmerksamkeit in Richtung Georg-Schumann-Straße mit seinen Nebenstraßen Auenseestraße, Hermundurenstraße, Pittlerstraße lag. Der Unbekannte lehnte mindestens 6-7 Minuten am Kühler. Während er noch am Wagenkühler lehnte, kam eine zweite männliche Person aus dem Wagen. Die zweite Person kam aus der vorderen linken Wagentür. Diese zweite Person ging hinter dem Wagen entlang an den Zaun und verrichtete dort ihre Notdurft. Dabei habe ich gehört, wie diese Person vom Gartenzaun aus den anderen, der am Kühler lehnte, mit dem Namen Hermann ansprach. Die Person ging dann vom Gartenzaun weg, wieder um den Wagen rum bis zu der anderen Person hin. Dabei hörte ich zum zweiten Male, wie der Mann vom Gartenzaun die andere männliche Person mit Hermann anredete … Dann sah ich, wie die Person vom Gartenzaun mit ihrer rechten Hand in den Mantelausschnitt griff und aus ihrer linken Brusttasche einen Gegenstand hervorzog. Ich konnte nicht sehen, was es war. Ich beobachtete aber, wie diese Person dem anderen Manne, der am Kühler lehnte und mit Hermann angesprochen worden war, diesen Gegenstand übergab. (…) Die Person vom Kühler nahm den Gegenstand mit der rechten Hand und steckte ihn in die rechte Manteltasche … Wenn ich mir das jetzt überdenke, so möchte ich sagen, daß es

sich bei dem Gegenstand um eine Schnur oder Leine gehandelt hat. Ich nehme das deshalb an, weil die Person, die den Gegenstand in Empfang nahm, die geöffnete Hand nach oben streckte und dieser Gegenstand so hineingegeben wurde. Diese Schnur muß auch eine ganz schöne Länge gehabt haben, denn die Person, die den Gegenstand in Empfang nahm, mußte die Hand weit öffnen. (...) Als die Person den Gegenstand in die Manteltasche gesteckt hatte, griff sie noch zwei- bis dreimal in die Manteltasche hinein. Ich hatte den Eindruck, als wollte dieser Mann sich vergewissern, ob auch alles drin ist. Nach der Übergabe stieg der Mann vom Gartenzaun in den hinteren linken Wagenschlag. Dieser Mann trug eine Schirmmütze oder eine Schiemütze, ähnlich wie die Mützen bei der VP sind. Die Person, die noch am Kühler lehnte, trug einen sogenannten Blaser bzw. eine Sportmütze. (...) Ich bin in diesem Moment in meine Wohnung hochgegangen und wollte meine Frau wecken. Sie schlief aber, und ich unterließ es deshalb. Ich stellte nur meine Aktentasche auf den Vorsaal, verschloß die Wohnung und ging sofort wieder hinunter. Das hat alles zusammen höchstens 3–4 Minuten gedauert, bis ich dann wieder vor meinem Hause war. Als ich meine Haustür öffnete, sah ich, daß das Auto in Fahrt war. Es mußte in der Zwischenzeit gewendet haben, denn es kam mir entgegengefahren und befand sich schon an der Ecke Gartenweg und Georg-Schumann-Str. (...)
Das Auto bog dann in die Georg-Schumann-Str. ein, fuhr in die Hermundurenstraße ein und war dadurch meinen Blicken entschwunden. In diesem Moment sah ich zum ersten Male die Frauensperson, die sich dann längere Zeit in der Georg-Schumann-Str. zwischen Hermunduren- und Auenseestraße aufhielt ... Es können drei Minuten vergangen gewesen sein, als ich plötzlich das Auto wieder bemerkte. Es fuhr die Auenseestraße entlang, an mir vorbei, bog in die Georg-Schumann-Str. ein und fuhr wiederum in die Hermundurestraße ein. Ich hatte den Eindruck, als hätte das Auto nur eine Runde gefahren ... Während dieser Zeit war die Frau zwischen Hermunduren- und Auenseestraße hin und her gependelt. Sie hatte sich in dieser Zeit an der Tankstelle, die ganz in meiner Nähe war, eine Zigarette angebrannt. Bei dieser Frau handelte es sich um eine etwa 40-Jährige. Sie trug ein dunkles Kopftuch, dünne Strümpfe und sie hatte blondes Haar. Sie trug einen dunklen Mantel. Sie war schlank und hatte ungefähr eine Größe von 1,60. Die Frau hatte ein verlebtes Gesicht. Sie hatte eine Tasche bei sich. Ich

hatte den Eindruck, daß es eine schwarze Samttasche war, und eine Länge von 25 cm hatte. Gesprochen hat die Frau nichts. Es kann ungefähr die dreifache Zeit vom ersten Male vergangen gewesen sein, als das Auto wiederum aus der gleichen Richtung wie das erste Mal kommend an mir vorbeifuhr … Als der Wagen die beiden Male an mir vorbeigefahren war, sah ich im Wageninneren zwei Personen sitzen. Am Steuer saß der Mann mit der Schirmmütze und der mit dem Blaser saß auf dem Rücksitz, aber nicht hinter dem Fahrersitz, sondern rechts davon. Als der Wagen das zweite Mal an mir vorbeigefahren war, rauchte der Mann hinten wieder eine Zigarette.«

Die Angaben des Zeugen Ungrad stimmen mit den Fakten überein, genau mit den Fakten, die in der Pressemitteilung veröffentlicht worden waren. Nach der Frau mit dem verlebten Gesicht und dem Mann mit Blaser wird gefahndet, identifiziert werden sie nie. Die Sektion ergibt keine natürliche Todesursache. »Der Verstorbene erlitt zu Lebzeiten eine um den Hals horizontal zuschnürende Gewalteinwirkung, die letztlich den Tod durch Ersticken

Eine typische Straßenbahn im Leipzig Ende der 1940er-Jahre. Auch auf der Linie 29 verkehrten diese Bahnen.

hervorrief. Des weiteren erlitt der Verstorbene zu Lebzeiten stumpfe Verletzungen im Bereich des Mundes, des Nasenrückens und der Schläfen-Jochbeingegend, die mit Haut- und Kratzdefekten einhergingen. Die Anordnung der Kratzer deutet auf ein gewaltsames Zuhalten des Mundes hin. Sie sind wahrscheinlich durch einen oder mehrmaligen Griff des Täters mit der linken Hand von hinten entstanden, wobei der Täter mit der rechten Hand die um den Hals geworfene Gardinenschnur zuzog. Weiterhin erlitt der Verstorbene zu Lebzeiten eine stumpfe Gewalteinwirkung im Bereich des rechten inneren Unterarmknöchels, die sehr wahrscheinlich bei der Abwehr entstanden ist (Faustschlag o.ä.). (…) Die weiterhin bei der Sektion festgestellten Hautabschürfungen und Druckmarken im Bereich der Unterschenkel können durch Anstoßen an den unteren Rand des Armaturenbrettes – entweder beim Anprall des Wagens oder bei den Erstickungskrämpfen – entstanden sein. Sie sind oberflächlicher Art … Nach dem Abkühlungsgrad der Leiche in Verbindung mit der kalten Jahreszeit (minus 10°) und der Bekleidung des Verstorbenen zu urteilen, ist der Tod sehr wahrscheinlich zwischen 23.00 Uhr und 2.00 Uhr eingetreten.«
Das private Umfeld Hermann Beiers wird betrachtet, Auffälligkeiten werden nicht festgestellt. Die Ehe mit Martel hält fast vierzig Jahre. Fünf Kinder haben die beiden. Die verwitwete Tochter Anna wohnt im selben Haus, eine Etage unter ihren Eltern. Sohn Ralf arbeitet auf Montage in Cottbus. Das Verhältnis unter den Geschwistern ist gut. Mutter Martel kann sich Gründe für den Mord am Gatten gar nicht denken, außer Geld. 360 Mark für manchen mehr als Monatslohn. Aber ansonsten … nein, privat sei alles in Ordnung. Nachbarn sind derselben Meinung.
Die Kollegen kennen Hermann Beier, manche seit Jahren. Fuhrunternehmer Alfred Schneidewind kann nichts Negatives sagen: »Der Kraftfahrer Hermann Beier ist bei mir seit ca. 2 Jahren und 2 Monaten beschäftigt. Ich übe seit 1945 diesen Beruf des Kraftdroschkenbesitzers aus und habe von dieser Zeit an bis zur Einstellung des Hermann Beier die Kraftdroschke selbst gefahren. (…) Mit dem Hermann Beier war ich immer zufrieden. (…) Seine Abrechnungen haben immer gestimmt. Ich hatte die Dienstzeit des Hermann Beier so geregelt, daß er drei Tage der Woche Tagdienst und drei weitere Tage Nachtdienst versah. Während der übrigen Zeit lief die Taxe nicht und stand zu diesen Zeiten immer in der Lessingstraße in der Sammel-

garage. Ich sah Beier wöchentlich meist nur einmal, nämlich an dem Tage, an dem er mit mir abrechnete. Beier rechnete immer mit mir ab, wenn er seine drei Tage Tagdienst und seine drei Tage Nachtdienst hinter sich hatte. Einen bestimmten Wochentag kann ich dafür nicht angeben, weil sich ja dieser Tag jede Woche um einen weiteren Tag verschiebt. Diese Verschiebung entsteht durch den Freitag bzw. seinen Ruhetag, den er zwischen den Tag- und Nachtschichten hat. Beier hätte nun noch eine Nachtschicht machen müssen und wäre dann zu mir zur Abrechnung gekommen. Er wäre also am Donnerstag früh bei mir gewesen. Beier war im Besitz der Fahrgeldeinnahmen für fast eine ganze Arbeitswoche. Wieviel Geld er bei sich hatte, weiß ich allerdings nicht. (…) Wenn Beier die gesamten Fahreinnahmen der letzten Woche in der gestrigen Nacht einstecken hatte, so muß er ungefähr einen Barbetrag von ca. 350 DM bei sich gehabt haben. Beier hat mir gegenüber nie geäußert, daß er das Geld immer bei sich trägt bis zur Abrechnung mit mir (…).«

Auch die Aussage von Chef Schneidewind legt einen Raubmord nahe. Die Wocheneinnahmen trug Hermann Beier in seiner Brieftasche. Wußten Kollegen, daß das Opfer an jenem Tage viel Geld bei sich trug?

Taxis der Taxigenossenschaften waren sehr begehrt. In Leipzig musste man oft mit langen Wartezeiten rechnen, besonders während der Messen.

»Am 17.2.1955 gegen 14.00 erschienen an Amtsstelle der Vorsitzende der Taxigenossenschaft, Heuer, mit drei Kollegen, um sich zu informieren, auf welche Weise ihr Arbeitskollege Beier ums Leben gekommen ist und in welcher Form sie den Taxifahrern Auskunft geben können, zumal am kommenden Sonntag eine Generalversammlung der Taxifahrer vorgesehen ist … Es wurde vereinbart, den obigen Personen Auskunft zu geben, daß Beier ums Leben gekommen sei und die hierzu erforderlichen Untersuchungen von der Volkspolizei getätigt werden und zur Zeit noch nicht abgeschlossen sind. Zugleich wurde vereinbart, daß die

Taxigenossenschaft Umfrage hält, wer von ihren Kollegen Beier am 15.2.1955 nach 21.00 Uhr gesehen hat und an welchen Taxihaltestellen er nach dieser Zeit hielt.« Verdachtsmomente ergeben sich aus der Befragung der Kollegen nicht. Vielmehr sind die stark erschüttert und erinnern sich weiterer Fälle, bei denen die Opfer Taxifahrer waren. Erweist sich der Mord an Hermann Beier als Teil einer Serie? Spekulationen gibt es viele.
Und es gibt Gerüchte, die nicht nur der sozialistischen Staatsmacht mißfallen. Bei einer Überwachung am 22.2.1955 gegen 21.00 Uhr im Lokal *Baumgarten* in der Nähe der Marthastraße, wo Beier seinen letzten Fahrgast entließ, »war ich Zeuge eines Gespräches, welches der Wirt mit einem Gast führte, der Name des Wirtes ist Kluttig. Der Beschuldigte P. erzählte dem Kluttig von dem Raubüberfall auf den Taxifahrer. Der Beschuldigte sagte wörtlich zu dem Kl. *Glaube mir, von dem Überfall hörste nichts, die Polizei hüllt sich in Schweigen, die Akten verschwinden, und niemand erfährt etwas davon, na, wir wissen ja, wer der Mörder ist bzw. sind.* Namen wurden nicht genannt, es wird vermutet meinerseits, daß der P. die Besatzungsmacht meint. Diese Vermutung begründe ich damit, weil der P. in seinen weiteren Gesprächen mit dem Kluttig ein Vorkommnis erzählte, wo es sich seinen Worten nach ebenfalls um Angehörige der Besatzungsmacht handelte (...).« Das ist Verleumdung und Hetze gegen die Volkspolizei. Das Gehörte wird »aus gegebener Veranlassung« an andere Institutionen weiter gemeldet.

Auch die Kellnerin des Café *Lessing* erinnert sich an mehr. »Es kann etwa gegen 14.00 Uhr an jenem 15.2.1955 gewesen sein, als mir zwei unbekannte Männer ins Lokal kamen und mich ziemlich bestimmt fragten, wo denn die seien, die an dem Tisch gesoffen hätten. Er meinte damit Hermann Beier und die anderen drei Männer. Ich sagte, daß sie gegangen seien und evtl. in die *Palmengrotte* gegangen sein könnten. Da sagte mir der eine von den Zweien, daß sie dort nicht seien, da ja die *Palmengrotte* geschlossen sei. Auf meine Bemerkung, daß der Herr Beier dann zu Hause sein wird, sagte einer von den Zweien wieder, daß er nicht zu Hause sei. Kurz danach verließen die zwei mir unbekannten Personen wieder das Lokal. Ein Taxifahrer, der noch bei uns im Lokal saß, fragte mich noch, wer die Zwei denn gewesen seien. Ich konnte aber nur sagen, daß ich sie nicht kannte.« Der Taxifahrer kann nähere Angaben machen: »Es war eine große und eine kleinere Person, etwa im Alter von 27–28 Jahren. Der Große war älter ... ca. 1,75 m groß, schlank, schmales Gesicht, dunkelblond. Er hatte eine graugrüne, verwaschene Kort-Stiefelhose an und schwarze Stiefel. Grau-karr. Jackett. Ohne Kopfbedeckung und ohne Mantel. Weitere Angaben kann ich nicht machen. Von der zweiten Person kann ich keine weiteren Angaben machen, als daß er einen Wintermantel anhatte.«

In allen Haushaltswarenläden der Stadt wird nach der Herkunft der 14 Meter langen neuen Leine geforscht. Von Herstellerbetrieben wird Vergleichsmaterial angefordert und untersucht. Im Aschenbecher des Taxis fanden sich Zigarrenbanderolen und an Kippenresten klebt auffällig Lippenstift. Alle möglichen Personen werden dazu befragt, den Damen werden Kosmetikproben abverlangt.

Eine Flut von Anzeigen erreicht die Polizei, anonym, aber auch mit Namen und Adresse. So spricht am 12. April bei der MUK der Elektromechaniker Heinz Harald Brock vor und gibt zu Protokoll, daß die Familie zum Osterfest Hedi, die Schwester seiner Ehefrau, aus Weißenfels, erwartet hätte. Hedi wollte ihnen angelegentlich auch ihren Verlobten Joachim Dürr vorstellen. So feierten sie alle das Fest gemeinsam, doch der Verlobte Dürr erschien Herrn Brock verdächtig: »Am Nachmittag des Ostermontags beratschlagten wir, wohin wir uns begeben könnten, und ich machte den Vorschlag, das Lokal *Haus Auensee* aufzusuchen. Daraufhin sagte Dürr, daß er das Lokal und die Kapelle und die Gegend kennt. (...) Ich hatte den Eindruck, daß ihm die Erwähnung des Namens *Haus Auensee* bzw. die ganze Gegend nicht angenehm war. Wir beratschlagten dann, in ein anderes Lokal zu gehen, und dabei kamen wir auf den Gedanken, den Cousin meiner Ehefrau in der Kurt-Günther-Str. 15, mit Namen Auermann, zu besuchen. Wir trafen alle dort gegen 21.00 Uhr ein. Auf der Fahrt nach dort mit der Straßenbahnlinie 7 ergab es sich in der Unterhaltung, daß Dürr verschiedene Lokale wie *Sachsenhaus, Tante Anna, Grüne Schänke* und auch den Bahnhof Leipzig sehr genau kennt. Als wir am Hauptbahnhof vorbeifuhren, meinte er: *Der ist mir bestens bekannt.* Ich war darüber besonders verwundert, denn aus allem, was ich bisher von ihm und über ihn gehört hatte, habe ich entnommen, daß er noch nicht des öfteren in Leipzig gewesen sein soll. Im

Laufe des Abends nahmen wir dann bei dem Cousin meiner Ehefrau alkoholische Getränke zu uns. Nachdem wir in Stimmung waren, brachte ich das Gespräch bewußt wieder auf das Lokal *Haus Auensee*, weil mir diese Sache mit Dürr und dem vorangegangenem Gespräch über das *Haus Auensee* nicht in Ordnung vorkam. Ich sagte wörtlich: *Siehst Du, wären wir ins* Haus Auensee *gegangen …, das kennst Du doch, oder?* Er war angetrunken und stieg sofort darauf ein und sagte, daß er das sehr gut kennen würde, und dann sagte er wörtlich: *Meine Bekannten wohnen doch dort, wo der Taxifahrer mit dem Strick ermordet worden ist.* Er war dabei etwas erregt, als er das sagte, und ich erschrak über seinen Gesichtsausdruck, den er dabei machte. Er bemerkte mein Erschrecken, drehte sich auf seinem Stuhl sofort herum und begann mit jemand anderem ein Gespräch. Kurz darauf lenkte er noch einmal auf dieses Gespräch und sagte: *Ich weiß, wie ich von da draußen zum Bahnhof komme. Da ist ein Rathaus und ein Kellerlokal*, und von dort aus müßte er fahren, zum Bahnhof. Damit war das Gespräch zu Ende. Dürr wollte dann noch einmal weggehen an diesem Abend, um noch eine Flasche Schnaps zu holen. Meine Schwägerin machte mich darauf aufmerksam, daß er auf keinen Fall mehr trinken dürfe, da er in betrunkenem Zustande gewalttätig wird und alles zerschlägt. Wir traten gegen 2.00 Uhr nachts den Heimweg an, mit einem Taxi vom Taxihalteplatz Täubchenweg aus. Unterwegs wollte Dürr am Hauptbahnhof aussteigen und wollte auf dem Bahnhof nächtigen. (…) Wir brachten es dann fertig, ihn mit zu uns in die Wohnung zu nehmen, wo er auf der Couch schlief. Am nächsten Morgen bekam ich gegen 11.30 Uhr den Besuch des Kollegen von mir. Ich stellte diesem den Dürr kurz vor, und anschließend zog ich mich mit meinem Kollegen zurück. Nach etwa 10 Minuten kam Dürr nach dort unter dem Vorwand, telefonieren zu wollen, und er ließ sich von mir zu diesem Zwecke das Telefonbuch geben, in dem er längere Zeit blätterte. Nach einer Weile fragte ich ihn, was er denn sucht, und er gab zur Antwort, daß er die Nummer des Parkhotels sucht. Ich machte ihn darauf aufmerksam, wo die Nummer steht, und nachdem er die Nummer von mir bekommen hatte, überlegte er und meinte dann, es wäre nicht nötig, zu telefonieren, denn *die machen jetzt Mittag*. Er verließ nun aber nicht den Raum, sondern blieb, bis mein Kollege ging. Dürr machte einen sehr unruhigen Eindruck, und ich war der Meinung, daß er hören wollte, was ich mit meinem Kollegen sprach. Am gleichen

Das Haus Auensee im Leipziger Norden ist bis heute ein beliebter Veranstaltungsort geblieben.

Tage, Osterdienstag, den 11.4.1955, fuhr Dürr gegen 13.15 Uhr mit dem Zuge ab Leipzig-Hauptbahnhof nach Weißenfels. Schwester Hedi ist mit ihm gefahren. Ich habe sie nicht zum Zuge begleitet und nehme an, daß beide gefahren sind, denn so wurde mir gesagt. Von Dürr selbst habe ich erfahren, daß er jetzt bei der DHZ Abteilung Versand in Weißenfels tätig sei. Er ist geborener Oberschlesier, hat aber nach seinen Angaben in der Nähe von Stuttgart viele Jahre gewohnt. Er will im Okt. oder Nov. 1954 in die DDR gekommen sein. Seiner Aussprache merkt man den schwäbischen Dialekt an. Von meiner Schwägerin habe ich gehört, daß er gelernter Konditor sei.« Heinz Harald Brock unterschreibt seine Aussage. Außer Brock gibt eine Vielzahl besorgter Bürger solch sachdienliche Hinweise. Auch Joachim Dürr aus Weißenfels gerät ob dieser Aussage in die Fahndungslisten der Polizei. Doch all die Namen – zum Mörder des Hermann Beier führen sie nicht.

»Wenn ich gefragt werde, ob Beier irgendwelche Geburtstagsgeschenke erhielt, so erinnere ich mich lediglich, daß er von der Straßenbahnschaffnerin einen Blumenstock bekam. Den hatte sie geholt, als sie im Café erfahren hatte, daß er Geburtstag hat«, erinnert sich einer, der mit im Café *Lessing* gesessen hatte. Den Blumenstock hatten die Kollegen Hermann Beier mitgegeben, als sie ihn vom Café nach Hause brachten. Aber in Beiers Taxi fand sich ein liebevoll dekoriertes Päckchen mit ausgesuchter Unterwäsche. Wer schenkte Hermann Beier Intimwäsche moderner Machart?
Endlich offenbart sich der Chef der Taxigenossenschaft Herr Paul Heuer und gibt zu Protokoll, »daß der Beier ein Verhältnis mit einer gewissen Plehnert, Lotti, gehabt habe. Die stünde in keinem guten Ruf und brauche immer viel Geld, das sie zum Teil auch von Beier erhalten haben soll.« Die Plehnert wohne auf der Straße der DSF 45, meinte der Zeuge. Doch »es mußte festgestellt werden, daß eine Lotti Plehnert dort nicht bekannt ist. Über die Kreismeldekartei konnte in Erfahrung gebracht werden, daß eine Buch-

bindereiarbeiterin Charlotte Plehnert auf der Straße der III. Weltfestspiele 45 wohnhaft ist. Es wurde das Grundstück aufgesucht und festgestellt, daß dort die Genannte wohnt. Bei den Hausbewohnern konnte in Erfahrung gebracht werden, daß die Plehnert einen flotten Lebenswandel führt, sehr oft in den Gastwirtschaften sich aufhält, aber sonst einer geregelten Arbeit nachgeht. (...) Sie habe ein Verhältnis mit einem Taxichauffeur, den sie sehr lieb habe. Der Chauffeur sei schon älter. Die Plehnert würde in ihrer Wohnung mit dem Sohn zusammen wohnen. Sie sei geschieden, der gesch. Ehemann sei ein anständiger Mensch und schon wieder verheiratet. Der Sohn der Plehnert sei ein arbeitsscheuer Mensch, er habe einige Jahre in Erziehungsanstalten zugebracht ...«
Lotti Plehnert ist gut zehn Jahre jünger als Hermann Beier, und Lotti Plehnert leugnet nicht. »Ich kenne den Herrn Beier seit Mitte des Jahres 1948. Ich hatte mit Herrn Beier ein Liebesverhältnis und wir haben gelebt wie ein glückliches Ehepaar, wenn wir zusammen waren. Ich habe Herrn Beier im *Markranstädter Hof* auf der Str. der III. Weltfestspiele Nr. 47 kennen gelernt. (...) Wir sind fast täglich zusammen gewesen. Er kam auch oft zu mir in die Wohnung. Auch mein Sohn war in der Wohnung mitunter anwesend, wenn Herr Beier bei mir in der Wohnung war. Er nannte ihn Onkel Hermann. Das Verhältnis zwischen Herrn Beier und meinem Sohne war von Seiten des Herrn Beier nicht sehr herzlich, weil Herr Beier wußte, daß mein Sohn nicht gern arbeitete. (...) Die Einstellung des Herrn Beier kannte mein Sohn aber nicht, daß ließ sich Herr Beier auch nicht merken. Herr Beier hat mir manches erzählt, was er in seinem Beruf als Taxifahrer erlebte. Wenn er mitunter eine interessante Fahrt gehabt hatte, das hat er mir dann immer erzählt. Wenn er die Möglichkeit hatte, hat er mir auch vor der Fahrt schon erzählt, wenn er eine besondere Fahrt machen mußte. Wenn er Nachtschicht hatte, und ich keinen Spätdienst hatte, kam er immer zu mir in die Wohnung, um Abendbrot zu essen ... Am Montag, den 14.2.55, gegen 17.30 Uhr, legte ich Herrn Beier in sein Auto in der Garage ein Päckchen. Es war ein Geburtstagspäckchen für ihn. Ich hatte es in Packpapier eingewickelt, mit einer Schnur zugeschnürt. Darin befand sich eine Herren-Untergarnitur und ein Fläschchen Eierkognak. Dann hatte ich noch hinein eine Gratulation gelegt und noch gebeten, daß er am Dienstagabend während seiner Fahrpause zu mir zum Essen kommen sollte. Außen machte ich ein

Zettelchen dran, daß er das Päckchen erst 24.00 Uhr öffnen möchte, also zu Beginn seines Geburtstages. Ich weiß, daß das Päckchen von Herrn Beier geöffnet worden war, denn ich habe erfahren, daß er das Fläschchen Eierkognak getrunken hat.«

Charlotte Plehnert trauert tief und ehrlich um den Geliebten. Für die Ermittler ergibt sich eine Vielzahl neuer Spuren. Denn Lotti führt ein offenes Haus. Sie vermietet an Messebesucher, und sie hat Verständnis für Paare, die für ihre Liebe kein Obdach finden. Lotti stellt ihnen dafür schon mal eins ihrer Zimmer zur Verfügung. Für eine Anzahl von Lottis Gästen war das Taxi Hermann Beiers das Verkehrsmittel ihrer Wahl. Sehr oft nutzte Lottis Betten und Beiers Mitfahrgelegenheit ein Gottlieb Hahn. Der nächtigte dort mit Damen als auch jungen Männern, die er am Hauptbahnhof angesprochen hatte. Hermann Beier hatte zur Wohnung die Schlüssel, und Lotti arbeitete Schicht. War Hermann Beier nach seiner letzten Fahrt zu Lottis Wohnung unterwegs und fuhr dann weiter?
Lotti sagt: »Durch die Taxifahrer ist mir bekannt, daß Herr Hahn sehr viel mit dem Taxi fährt. Durch Herrn Beier wurde mir oftmals gesagt, daß der Herr Hahn nicht arbeitet, jedoch sehr viel Geld für sich verbraucht, da er immer Umgang mit fragwürdigen männlichen wie weiblichen Personen hat. (...) Über die familiären Verhältnisse des Hahn kann ich nicht viel sagen. Mir ist nur bekannt, daß er verheiratet ist und einen noch nicht schulpflichtigen Sohn hat. Allerdings kann es auch möglich sein, daß er von seiner Frau geschieden ist, da diese nicht mit ihm zusammen wohnt. Ob Herr Hahn irgendwelche Verbindungen nach Wahren hat, ist mir nicht bekannt«.
Charlotte Plehnert »brachte zum Ausdruck, daß sie nichts über den Aufenthalt des Hahn wüßte. Auch bei der Befragung am heutigen Tage sowie bei den vorangegangenen Vernehmungen hatte die Plehnert keine gefärbten Lippen. Sie bestreitet, sich die Lippen zu färben und behauptet, daß das weder Beier gewünscht habe noch sie selbst Gefallen daran hätte. Sie würde keinen Lippenstift besitzen. Dennoch wurde eine Besichtigung des Raumes vorgenommen, in dem Hahn seiner Zeit nächtigte, und es wurde festgestellt, daß dieser Raum jetzt als Schlafzimmer der Plehnert dient. Im oberen Schub wurde ein Lippenstift in Metallhülle vorgefunden. Die Plehnert erklärte hierzu, daß dieser Lippenstift von zwei Damen zurückgelassen wor-

den sei, die zur letzten Leipziger Messe bei ihr geschlafen hätten. Die Namen dieser Messegäste seien ihr entfallen, könnten aber über die DKW-Reparaturwerkstätten, Str. d. III. Weltfestspiele, vom Einkäufer Berner oder Börner in Erfahrung gebracht werden. Der Letztgenannte habe dieses Messezimmer vermittelt. Da es sich bei dem Lippenstift nicht um Eigentum der Plehnert handelt und lediglich die Metallhülle mit einem kurzem Rest Farbstift, besteht die Möglichkeit, daß die Messebesucherinnen ihn als abgenützt zurückgelassen haben. Er wurde beigezogen, um zu klären, ob die Farbe identisch ist mit den Farbspuren an den Kippen in der Taxe.« Sie ist es nicht.

Drei Tage später treffen die Ermittler auf einen der Gesuchten. »Am heutigen Tage wurde der im Vorgang bekannt gewordenen Gottlieb Hahn in der Tschaikowskistr. 3 in seiner Wohnung aufgesucht und zwecks einer Befragung zur Dienststelle der MUK Leipzig bestellt. Bei einer kurzen informatorischen Befragung, wo auf den Kern der Sache noch nicht eingegangen wurde, vor der eigentlichen Vernehmung, äußerte Hahn, daß er schon wüßte, daß er wieder wegen seiner Betrugsgeschäfte zur Volkspolizei bestellt worden sei und daß er wahrscheinlich wieder von seinen *Gläubigern* angezeigt worden sei.«

Gottlieb Hahn ist Jahrgang 1907 und Mitglied der SED. Zweimal verheiratet, zwei Kinder. Zum Mordfall Beier gibt er zu Protokoll: »Ich kenne dort die ganzen Chauffeure von der Taxigenossenschaft. Ich war und bin mit einigen Taxichauffeuren befreundet … Auch mit dem Beier war ich befreundet gewesen. Der Beier war von allen der anständigste, obwohl auch er ein armes Schwein war. Lotti war verrückt nach Beier, dem wars zuviel, wenn die ihm so nachlief.« Hahn selbst arbeitete als Auktionator, hatte aber das Geschäft nach dem Tode des Vaters nicht weiterführen können wegen Überfüllung des Gewerbes. Bislang lebte er vom Erbe. Auf Vorhalt gibt er zu, daß er betrog und aufgrund strafbarer Geschäfte im Gefängnis und im Arbeitslager saß. «Weil ich die in Aussicht gestellte Arbeit nicht bekommen habe, habe ich mir wieder Geld geborgt, ich habe den Schuldnern gesagt, daß ich etwas billig kaufen könne und dazu Geld benötige. Das Geld habe ich verbraucht und habe Toto-Lotto-Scheine gekauft, in der Meinung, dadurch zu einem größeren Gewinn zu kommen. Von dem Frisör Berger in Leipzig-Lindenau habe ich 600 DM geborgt, ich habe zu ihm gesagt, daß ich Kunstgegen-

stände habe, die so gut wie verkauft sind, und habe ihm dafür eine Gewinnbeteiligung zugesagt. Der Berger hat die Kunstgegenstände bei sich als Pfand (…). Das Geld habe ich für mich verbraucht. Dann habe ich mir 875 DM geborgt von Hans Muschalla … Auch hier hatte ich zu ihm gesagt, daß ich auswärts etwas kaufen kann und kein Geld habe. Er hat mir sofort einen Scheck über 500 DM ausgeschrieben, und die Gastwirtin der Gastwirtschaft *Herrenkeller* im Hahnekamm hat mir das Geld ausgezahlt. Später habe ich mir nochmal 375 geborgt. Das hat mir die Wirtin dann gegeben, von ihrem eigenen Gelde. Sie brauchte einen Teppich für sich, und sie hat mir das Geld aber nicht für den Teppich gegeben, sondern sie hat mir das Geld für Einkaufszwecke geliehen. Ich hatte ihr gesagt, daß ich Kunstgegenstände kaufen wollte. Ich habe das Geld aber alles für mich verbraucht, ich habe mir auch Sachen dafür angeschafft. (…) Dann habe ich mir für meine Armbanduhr von Karl Wille aus der Holzhäuserstraße geborgt … Es waren 70 DM. Ich habe außerdem noch kleinere Provisionsgeschäfte gemacht, hauptsächlich für Herrn Liebherr, wohnhaft Wettinerstraße 2. Er war früher bei meinem Vater Angestellter, und jetzt hat er ein Antiquitätengeschäft. Ich habe für ihn aus Privatbesitz altes Porzellan gekauft, aus dem er wieder Services zusammenstellte … Auch habe ich von der Frau Selbmann Zinnteller und Zinnkannen gekauft. Die ich wieder an Liebherr verkauft habe. Die Frau Selbmann kenne ich schon längere Zeit, schon zu Lebzeiten meines Vaters …
Ich war schon am Montag, den 14.2.1955 bei der Frau Selbmann, sie heißt Eberhardine Selbmann und wohnt in der Eitigonstraße 2, III, re. Ich hatte sie am Montag , den 14.2.1955, gegen 19.00 Uhr in der Gaststätte *Fregestübchen* getroffen. Wir sind dann noch einige Stunden in einer anderen Gastwirtschaft gewesen und zwar in der Gaststätte *Schaffrath* in der Waldstraße. Es kann gegen 24.00 Uhr gewesen sein, als ich mit Frau Selbmann ihre Wohnung aufsuchte. Ich bin von der Nacht vom Montag zum Dienstag bis Donnerstag, den 17.2.1955, früh, bei der Frau Selbmann in der Wohnung gewesen. Ich bin Tag und Nacht dort geblieben und zwar den ganzen Dienstag und den ganzen Mittwoch. Ich habe die ganze Zeit die Wohnung der Frau Selbmann nicht verlassen. Am Dienstag, den 15.2.1955, bin ich den ganzen Vormittag im Bett bei der Frau Selbmann geblieben. Dann habe ich mit ihr, etwa gegen 15.00 Uhr, Mittag gegessen. Dann habe ich mich wieder ins Bett

gelegt, weil wir am Montag gefeiert hatten. Es kann gegen 18.00 Uhr gewesen sein, als mir Frau Selbmann sagte, daß ich aufstehen müßte, weil gleich eine Freundin von ihr käme. Ich habe mich auch angezogen. (…) Es kann nach meiner Meinung gegen 19.30 gewesen sein, als die Frau Selbmann aus der Wohnung ging. Ich weiß nicht genau, warum sie wegging, ich glaube aber, daß sie etwas besorgen wollte. Sie kam etwa nach einer Stunde wieder zurück. Während dieser Zeit war ich mit einer Verwandten allein in der Wohnung der Frau Selbmann. Die Wohnung hatte ich nicht verlassen. Ich bin auch bis zum Mittwoch früh nicht aus der Wohnung gekommen. Ich bin auch noch den ganzen Donnerstag bei der Frau Selbmann in der Wohnung gewesen.« Gottlieb Hahn scheint ehrlich und steht zunächst nicht unter Verdacht. Und zu den geschilderten Wertmanipulationen liegen gegen ihn keine Anzeigen vor. Hahn kann tun und lassen, was er will. Und fast nebenbei erklärte er: »Die Lotti und der Hermann sollen sich auch in der letzten Zeit gezankt haben. Ich habe es von der Lotti und auch von Hermann erfahren. Es kann etwa vor 6 Wochen gewesen sein, als mich die Lotti bat, doch sie wieder mit dem Hermann zusammen zu bringen. Die Lotti ist ganz verrückt nach dem Beier gewesen. Es gelang mir auch, sie nach einigen Tagen wieder zusammen zu bringen. Beier hat mir aber mitunter erzählt, daß er es nicht leiden könne, wenn die Lotti ihm so nachläuft.« Wenn sich Hermann Beier von der Geliebten trennen wollte, so hatte Lotti ein Motiv. Hat sie die Polizisten angelogen, die trauernde Witwe nur gespielt?

Lotti Plehnert wird verhaftet. Nicht den Mord an Hermann Beier legt man ihr zur Last, aber Kuppelei und illegale Geldgeschäfte. Denn Gottlieb Hahn hat für seine Übernachtungen bei ihr bezahlt. »Es stimmt, daß ich in der vergangenen Zeit wiederholt bei der Plehnert mit anderen Personen war und auch verschiedentlich dort geschlafen habe. Ich gab ihr in diesen Fällen jeweils 10 DM, ohne daß sie aber von sich aus etwas dafür verlangt hätte. (…) Ich erinnere mich an die letzten Besuche bei der Plehnert. Das kann im Januar 1955 gewesen sein, als ich mit einem Horst, etwa zwanzig Jahre alt, 1,80 m groß, Beruf und Wohnung sowie weiterer Name nicht bekannt, dort bei der Plehnert war … Ich hatte mit dem Horst in der kleinen Kammer neben dem Wohnzimmer in der Wohnung der Mehnert geschlafen. Dann erinnere ich mich an einen zweiten Mann, einen gewissen Helmuth Thalbach blond, etwa 23–24 Jahre alt. Den kenne ich von meiner Haftzeit her. Ich hatte den Eindruck, daß er bisexuell war, denn er war ja auch verheiratet. (…) Der obengenannte Horst hingegen kannte durch mich den Beier, weil wir zusammen mit der Taxe des Beier gefahren sind, von der *Tante Anna* nach der Wohnung der Plehnert. An diesem Abend war auch der Beier mit in der Wohnung der Plehnert, als ich bei ihr war mit dem Horst. (…) Es stimmt, daß ich dann einmal mit einer Margit Karl bei der Plehnert geschlafen habe. Das kann Ende Januar 1955 gewesen sein. Es war am Geburtstage der Karl, so daß man da datumsmäßig nachkommen könnte. Sie war etwa 25 Jahre alt und wohnte in der Wintergartenstraße, das zweite Haus links hinter dem Hotel *Continental*. Ob ich in diesem Fall der Plehnert Geld gegeben habe oder ob ich nur Schnaps mitbrachte oder was zu essen, weiß ich nicht mehr. Dann erinnere ich mich, das kann auch im Januar 1955 gewesen sein, als ich mit zwei Mädchen bei der Plehnert war, an einem Abend für einige Stunden. (…) Ich ging mit dem Mädchen, das ich an diesem Tage hatte,

Das Hotel Continental in der Nähe des Leipziger Hauptbahnhofs. In der sich hinter dem Hotel befindlichen Wintergartenstraße lebte Lotti Plehnert.

in das Zimmer neben der Stube und hatte dort Geschlechtsverkehr. Was der andere während dieser Zeit machte, weiß ich nicht. Die Plehnert war an diesem Abend zu Haus. Das Mädchen, das ich hatte, hieß Renate und war 19 oder 20 Jahre alt (…). Dann liegt es schon längere Zeit zurück, als ich öfters mit der Erika Schulz bei der Plehnert war. Die Schulz war verheiratet und wohnt in der Friedrich-List-Sraße, nein, ich muß berichtigen, sie wohnt in der Hofmeisterstr., es muß rechts das zweite Hinterhaus im Erdgeschoß sein. Ich schätze, daß ich im Laufe der Zeit etwa 20 Mal mit der Schulz bei der Plehnert geschlafen habe, das heißt, ich hatte mit der Schulz Geschlechtsverkehr, doch war ich nicht immer die ganze Nacht dort … Zur gleichen Zeit kannte ich eine Herta, deren Familiennamen ich vergessen habe …« Namen über Namen. Doch der Verdacht eines Bordellbetriebes kann Charlotte Plehnert nicht nachgewiesen werden.

Drei Monate später möchten die Ermittler die Fingerabdrücke im Tatwagen mit denen Gottlieb Hahns abgleichen. Sicherheitshalber, um seine Täterschaft endgültig auszuschließen. Jetzt allerdings ist Hahn nirgendwo aufzufinden. Keiner hat ihn in letzter Zeit gesehen.
Auf Gottlieb Hahn konzentrieren sich die Ermittlungen. Die Gattinnen und seine Mutter müssen Auskunft geben. Auch Eberhardine Selbmann suchen die Ermittler auf. Die Witwe ist auf Gottlieb Hahn nicht gut zu sprechen. Denn Geld für Meißner Kaffee-Service und Zinnfiguren hat sie nie gesehen. Auch hatte er ihr die Ehe versprochen, zumindest vom Zusammenleben geredet. Aber Frau Selbmann »weiß bestimmt, daß Herr Hahn von Dienstag, den 15.2. mittags bis Donnerstag früh ununterbrochen in meiner Wohnung war, das kann ich beschwören. Am Dienstag-Abend war ich gegen 18.00 Uhr aus der Wohnung gegangen, um ein kleines Baby wegzubringen, was ich in Pflege hatte. Gegen 19.30 bin ich wieder zurück gewesen. Während meiner Abwesenheit war der Herr Hahn mit meiner Nichte zusammen in der Wohnung. Ich habe nachträglich meine Nichte gefragt, ob Herr Hahn in dieser Zeit weggewesen ist. Sie sagte mir, daß der Herr Hahn die Wohnung nicht verlassen hatte. Ich habe sie deswegen gefragt, weil dies der Kriminalangestellte wissen wollte. Herr Hahn hat sich während der Tage, wo er bei mir war, ein Bild sowie ein Kaffee-Service und einige Zinngefäße angesehen, die er nach einigen Tagen auch abholte, um sie für mich zu verkaufen. Er hatte

zu mir gesagt, daß er für einige Tage weg müßte, er würde dann aber wiederkommen und mir das Geld für die verkauften Gegenstände bringen. Bis heute hat er sich bei mir aber noch nicht wieder sehen lassen.« Fest steht, Gottlieb Hahn hat für die Tatzeit des Mordes ein Alibi.

Eine Zeugin »gibt an, gesprächsweise vor einiger Zeit, den Tag könne sie nicht genau nennen, erfahren zu haben, daß die ihr bekannte Kranführerin Alexia Grüger in einer Gaststätte einen Bahnhofsfriseur gesehen habe, und dieser hätte sich geäußert, er habe Beier kurz vor der Tat vom Hauptbahnhof mit einem jungen Mann wegfahren sehen.« Ein Hinweis auf Horst, Hahns Liebhaber? Die Polizei sucht den jungen Mann. Er heißt Horst Kraft, ist 19. »Bis zum 15.3.1954 befand ich mich im Jugendwohnheim in der Bucksdorffstr. Nr. 43. Ich bin auf eigenen Wunsch hin aus dem Heim gegangen. Ich nahm mir ein Zimmer in der Lipsiusstr. 16. Ich kam 1950 aus der Grundschule und lernte Stahlbauschlosser. Ich habe nicht ausgelernt, weil mir die Arbeit zu schwer war. Ich ging dann als Markthelfer und ungelernter Arbeiter. Meine letzte Stelle war beim Konsum auf der Zwickauer Straße, Großmarkthalle. Ich war dort als Warenverteiler tätig und verdiente wöchentlich 50 DM netto. Dort wurde ich am 1.3.1955 entlassen. Mein letzter Arbeitstag war der 10.12.1954. Ich nahm erst erst vom 10.12. bis 3.1.55 Urlaub, dann machte ich Krankenkasse. Ich war magenkrank und bei Dr. Lemke in der Pfaffendorfer Straße stand ich in Behandlung. Zur Krankenkasse bin ich nicht gegangen, um Krankengeld abzuholen, weil ich am 7.1.1955 etwa nach West-Berlin ging. Interzonenpapiere besaß ich nicht. Ich war nur zwei Tage in Berlin und kehrte dann nach Leipzig zurück. Das Fahrgeld hatte ich noch von meinem Unterhalt bezahlt. (…) Seit dieser Zeit lebe ich von Männerbekanntschaften. Ich bin homosexuell. Ich verlange nichts dafür. Ich erhalte im Durchschnitt 3-5 DM. Ich onaniere bei anderen und bekomme dafür das Geld. Ich schätze, daß ich jeden dritten bis vierten Tag mir auf diese Weise Geld verdient habe. Am 26.2.1955 habe ich mein Zimmer in der Lipsiusstr. aufgegeben. Seit dieser Zeit halte ich mich nachts meist auf dem Hauptbahnhof in Leipzig auf.« An den Geschlechtsverkehr mit Hahn in der Wohnung von Lotti Plehnert kann Horst sich erinnern. Auch Hermann Beier kennt er. Für den Tattag gibt Horst an: »Am Dienstag war ich beim Zirkus Aeros in der Reklameabteilung vormittags und gab den Personalbogen ab, den ich am Vortag bekommen hatte. Dann ging ich wieder zurück auf den

Hauptbahnhof. Ich besaß zu dieser Zeit noch 20 Pfennige in Bar. Für dieses Geld holte ich mir vier Brötchen. Dann saß ich bis zum Abend dort. Dann ging ich wieder runter auf den Hauptbahnhofsvorplatz … Ein Mann sprach mich an und fragte mich, ob ich Feuer hätte. Ich gab ihm Feuer, und er bot mir eine Zigarette an. Dann lud er mich ein zu einem Glas Bier. Das Bier tranken wir in der Mitropa. Ich schätze, daß das gegen 19.00 Uhr war. Dann ging ich mit ihm aus dem Hauptbahnhof in Richtung Jacobstr. Wir liefen ins Rosenthal. Dort haben wir gegenseitig onaniert. Er gab mir dafür dort im Rosenthal 2,75 DM. Er gab mir erst 2,50 DM und dann noch Straßenbahngeld, damit ich den Betrag nicht gleich anzureißen brauchte. Wir trennten uns gegen 20.30 Uhr am Heimatmuseum Ecke Friedrich-Engels-Platz (Goerdeler-Ring) und Dr.-Kurt-Fischer-Str. (Pfaffendorfer Straße).

Dort hatte sich der Mann von mir verabschiedet und rannte weg. Er sagte, daß er mit der Bahn weg muß. Ich bin wieder zurück zum Hauptbahnhof gegangen. Ich kaufte mir an den Mitropaständen was zu essen. Ich kaufte mir Wurstbrötchen und ging wieder in den Saal. Dort im Saal hatte mich ein junger Bursche angesprochen, und er fragte, ob ich nicht einmal einen Groschen hätte für zwei Brötchen. Ich gab ihm 20 Pfennig und ein Brötchen (…). Dann habe ich dort am Tisch geschlafen.« Horst Kraft war in der Nähe der Taxizentrale, er war in der Näher der Wohnung Charlotte Plehnerts. Aber auf dem Hauptbahnhof wurde er gesehen. Horst hat ein Alibi.
»Am 3.6., gegen 9.00 Uhr erscheint an Amtsstelle die Witwe Martel Beier und überbringt die im Fahrzeug vorgefundene neue Garnitur Unterwäsche mit dem Hinweis, erfahren zu haben, daß diese Garnitur ihr Ehemann von der Plehnert geschenkt bekommen habe, und sie keinesfalls diese Garnitur in ihrer Wohnung haben möchte. Sie bittet darum, der Plehnert diese Garnitur auszuhändigen.« Überhaupt habe diese Lotti Plehnert den Mut, Kränze und Blumen auf das Grab ihres ermordeten Gatten zu stellen. Sie habe diese Pietätlosigkeiten auf den Kompost geworfen, sagt Martel Beier.
Allen Hinweisen sind die Kriminalisten nachgegangen, haben unter den Kollegen, Verwandten und Freunden recherchiert, haben im Stricher- und Torf-Milieu, unter Prostituierten und Republikflüchtigen, in allen Kneipen und unter den Angestellten und Nutzern des öffentlichen Nahverkehrs ermittelt. Asoziale wie Gutsituierte, Beamte wie Tagelöhner, so nur die Mög-

lichkeit einer Verwicklung in die Tat bestand, wurden befragt, ihre Alibis geprüft. Sämtliche Spuren sind erkaltet. Der Mordfall Hermann Beier wird nicht zu den Akten gelegt, aber fast alle Kräfte werden von ihm abgezogen. Die Ermittlungen würden wieder aufgenommen, wenn sich eine neue Faktenlage ergäbe.

Zweieinhalb Jahre später ergibt sich diese neue Faktenlage. Die *Berliner Zeitung* meldet am 26. Juli 1957: »Mörder in Berlin gefaßt! – Zweieinhalb Jahre suchte die ›Volkspolizei‹ vergeblich nach dem Mörder des Leipziger Taxifahrers Beier. In der Nacht zum 16. Februar 1955 war Beier gefunden worden. Tot. Erdrosselt hinter dem Lenkrad seines Autos. Von den Mördern aber fehlte jede Spur. Gestern wurde einer von ihnen verhaftet. Es ist der 35jährige Joachim Dürr, der mit seiner Frau in einem Flüchtlingslager lebt. Wie konnte die Polizei nach zweieinhalb Jahren seine Spur finden? (...) Damals, kurze Zeit nach dem Verbrechen, war Dürr nach Westberlin geflüchtet. Er beantragte seine Anerkennung als politischer Flüchtling. Der Antrag wurde abgelehnt, dennoch wurde Dürr mit einem Flugzeug nach Westdeutschland gebracht. Zu diesem Zeitpunkt wußte noch niemand in Westberlin oder im Bundesgebiet von dem Mord in Leipzig. Die ›Vopo‹ hatte ihn verschwiegen. Erst im November, neun Monate nach dem Verbrechen schickte sie plötzlich ein Fahndungsersuchen nach Westberlin. Es enthielt 13 Namen. Namen von Leuten, die kurz nach dem Verbrechen aus Leipzig verschwunden waren und nun von der ›Vopo‹ verdächtigt wurden. Nach und nach ging die Westberliner Polizei diese Namensliste durch. Erst fünf, dann acht, dann zehn Leute schieden aus. Sie kamen als Mörder nicht in Frage. Übrig blieben drei, unter ihnen Joachim Dürr. (...) Vergeblich begann die Westberliner Polizei nach ihm zu fahnden. Er war wie vom Erdboden verschwunden. (...) Joachim Dürr, von der ›Vopo‹ als Mordverdächtiger gesucht, war in die Sowjetzone zurückgegangen. Unter seinem richtigen Namen. Und niemand hatte ihn verhaftet. Zuletzt wohnte er in Schmachtenhagen bei Oranienburg. Ende der vergangenen Woche schließlich flüchtete er zum zweiten Male nach Westberlin. Und hier ging er der Polizei ins Netz. Am Dienstag wurde er im Flüchtlingslager am Askanischen Platz festgenommen. Ein stundenlanges Verhör im Polizeipräsidium begann. So endete es: *Ich war dabei, als der Mord geschah, aber ich bin nicht der Mörder. Ein anderer tat es.* Wer wollten die Kriminalbeamten wissen. (...). Er will die Namen seiner

Mittäter nicht nennen. Sind es die letzten beiden auf der Fahndungsliste der ›Vopo‹? Leben sie vielleicht heute noch in der Sowjetzone oder sind sie auch nach Westberlin gekommen? Dürr blieb die Antworten auf diese Fragen bisher schuldig. Nur eins berichtete er noch: *Ich habe von der Beute nichts abbekommen. Die anderen haben es sich geteilt.* Heute Vormittag will sich die Berliner Mordkommission an der Sektorengrenze mit der ›Vopo‹ treffen. Anschließend soll das Verhör mit Joachim Dürr fortgesetzt werden.« Und wirklich hat Joachim Dürr den Mord an Hermann Beier gestanden.

Später fallen die Namen Gerhard Mehnert und Babowski, der am Bahnhof Nikolai genannt wurde. Der Mordfall Hermann Beier scheint gelöst. Diese Verhaftung wird in den Hochzeiten des Kalten Krieges vor allem in der Frontstadt Westberlin medial ausgeschlachtet. Erst »am 10.1.1958 wurde Dürr von der Westberliner Kriminalpolizei an das Präsidium der VP in Berlin übergeben, und somit der MUK Leipzig zwecks weiterer Ermittlungen gegen Dürr ausgeliefert. Der Genannte wurde am 11.1.1958 nach Leipzig in die UHA überführt. Dabei wurde festgestellt, daß Dürr sich in einem vollkommen verlausten und verwahrlosten Zustand befand. Der Häftling machte den Eindruck eines nervenkranken Menschen, er stotterte und sein Verhalten war das eines Menschen mit Schüttellähmung.« Und in Leipzig widerruft Joachim Dürr sein Geständnis sofort: Er beharrt darauf, daß er »nichts mit dem Mord an dem Taxifahrer zu tun habe. Ich bin noch nie mit einer Taxe gefahren. In Leipzig bin ich nur mit dem Mann, bei welchem die Dorle Leikauf gewohnt hat, mit einem Auto gefahren. Wenn mir gesagt wird, daß ich vor der Westberliner Kriminalpolizei angegeben habe, mit noch drei anderen Personen in der Taxe des Taxifahrers gefahren zu sein, muß ich erklären, daß man mich damals dort vollkommen fertig gemacht hat, und ich das zugegeben habe, um meine Ruhe zu haben. In Moabit hatten mir die Häftlinge gesagt, ich solle doch immer ja, ja sagen, dann hätte ich auch meine Ruhe.

Wer ist dieser Joachim Dürr? »Ich bin 1922 in Breslau geboren«, sagt er, »meine Eltern kenne ich nicht. Ich kann mich erinnern, daß wir als Kinder von den Eltern weggeholt wurden. (…) Wir sind mehrere Geschwister gewesen, wieviel es waren, weiß ich nicht. Ich kann mich noch erinnern an einen Bruder, welcher Manfred hieß und mich im Waisenhaus besuchte. Ich

weiß noch, daß in dem Heim mehrere Kinder waren. (…) Ich bin in dem Ort, wo sich das Heim befand, in die Schule gegangen. Ich bin nur bis zum dritten Schuljahr in der Schule geblieben, weil ich nicht rechnen, lesen und schreiben konnte. Nach meiner Schulentlassung habe ich in einem Garten gearbeitet und habe immer schöne Blumenbeete angelegt. Vom Waisenhaus mußte ich in einem Betrieb arbeiten, wo Gurken eingelegt werden. Ich mußte die Büchsen mit Gurken immer wegtragen. Ich muß schon über 14 Jahre alt gewesen sein, das genaue Alter weiß ich nicht mehr, als ich in eine Heil- und Pflegeanstalt nach Lüben/Schles. gebracht wurde. Ich wurde deshalb in die Anstalt gebracht, weil ich, wenn ich nicht schlafen konnte, mit dem Kopf gegen die Wand stieß. (…) In der Heilanstalt bekam ich Spritzen und kleine Tabletten. Meine Krankheit wurde dann immer schlimmer, und der Prof. sagte zu mir, daß sie nichts mehr machen könnten, ich müßte in die Heil- und Pflegeanstalt Leubus/Schles.
Meine Krankheit äußerte sich darin, daß ich oft umfiel und wie schon zuvor geschildert, mit meinem Kopf gegen das Brett am Bett stieß. In Leubus war ich auch eine ganze Zeit. Während des Krieges, das Jahr kann ich nicht genau sagen, wurden wir Kranken in Leubus zusammengetrieben und in das KZ Sachsenhausen gebracht. Als Zeuge, daß ich im KZ Sachsenhausen war, kann ich den Waldemar Karsunke aus Hamburg angeben. Ich weiß nicht genau, ob es von Lübben aus war, als ich zum Arbeitsdienst kam. Wir sind dann hingekommen, und da fing ich dann wieder an mit der Sache. Dann wurde ich untersucht von Militärärzten, die sagten, daß ich untauglich sei und wieder zurück in eine Heilanstalt müßte. Ich kam in ein Schloß bei Leubus, wo lauter Nervenkranke lagen. Von dort kam ich dann nach Sachsenhausen. In Sachsenhausen war ich dann ein paar Jahre, von wann an, das weiß ich nicht. Ich mußte mit anderen Insassen in einem großen Kabelwerk in Berlin arbeiten. Dort wurde ich durch Bombenangriffe in einem Keller verschüttet. Erst nach drei Tagen wurden wir dort gefunden. In der Heilanstalt Lüben bin ich damals sterilisiert worden. Durch die Sowjetarmee wurden wir dann aus dem KZ befreit. Ich weiß noch, daß ich von einer Familie aufgenommen und gepflegt wurde. (…)
Es muß 1950 oder 1951 gewesen sein, als ich in Bad Gandersheim wohnte. Dort lernte ich auch den Kleinen kennen, der dorthin gezogen war. Er hieß Helmut Bräsicke und hat dort auch Fußball gespielt. (…) Als ich Helmut

kennenlernte, war ich noch nicht verheiratet. Später habe ich Notstandsarbeiten verrichtet, zu dieser Zeit war Helmut weggezogen, diesen hatten sich die Fußballer mitgenommen. Weil es in Bad Gandersheim keine Arbeit gab, bin ich dann nach Goslar gezogen. In Goslar habe ich in einer großen Bergmannssiedlung gewohnt. Ich wohnte dort bei einer Frau mit mehreren Kindern. Die Frau war Kriegerwitwe. Die Frau hat für mich gesorgt, ich habe mein Kostgeld abgegeben und bin arbeiten gegangen. Ich bin dort beim Straßenbau und auf dem Bau gewesen.
Ich habe immer in Goslar gewohnt, nur als ich arbeitslos wurde, bin ich in die DDR gefahren. Ich glaube es muß 1954 im Herbst gewesen sein, als ich mit einem Autofahrer, der in Weißenfels Schuhe holte, in die DDR gefahren bin. (…) Ich wollte erst wieder nach Westdeutschland fahren. Dann sah ich aber, daß es in der DDR viel Arbeit gab, und so blieb ich da. Erst habe ich beim Konsum gearbeitet, wo ich Gemüse ausfuhr. (…) Es kam dort einer hin, der immer viel getrunken hatte, da habe ich mitgetrunken, und weil ich verschiedene Male fehlte, wurde ich entlassen. Ich habe dann in einem Betrieb gearbeitet, wo es viele Stoffe und Handtücher gab. Weil ich dort wieder getrunken habe, wurde ich auch dort entlassen. Auch in einer Spedition in Weißenfels habe ich gearbeitet. Ich habe dort jemand geholfen Möbel zu rücken. Das müssen die Leute im Betrieb erfahren haben, ich hatte an diesem Tag nicht gearbeitet bzw. ich hatte mir freigeben lassen. Ich wurde auch dort wieder entlassen. Ich habe mich während meiner Tätigkeit im Betrieb oft von Kollegen verleiten lassen und habe getrunken. (…) Die Namen der Kollegen kenne ich nicht. Einen von den Kollegen kenne ich noch, soviel ich mich erinnern kann, hieß er mit dem Vornamen *Heinz* …
In Weißenfels habe ich zwei Frauen kennengelernt. Die eine hieß Hedi Auermann, und die andere mit dem Vornamen Resi, den Nachnamen weiß ich jetzt nicht. Die Resi hatte mir noch Geld geliehen, damit ich mir Sachen kaufen konnte. Wir wollten erst zusammen bleiben, aber weil ich nicht katholisch war, sagte sie, das ginge nicht. Ich hatte anständig gefragt, und da hat sie mir das Geld angeboten. Es waren ein paar hundert Mark, es war ja alles so teuer. Sie hatte zu mir gesagt, wenn wir zusammen blieben, bleibt es ja doch in der Familie. Vor der Hand konnte ich das Geld nicht zurückzahlen, dann habe ich mich aber verpflichtet, ihr das Geld zurückzuzahlen, wenn ich bei der Spedition Geld verdient habe. (…)

Nach Weihnachten 1954 habe ich in einem Krankenhaus in Weißenfels gelegen. Ich kam eines Tages nach Hause, frühmorgens, als ich plötzlich einen Schlag bekam und hingestürzt bin. Ich hatte eine schwere Gehirnerschütterung und wurde in ein Krankenhaus gebracht. (…) Nach meiner Entlassung hatte ich noch Schonzeit, und ich wurde vorher mit dem Krankenwagen nach Hause gebracht. Ich konnte noch nicht wieder richtig laufen. Ich bin noch zu Hause eine Zeitlang geblieben, weil ich noch nicht richtig gesund war. Ich weiß nicht genau, welche Stadt es war, ob es Halle oder Magdeburg war, wo ich dann hingefahren bin. Ich hatte von einem Kranken, der mit mir im gleichen Saale im Krankenhaus in Weißenfels lag, einen Zettel mit seiner Adresse bekommen. Ich hatte ihm gesagt, daß ich allein stehe, worauf er mich aufgefordert hatte, ihn einmal zu besuchen. Ich fuhr in diese Stadt. (…) Als ich den Bahnhof verlassen hatte, bekam ich auf der Straße solche Nierenschmerzen, ich glaube, weil ich nicht austreten war. Auf der Straße bin ich dann zuammengebrochen. Ein paar Leute oder ein Schutzmann hatten angerufen und mit einem Roten-Kreuz-Wagen wurde ich in das Krankenhaus geschafft. Ich bin ins Bett gebracht worden, und da kamen dann zwei Männer zu mir ans Bett und fragten nach meinen Personalien. Ich glaube, die Männer hatten blaue oder schwarze Uniformen an, ich kann mich aber genau erinnern, daß die Achselklappen rote Ränder hatten. Im Krankenhaus bin ich ganze paar Tage drin gewesen. (…) In dem Krankenhaus wurde ich auch am rechten Oberarm operiert, wo ich schon seit längerer Zeit eine Geschwulst hatte. Nach meiner Entlassung aus dem Krankenhaus bin ich zum Bahnhof, um nach Weißenfels zurückzufahren. Da ich kein Geld hatte, bin ich zur Inneren Mission. Dort blieb ich über Nacht und schlief in einem Liegestuhl. Durch die Kälte hatte ich wieder Schmerzen bekommen und bin in ein kleines katholisches Heim gegangen. Dort in dem Heim habe ich auf dem Sofa gelegen und dann wurde ich in eine große Klinik gebracht. Wie die Klinik hieß, weiß ich nicht, ich weiß nur, daß es ziemlich weit draußen war. Ich bekam in der Klinik eine Spritze und dann wurde ich auf ein Zimmer gebracht. Am anderen Morgen wurde ich in eine Baracke gelegt bzw. in einen niedrigen Ziegelbau, dort sollte ich dann behandelt werden. Dort muß ich dann drei oder vier Tage gewesen sein. Weil mir ein Patient erzählte, daß bei der Behandlung lange Stäbe in das Geschlechtsteil gesteckt werden, habe ich Angst bekommen und ließ mich auf eigene Verantwortung entlassen.

Ich weiß nicht genau, wann ich nach der Stadt gefahren war, ich weiß aber, daß es im Februar war, als ich in den Krankenhäusern gelegen habe.
(...) Nach der Entlassung aus dem Krankenhaus bin ich nach Weißenfels zurück gefahren. Der Herr Treidler fragte mich, wo ich gewesen war, worauf ich ihm alles erzählte. Herr Treidler sagte noch, wieso ich überhaupt da unten in das Krankenhaus komme. Ich muß ihm auch gesagt haben, wo ich im Krankenhaus gelegen habe. In Weißenfels habe ich dann wieder gearbeitet. Bis zum Juni 1955 bin ich noch dort gewesen.
Ich weiß nicht genau, wann es war, ich muß zu dieser Zeit wieder einmal arbeitslos gewesen sein, als ich nach Leipzig fuhr, weil man mir gesagt hatte, daß man dort Arbeit bekommen könne. Als ich in Leipzig aus dem Bahnhof kam, traf ich auf dem Bahnhofsvorplatz die Frau des Helmut Bräsicke, Annelies Bräsicke. Wir unterhielten uns, und die Annelies sagte auf meine Frage, daß der Helmut bei einer Möbeltransportfirma arbeiten würde. Ich bin dann mit ihr zusammen in ihre Wohnung. Sie wohnten in der Nähe eines Fußballplatzes, es ging ganz weit raus. In der Nähe der Wohnung befand sich ein Fluß. In Leipzig habe ich auch eine Frau kennengelernt, mit der ich die ganze Zeit ein Verhältnis hatte. Sie arbeitete damals im Parkhotel gegenüber des Hauptbahnhofes. Später, als unser Verhältnis auseinander ging, arbeitete sie bei der Mitropa. Ich wohnte weiterhin in Weißenfels, fuhr aber öfters mit dem Zug nach Leipzig. Die Frau hieß Dorle Leikauf. Wenn ich nach Leipzig kam, habe ich sie oft von der Arbeit abgeholt und bin mit ihr in ihre Wohnung gegangen. Es ist auch vorgekommen, daß ich mehrere Male zu Helmut Bräsicke in die Wohnung ging. (...) Auch in der Wohnung der Frau Leikauf, die bei ihrer Tante zur Untermiete wohnte, habe ich einige Male geschlafen. Bevor ich die Dorle Leikauf kennenlernte, hatte ich Bekanntschaft mit einer anderen Frau gemacht. Die Frau hatte schon erwachsene Kinder, die Tochter arbeitete in einer Weberei oder ähnlichem Betrieb und war in anderen Umständen. Der Sohn hat, soviel ich mich erinnern kann, bei einem Kohlenhändler gearbeitet. An der Familie war nicht viel dran, die Frau war sehr viel unterwegs. (...) Ein oder zwei Mal habe ich bei der Frau in der Wohnung geschlafen. Die Frau hatte noch eine andere Tochter, die bei der Straßenbahn angestellt gewesen sein muß, denn sie hatte eine Uniform an. Wann und wo ich die Dorle Leikauf kennengelernt habe, weiß ich nicht mehr.

Es muß im Juni 1955 gewesen sein, als das Verhältnis mit der Dorle Leikauf auseinander ging. Im Juni oder Juli 1955 bin ich dann zurück nach Westdeutschland gefahren und habe in Düsseldorf als Gläserwäscher gearbeitet. Von Düsseldorf bin ich dann wieder nach Goslar gemacht. Dort habe ich im Flüchtlingslager in einer Kaserne gewohnt. Ich glaube im Frühjahr 1956 habe ich geheiratet. Mit meiner Frau habe ich auch weiterhin in der Kaserne in Goslar gewohnt. Ich glaube es war im August, als meine Frau und ich von Verwandten meiner Frau zur Konfirmation nach Oranienburg eingeladen wurden. Wir haben dann auch dort auf einem kleinen Gut gearbeitet. Wir waren auch dort gemeldet. Wir wollten erst dort bleiben, man hat uns ganz weit draußen in eine Gartenlaube gesteckt, und das gefiel uns nicht. Außerdem bekam meine Frau zu wenig Geld. Wir fuhren dann nach Westberlin und kamen dort in ein Flüchtlingslager. Im Lager wurde ich festgenommen. Es wurde mir gesagt, ich hätte einen Menschen überfallen, sogar ermordet, hat man mir gesagt. Ich war platt gewesen, wie man mir das sagte und daß man mich festnehmen konnte. Ich wurde immer wieder gefragt, ob ich etwas damit zu tun habe. Man sagte mir, daß ich einen Taxifahrer in Leipzig ermordet haben soll bzw. daß ich mit dabei gewesen sein soll (...).«
Angefügt ist dem Protokoll der Vermerk: »Der Beschuldigte Dürr ist des Lesens unkundig.« Bereits in Berlin stand unter dem Protokoll: »Zu der Zeugenvernehmung des Dürr ist zu sagen, daß seine Angaben mit Vorsicht aufzunehmen sind, da es sich bei ihm offensichtlich um eine nervenkranke Person handelt bzw. um eine Person, die vorgibt, nervenkrank zu sein (...).«
Auch die Leipziger Polizisten notieren: »Der Beschuldigte machte während der Vernehmung den Eindruck eines nervenkranken Menschen. Er stotterte, schüttelte Arme und Beine, daß er sich kaum auf den Beinen halten konnte. Der Beginn der Vernehmung verzögerte sich wenigstens um 15 Minuten, da Dürr nicht zu beruhigen war. Er machte seine Angaben stockend und zusammenhanglos, schweift immer wieder vom Thema ab und bricht oft in lautes Weinen aus. Nur durch wiederholte Hilfestellungen macht er einigermaßen konkrete Angaben. Bezeichnend ist, daß der Beschuldigte während der gesamten Vernehmung wie ein Kind mit dem Taschentuch spielte, indem er Knoten knüpfte und wieder löst (...).«
Zwar erscheint der Verdächtige kaum glaubhaft, aber »aufgrund der Ermittlungsergebnisse mußte Dürr in den Kreis der Verdächtigen zur Mordsache

Beier einbezogen werden.« Die Ermittler zweifeln, daß alle Fakten des Geständnisses von Dürr erdacht und erlogen worden sind. Und es ergeben sich neue Verbindungen. Dürrs Freund Heinz Bräsicke wohnt in Leipzig und kennt Helga Timm. Jene des leichten Lebens verdächtige Dame, die im Haus am Tatort wohnt: Hermundurenstraße 15. Am Tag vor der Tat hatte sich Bräsicke um Helga Timm mit Fremden noch geschlagen. Dazu gab er zu Protokoll: »In der Nähe des Rathauses, sagte ich mir, du guckst noch mal in die *Schmiede*. Ich trat ein und stellte mich vorerst an die Theke. Ich bestellte hier ein Bier und trank es in Ruhe aus. Ich möchte bemerken, daß ich zu der Zeit, als ich die Gaststätte betrat, sofort feststellte, daß zwei weibliche Personen (Frau Großkopf und Tochter Helga Timm), sie sind mir durch Besuche in der Gaststätte *Zur Schmiede* bekannt geworden, an einem Tisch saßen. Nachdem ich einige Zeit an der Theke gestanden hatte, nahm ich an einem freigewordenen Tisch Platz. Kurz danach setzte sich der Frisör Ritter zu mir. Es kam dann auch der mir bekannte Hubertus Schanz an meinen Tisch, und nahm ebenfalls Platz. Schanz befand sich schon längere Zeit in der *Schmiede*, er kam dann zu mir, weil an meinem Tisch Platz geworden war. Mit Schanz haben wir einige Runden Bier ausgeknobelt, wobei Ritter und Schanz verloren hatten. (...) Meiner Ansicht war es 0.30 Uhr, als ich mit Schanz die Gaststätte verließ. Uns schloß sich ein weitere Gast mit dem Spitznamen Matze an, und gemeinsam liefen wir nach der Georg-Schumann-Straße. An der Ecke Hermundurenstraße wollte ich mich von Schanz und Matze verabschieden, zumal ich hier nach meiner Wohnung einbiegen mußte. Dazu kam es jedoch nicht, da die Genannten sagten, wir gehen noch ein Stück mit. In der Hermundurenstraße sah ich, daß die vor uns laufende Helga und eine männliche Person ebenfalls in die Hermundurenstraße eingebogen waren. Ich lief ein Stück voraus und überholte die beiden. Diese blieben plötzlich stehen, so daß auch der Schanz und der Matze inzwischen herangekommen waren. Plötzlich hörte ich einen Schlag und sah wie der Begleiter der Helga zusammensank und ausgestreckt am Boden lag. Schanz hatte den Schlag ausgeführt, ohne dazu einen Grund zu haben. Es entstand eine Auseinandersetzung zwischen Schanz und der Helga, um die wir uns aber nicht weiter kümmerten. Ich war mit Matze inzwischen weiter gegangen. Die Helga kam uns nunmehr nachgelaufen, und auch der Schanz hatte uns wieder eingeholt. Jetzt trat in Erscheinung, daß Schanz auch den Matze angriff. Die Helga suchte nunmehr das Weite, indem sie in Richtung ihrer Wohnung lief. Jetzt suchte Schanz mit mir Streit, und schlug mich auf das linke Auge. Ich wehrte mich nicht, sondern rannte in Richtung Stahmelner Straße, und begab mich nach Hause.« Möglich wäre eine Täterschaft des Trios Dürr-Bräsicke-Timm.

Aber auch diese Spur zerschlägt sich. Die abenteuerliche Krankengeschichte, die Dürr erzählte, ist die Wahrheit. »Es wurde festgestellt, daß Joachim Dürr am 11.2.1955 um 14.46 Uhr mit einem Sankra der Feuerwehr in Magdeburg in das altstädtische Krankenhaus in Magdeburg gebracht worden ist. Laut Unterlagen des altstädtischen Krankenhauses in Magdeburg wurde Dürr am 11.2.55 gegen 15.10 Uhr dort aufgenommen. Er lag dort bis zum 23.2.55 wegen Nierenkolik rechts. Außerdem wurde er wegen einer Geschwulst am rechten Oberarm operiert. Zur Beweisführung wird das Krankenblatt des Dürr in Abschrift beigezogen. Alle mit dem Krankenhausaufenthalt des Dürr im Zusammenhang stehenden Momente stimmen mit den Aussagen des Dürr überein. Aufgrund des Ermittlungsergebnisses ist der Nachweis vorhanden, daß Joachim Dürr zur Tatzeit, am 15./16.2.55 in dem altstädtischen Krankenhaus in Magdeburg gelegen hat und somit als Täter in der Mordsache Beier ausscheidet. Es wird vorgeschlagen, Antrag auf Haftentlassung und Aufhebung des Haftbefehles beim Bezirksgericht Leipzig zu stellen.«

NEUSTADT
NEUSCHÖNE
REUDNITZ
THONB
Zoologischer Garten
Theater der Jungen Welt
Kongreßhalle
Leihhaus
Sportplatz
Am Gothischen Bad
Hauptbahnhof
Tröndlin ring
Platz der Republik
Schwanenteich
Neues Opernhaus
Karl-Marx-Platz
Universität
Hauptpost
Grimmaische Straße
Johannisplatz
Grassimuseum
Alter Johannis-friedhof
Goldschmidtstraße
Straße der Befreiung 8. Mai
Sachsenplatz
Markt
Thomaskirche
Neues Rathaus
Rat der Stadt
Wilhelm-Leuschner-Platz
Roßplatz
Ring
Harkortstraße
Martin-Luther-Ring
Dittrichring
Friedrich-Engels-Platz
Georgi-Dimitroff-Platz
Windmühlenstraße
Grünewaldstraße
Bayrischer Platz
Universitätskliniken
Botanischer Garten
Johannistal
Neuer Johannis-Friedhof
Straße des 18. Oktober
Philipp-Rosenthal-Straße
Karl-Liebknecht-Gedenkstätte
Shakespeareplatz
Körnerplatz
Nationale Front
Comenius-bücherei
Albrecht-Dürer-Platz
Volksschwimmhalle
Russ. Gedächtniskirche
Ostplatz
Eisenbahnstraße
Brandenburger Str.
Rosa-Luxemburg-Straße
Ernst-Thälmann-Str.
Schützenstr.
Dörrienstr.
Kreuzstraße
Lange Straße
Gerichtsweg
Leninstraße
Täubchenweg
Rabensteinplatz
Ellenburger Straße
Riebeckstraße
Stötteritzer Straße

FRAU HELENES EINKAUFSTASCHE

Das Stadtmuseum hatte eine neue Schau konzipiert und zeigte seit 1971 »Leipzig gestern – heute – morgen«. Ein Hingucker. Die Besucherzahlen stiegen. Das Museum arbeitete auf dem wissenschaftlich neusten Stand.

Der Leipziger Museumsdirektor und sein Ausstellerkollektiv waren sehr stolz und durften stolz auch sein. Denn ihre neue »Sammlungskonzeption bildet mit der politisch-wissenschaftlichen Grundkonzeption des Museums und dem Plan der wissenschaftlichen Arbeit und Kader eine Einheit. (...) Grundsatz der Sammlungstätigkeit in den Geschichtsmuseen ist das Herangehen an Probleme der Geschichte im Gegensatz zu reinen Spezialmuseen, d. h. Sachzeugen in allen Abteilungen zu sammeln, die die Gesetzmäßigkeiten der gesellschaftlichen Entwicklung belegen, unter besonderer Berücksichtigung des Standes der Produktivkräfte und der Produktionsverhältnisse, die die Klassen und den Klassenkampf darstellen und die historische Rolle der Arbeiterklasse sowie die kulturellen und wissenschaftlichen Leistungen in den einzelnen Geschichtsepochen belegen. Sie müssen das Typische, aber auch das Einmalige und Besondere repräsentieren«. Eine Herausforderung, der man sich zu stellen gewillt war.

Auch zu Sicherheitsaspekten nahm das erarbeitete Grundsatzpapier Stellung:

»Alles Sammlungsgut muß grundsätzlich unter Verschluß sein. Zugang zu den Sammlungen haben der dafür verantwortliche Mitarbeiter und die Abteilungsleiter, der HA-Leiter S. u. S. (Sammlungen und Sicherheit) und generell der Hauptdirektor.

Das Alte Rathaus mit dem Stadtmuseum zum Zeitpunkt der Diebstähle 1975.

Ähnlich dem Sammlungsgut müssen auch die Exponatunterlagen wie Rapportbücher und Karteikarten gesichert, aber zugänglich für die verantwortlichen Mitarbeiter aufbewahrt werden.
Jedem Mitarbeiter obliegt eine Schweigepflicht über die Sammlungen des Museums für Geschichte der Stadt Leipzig gegenüber Fremden.
In der zu erarbeitenden Schlüsselordnung muß den Sammlungsschlüssel besondere Beachtung geschenkt werden. Zugang zum Schlüsselkasten haben nur der Hauptdirektor und sein 1. Stellvertreter, der HA-Ltr. S. u. S. und der für die jeweilige Sammlung verantwortliche Mitarbeiter.
Jede Schlüsselentnahme muß im Schlüsselbuch vermerkt werden. Alle anderen Mitarbeiter dürfen nur nach vorheriger Absprache mit den obengenannten Personen und im Beisein des Sammlungsverantwortlichen die Sammlungsschlüssel entnehmen.
Für die Magazinräume der Sammlungen sowie für die Arbeits-

Das Alte Rathaus, in dem sich das Stadtgeschichtliche Museum befindet und die Alte Handelsbörse bestimmen bis heute in ihrer architektonischen Schönheit den Innenstadtbereich.

räume der Mitarbeiter der HA S. u. S. muß eine Versiegelung vorgenommen werden. Dadurch wird das Betreten durch Unbefugte weitestgehend eingeschränkt.
Eine Siegelordnung ist zu erarbeiten und ein Siegelbuch anzulegen.«
Aus all diesen Gründen und der gestiegenen gesellschaftlichen Verantwortung stellte die Museumsleitung am 12. März 1976 selbstbewusst einen Antrag auf Anerkennung und Würdigung der geleisteten Arbeit durch die kommunale Politik. Sie schlug »vor, daß die Einrichtung des Museums für Geschichte der Stadt Leipzig, Bereich Altes Rathaus – Alte Börse, mit dem Titel ›Vorbildliche Einrichtung der Stadt Leipzig‹ ausgezeichnet wird.«

Dass man den Ehrentitel wohl verdiente, wusste man nur zu gut zu begründen und untermauerte das mit Daten und mit Fakten: »(…) Die Besucherzahlen erreichten 1975 erstmals die Dreiviertelmillionengrenze (747.873), demgegenüber es 1974 687.706 Besucher waren. Neben der Arbeit mit der ständigen Ausstellung ›Leipzig gestern – heute – morgen‹ gehörten 6 im Alten Rathaus und 2 in Krakow gezeigte Sonderausstellungen zu den Schwerpunkten unseres Arbeitsprogramms.
Die gewachsene Funktion unserer Einrichtung als Kulturstätte erreichte mit dem III. Internationalen Bachfest ihren Höhepunkt. (…) Die gewachsene kulturelle Funktion sowie die gestiegenen Besucherzahlen brachten erhöhte Anforderungen im Bereich Ordnung und Sicherheit mit sich. Zur einheitlichen Durchsetzung der Aufgabenstellung sind die grundlegenden Dokumente für diesen Arbeitsbereich im Alten Rathaus überarbeitet bzw. neu geschaffen worden. Außerdem trugen Maßnahmen wie Einbau von Sicherungsanlagen, Entrümplungsaktionen im Rahmen der volkswirtschaftlichen Masseninitiative, Rekonstruktionen von Räumen, Kategorisierung und Restaurierung von Kunstwerken und anderem mehr zur erhöhten Ordnung und Sicherheit bei.
Damit entstanden die Voraussetzungen für eine breite Massenwirksamkeit des Museums und differenzierbare Besucherbetreuung. (…)
Die Besucherbetreuung wurde entsprechend der jeweiligen Zielstellung für Schulklassen, Pioniergruppen, Arbeitskollektive, ausländische Touristen, Teilnehmer am Parteilehrjahr, der Schule der sozialistischen Arbeit usw. gestaltet. Die räumlichen Gegebenheiten des Alten Rathauses und der Alten

Gastspiel des italienischen Orchesters Filarmonica del Teatro Comunale di Bologna im Alten Rathaus in Leipzig anlässlich des III. Internationalen Bachfestes der DDR vom 16. bis 23. September 1975. Das Bachfest zählt bis heute zu den Höhepunkten des Leipziger Kulturlebens.

Zwei Buchhändler des Zentralantiquariats bewerten angelieferte Bücher. So ähnlich wird auch Helene Borraks Arbeitsplatz ausgesehen haben.

Börse wurden auch weitgehend für die Verwirklichung kulturpolitischer Aufgaben der Stadt Leipzig genutzt. Die Zahl kultureller Sonderveranstaltungen erhöhte sich 1975 auf 684 gegenüber 590 im Jahre 1974.
Die vorstehende Begründung ist uns Anlaß, den Antrag auf die Verleihung des Titels ›Vorbildliche Einrichtung der Stadt Leipzig‹ zu stellen.«

In dieser »vorbildlichen Einrichtung der Stadt Leipzig« arbeitete Frau Helene Borrak als Museumsassistentin. Sie war »eine ruhige, zurückhaltende und bescheiden wirkende Frau, die in ihrem bisherigen, 52jährigen Leben als gelernte Antiquarin immer mit Büchern zu tun hatte, in Buchhandlungen, Bibliotheken und Volksbüchereien. Wer konnte besser als sie geeignet sein, die 45.000 alten Bände in der Museumsbibliothek zu verwalten, zusammen mit einer etwas jüngeren Kollegin? Verwalten ist ein schwaches Wort für die Mühe und die Sorgfalt, die diese Arbeit erfordert: Sichten, Ordnen, Katalogisieren der Bestände, Ergänzen und Erneuern der Karteikarten, daneben Korrespondieren mit Institutionen und privaten Interessenten, Begutachten von Sammlungen, die dem Museum angeboten werden. Eine Arbeit, die viel Vertrauen voraussetzt und großen Fleiß verlangt. So glaubten denn auch die anderen Museumsmitarbeiter ihren Ohren nicht zu trauen, als sie erfuhren, daß sich diese Kollegin seit Jahren an den Archivbeständen des Museums bereichert hatte.

Denn jene Frau Helene Borrak, »geb. am 07.11.1924, wh. 7127 Taucha, Walther-Rathenau-Straße 6, wurde am 07.07.1976 durch die Abteilung Zollfahndung der Bezirksverwaltung Leipzig gemäß § 125 Abs. 2 der StPO der DDR vorläufig festgenommen und in die Untersuchungshaftanstalt Leipzig eingeliefert«.

Der Zollverwaltung obliegt die Aufgabe, im gesetzlich vorgegebenen Rahmen Zoll- und Steuerabgaben zu erheben sowie den grenzüberschreitenden Warenverkehr zu überwachen. Den Zöllnern waren Postsendungen aufgefallen, die keine Geschenksendungen enthielten, sondern Kunst und Werte, deren Ausfuhr aus der DDR streng verboten war. Ein Absender war nicht ersichtlich. Die Recherchen ergaben bald einen Verdacht.
Der Name einer Museumsmitarbeiterin stand auch in Verkäuferlisten von Antiquariaten und Auktionen. Helene Borrak bot Kunstschätze feil, die in solcher Fülle nicht aus ihrem Privatbesitz stammen konnten.
Die Zollbehörde ermittelte und erließ gegen sie den Haftbefehl. Denn nachgewiesenermaßen »mißbrauchte die Beschuldigte seit mindestens 1972 ihre Funktion als Museumsassistentin im Museum für Geschichte der Stadt Leipzig, indem sie wiederholt in großer Intensität handelnd aus den Beständen des Museums wertvolle antiquarische Schriftstücke, Stiche und Münzen entwendete. Teilweise versandte sie diese entwendeten Dokumente entgegen den gesetzlichen Bestimmungen, auf dem Postwege an einen BRD-Bürger nach der BRD. Als Gegenwert erhielt sie aus der BRD, unter Ausnutzung des Geschenkpakete- und Päckchenverkehrs, wertvolle Waren wie z. B. Nahrungs- und Genußmittel und Goldschmuckwaren.« (...)
Der Gesamtschaden, den die Beschuldigte mit ihren strafbaren Handlungen verursachte, beträgt laut vorliegendem Gutachten zum gegenwärtigen Zeitpunkt insgesamt ca. 44.000 Mark«.

Am Ende der Ermittlungen stand fest, der Schaden war weit höher als geschätzt: »Rund einhundertmal griff die diebische Museumsassistentin in

den wertvollen Fundus des Stadtgeschichtlichen Museums. Ein Teil der ›Diebesbeute‹ – rund 270.000 Mark an materiellem Wert, von dem sich inzwischen 220.000 Mark wieder im Museum befinden – verschwand in die BRD. Ein schmutziges ›Geschäft‹, das auch gegen die Zoll- und Devisenbestimmungen unseres Landes verstieß.
Geschädigt wurden u. a. das Zentralantiquariat, der Staatliche Kunsthandel, Buchhandlungen, einzelne Personen. Die Assistentin stahl, was sie konnte. Nun gut, eine gewisse, oft bedingte Unordnung bei der Menge der Museums-Exponate kam ihr entgegen – es gab ein altes, vor 1945 entstandenes und ein neues, modernisiertes Register. Einiges war gar nicht erfaßt: vieles ›lag herum‹, weil oft die Zeit fehlte, ausgeliehene, unsortierte, neue Exponate sofort wieder ›aufzuarbeiten‹. Skrupellos nutzte sie das aus. Dubletten, also doppelte oder mehrfach vorhandene Stücke, waren gesuchte Objekte von ihr. Die Tatsache, »daß die Straftaten nicht bemerkt wurden und daß für Antiquarisches erhebliche Preise gezahlt wurden, veranlaßten die Beschuldigte ständig weitere Straftaten zu begehen. In der Absicht, sich gegenwärtig einen finanziellen Vorteil und für die späteren Jahre eine finanzielle Reserve zu schaffen, entwendete sie erhebliche Werte und versteckte sie zu Hause in ihrer Wohnung oder verkaufte sie an das Zentralantiquariat oder Privatpersonen weiter.«

An die »Buchbestände im Museum kam sie leicht heran. Die Autographen lagen in verschlossenen Rollschränken – allerdings ebenfalls im Buchkeller, so daß das für sie ebenfalls keinerlei Schwierigkeiten bedeutete. Karten, Pläne, Bilder nahm sie, wenn es der Zufall so einrichtete, von den entsprechenden Stapeln. Münzen steckte sie sich ein, als die Sammlung des Museums in einem Sondereinsatz in Listen neu erfaßt werden mußte. Gleiches geschah mit den Orden und Ehrenzeichen. Und auch von alten Zinntellern aus dem Volkskunstzimmer konnte sie ihre ›langen Finger‹ nicht zurückhalten.
Ihre Wohnung, ihr Keller wurden zum unsachgemäßen Lager. Sie kannte auch keine Skrupel, die Bibliotheks-Stempel mit verschiedensten Mitteln aus den antiquarischen Büchern zu entfernen, die entsprechenden Seiten wurden herausgerissen, Siegel fielen der Schere zum Opfer. Und immer wieder kam von ihr der Satz: ›Ich wußte nicht, wieviel das alles wert ist.‹

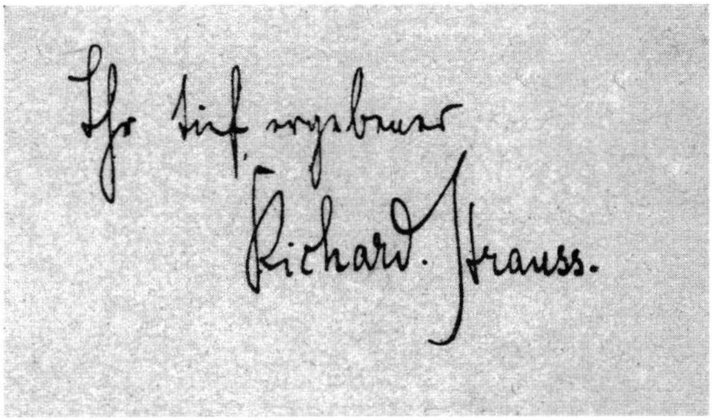

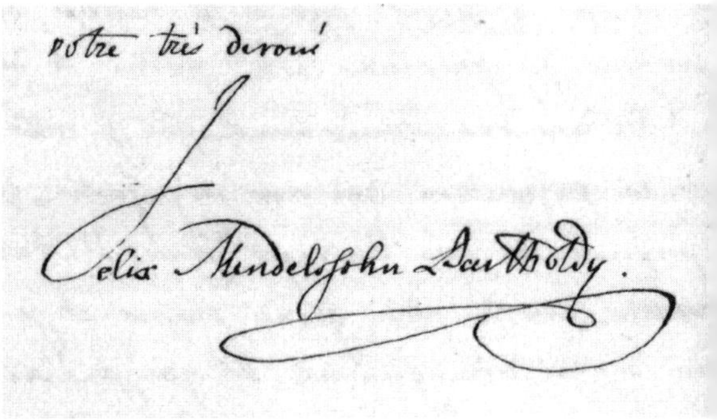

Um es pauschal zu sagen – Autographen, also Handschriften von Richard Strauss, Friedrich Hebbel, Felix Mendelssohn Bartholdy, Johann Sebastian Bach sowie Aquarelle und Ölgemälde von Oeser und Opitz sind auch nicht so einfach in Mark zu bewerten, sie sind unersetzlich.«

Solch eine ähnliche Handschrift von Richard Strauss wechselte durch Helene Borrak den Besitzer.

Auch eine Handschrift von Felix Mendelssohn Bartholdy verschwand aus den Museumsbeständen.

Der Gerichtsbericht greift »aus der Fülle des Materials noch einiges heraus: 34 gestohlene Münzen schickte sie frech auf eine Auktion, desgleichen 808 (!) historische Maueranschläge und Verordnungen. Zum Glück konnten staatliche Organe rechtzeitig eingreifen. Fleißig las die Diebin Annoncen in Tageszeitungen, um Sammlern ›ihre‹ Exponate anbieten zu können. Auch ihre Tochter war angeklagt, die Mutter vergab mehrmals Aufgaben des ›Verkaufens‹ an sie. Die Tochter machte es, ohne angeblich so recht zu wissen, wie die Eigentumsverhältnisse wirklich lagen. Hehlerei, eindeutig.« Frau Helene und ihre Tochter – Verbrecherinnen.

Sie entwendete ebenfalls eine Quittung von Johann Sebastian Bach. Der Musikstadt Leipzig ging damit eine der wenigen originalen Schriftstücke des Thomaskantors für immer verloren.

Um den Schaden zu beziffern, musste das Stadtgeschichtliche Museum zur Inventur der Magazine schreiten, all jene Räume kontrollieren, zu denen Frau Helene Zugang hatte. Dass die Diebstähle so lange unbemerkt blieben, musste Ursachen haben. Der »Zustandsbericht über Sammlungsbestände und Magazinräume« offenbart unerwartete

Missstände und gravierende strukturelle Schwierigkeiten im sozialistischen Kulturbetrieb. Sie hatten Frau Helenes Diebstähle überhaupt erst möglich gemacht. Der Bericht fiel der Museumsleitung nicht leicht, weist er doch auf schlampige Buchführung und eigenes Kontrollversagen hin:

»Das Museum verfügt über ca. 50 Spezialsammlungen (teilweise mit über 25.000 Stück pro Sammlung).

Die Masse der Sammlungsbestände konnte seit Kriegsende nicht überprüft werden.

Es ist uns keine schriftliche Festlegung über Auslagerungen und deren Verluste im Krieg sowie Kriegsverluste durch Teilzerstörung des Rathauses bekannt.

Mit der Verlagerung der Bestände des Museums für Geschichte der Leipziger Arbeiterbewegung nach dem Alten Rathaus 1960 und der Zusammenlegung der beiden Museen wurden die Magazinräume im Rathaus überfüllt (Zusammenlegung ohne zusätzliche Räume).

In den Kellerräumen des heutigen Bundesverwaltungsgerichts befanden sich einige der Magazinräume des Stadtmuseums.

Mit dem Aufbau der Ausstellung in der 2. Etage ›Leipzig gestern – heute – morgen‹ ab 1972 mußten alle bisher dort ausgestellten Bestände in die Magazine verlagert werden; damit konnte eine ordnungsgemäße Magazinierung nicht mehr erfolgen, da die Räume nicht ausreichten.
Durch das zahlenmäßige Anwachsen der Mitarbeiter wurden Ausstellungs- und Magazinräume zu Arbeitsräumen. Teilweise mußten die dort gelagerten Bestände in den überfüllten Magazinen untergebracht werden, es kam zu zahlreichen größeren Verlagerungen, die eine Übersichtlichkeit nicht mehr garantieren.
Mit der neugegründeten Abteilung ab 1945 ist eine umfangreiche Sammlungstätigkeit verbunden, für deren neue Bestände auch kein zusätzlicher Magazinraum vorhanden ist.
Im Zeitraum 1970–1974 mußten wir noch zwei Magazinräume von außerhalb räumen (Dimitroff-Museum); ein neugewonnener dritter Magazinraum im Zentralmessepalast muß bis September 1976 geräumt werden.
75 % der Bestände können nicht überprüft werden, da außer Personalmangel keine Raumkapazität vorhanden ist. In den überfüllten Magazinen geht es nicht, die Arbeitsräume der Mitarbeiter sind dafür viel zu klein. Die Forderung nach Magazinräumen beim Rat der Stadt liegt vor, schon seit Beginn der 60er Jahre, unter Stadtrat Prokop. Zusicherung von Räumen in dem heutigen Zekiwa – zerschlagen, Diskussionen um Barthels-Hof, Alte Nikolaischule, Untergrundmessehaus und seit den 70er Jahren Frege-Haus.
Bis 1974 waren alle Mitarbeiter der Abteilung Sammlungen für den Aufbau der 2. Etage eingesetzt.«

Im Fregehaus, einem der schönsten Leipziger Handelshäuser, besaß das Stadtmuseum ebenfalls Magazinräume für seine vielfältigen Exponate.

Die Ermittler stellten fest: »Die Handlungen der Beschuldigten wurden begünstigt dadurch, daß keinerlei Taschenkontrollen durch die Museumsleitung angeordnet wurden. Die Beschuldigte nutzte ihre Vertrauensstellung insbesondere auch dabei aus, wenn sie Spätdienst hatte und sich ganz allein in der Bibliothek unkontrolliert aufhielt und ungehemmt ihr Diebesgut aus dem Museum bringen konnte. Die Handlungen blieben deshalb unbemerkt, da die Beschuldigte wußte, daß ein Teil des von ihr entwendeten Gutes nicht registriert bezw. katalogisiert war. Sie wußte außerdem, daß der Schwerpunkt der gesamten Museumsarbeit auf dem Gebiet der neueren Geschichte lag und mit dem Material der älteren Geschichte nicht so intensiv gearbeitet werden konnte, so daß ein Fehlen bestimmter Gegenstände unbemerkt blieb.«

Der »Bericht über die Revision der Bibliothek« stellte fest: »Mit Weisung des amtierenden Leiters der Abteilung Kultur des Rates des Bezirkes, Genossen J. Geldner, vom 8. Juli 1976 erfolgte vom 12. Juli bis 25. August 1976 eine Revision der Bibliothek des Museums. Es wurde die Aufgabe gestellt, alle Bibliotheksbestände (ca. 43.000 Bücher bzw. 24.000 Titel) auf ihre Vollständigkeit hin zu überprüfen.

Die Bibliothek geht in ihren Anfängen auf das Jahr 1867 zurück. Danach wurde die Bibliothek ehrenamtlich zunächst vom Verein für die Geschichte Leipzigs, ab 1909 vom Stadtgeschichtlichen Museum betreut bis zum Jahre 1953, wo erstmalig eine Planstelle für die Bibliothek geschaffen wurde. Die Erschließung der wertvollen Bestände war bis 1953 laienhaft und nach persönlichem Interesse der Betreuer erfolgt; es gab also kein einheitliches Aufnahme- bzw. Ordnungsprinzip der oft komplizierten Büchertitel. 1953 wurde mit der Neuaufnahme der Bestände begonnen und ein einheitlicher alphabetischer und systematischer Katalog angelegt.

Diese vielschichtige Struktur der Bibliothek (...) erschwerte die Revision sehr. Dazu kommt, daß vor 1953 neue Bibliotheksgruppen je nach Bedarf gebildet wurden, indem man Bücher einer bestimmten Thematik zusammenstellte und neu signierte, in deren Büchern man häufig neben den neuen, gültigen, Signaturen die alten, ungültigen, vorfindet. Die alte, freigewordene Nummer ist nun entweder neu besetzt worden oder noch heute offen.

Als Grundlage der Revision dienten vor allem die alten Listenkataloge und die alten Kreuzkataloge, die wir zu Standortkatalogen umfunktionieren

mußten. Da aus den neuen Katalogen die Karteikarten mit den Büchern zusammen entwendet worden waren, erwies sich ein Zurückgreifen auf diese alten Kataloge als notwendig. Die Durchsicht der Bestände ergab nun, daß kostbare ältere und neuere Bücher fehlen. Die genaue Anzahl kann allerdings nicht angegeben werden (…)«
Das offizielle Protokoll des Museumshauptdirektors Dr. Missbach (richtiger Name Lothar Wenzel?) entschuldigt nicht, verdeutlicht aber die Situation und formuliert die Konsequenzen: »Während die Bibliotheksbestände restlos überprüft wurden, konnten von der Autographensammlung der Bibliothek nur die Gruppen Musik und Literatur genau geprüft werden, andere nur teilweise. Die Restarbeiten sind hier nur über einen längeren Zeitraum abzuschließen. Wie aus dem Revisionsbericht der Leiterin der Bibliothek hervorgeht, sind die festgestellten Verluste nicht allein auf den Diebstahl zurückzuführen (die zum Teil sichergestellt werden konnten), sondern auch in bestimmten Maße Kriegsverluste einschließlich Eingriffen unmittelbar nach Kriegsende bis 1953 (Schaffung einer hauptamtlichen Planstelle in der Bibliothek).

Zu den vermissten Büchern zählten Einmaligkeiten, aber auch Unterhaltungsliteratur, die im Buchhandel erhältlich gewesen wäre:

- Biblia, Wittenberg 1610
- Der löblichen Universität Leipzig verneuerte Gerichtsordnung, 1551–1649
- Endlicher Bericht und Erklärung der Theologen beider Universitäten Leipzig und Wittenberg … belangend die Lere so gemelte Universitäten und Kirchen von anfang der Augspurgischen Confession bis auf diese Zeit geführet haben, Wittenberg 1571, Hans Lufft
- Biblia, Leipzig 1707
- Vogels Leipziger Annalen, 1714
- Nachrichten von der Eröffnung des Neuen Theaters, 1766
- W. G. Beckers Taschenbuch zum geselligen Vergnügen. Auf das Jahr 1826, Leipzig 1825
- Thomas Mann: Königliche Hohheit, Frankfurt 1958
- Petersburg in der russischen Grafik. 17. – Anf. 20. Jhd., Moskau 1973

Titelblatt einer Lutherbibel von 1541. Ein Nachdruck von 1610 wurde im Stadtmuseum entwendet.

Am 15. November 1976 erfolgte die »Stellungnahme zur bisher nicht erfolgten Revision der Münzsammlung«, denn »die umfängliche Münzsammlung des Museums wird zur Zeit von einem Mitarbeiter des Museums, der keine Ausbildung als Numismatiker hat, mitbetreut. Die Numismatiksammlung unterliegt einem besonderen Verschluß. Ein Zugang für Frau Borrak ist deshalb für den Gesamtzeitraum ihrer Tätigkeit in unserem Hause ausgeschlossen gewesen. Eine Zugriffsmöglichkeit zu den inzwischen sichergestellten Münzen und Medaillen ergab sich gelegentlich ihrer Beteiligung an der Auflistung einer ausgewählten Anzahl von Münzen in den Räumen der Bibliothek. (…)«
Eine Gesamtrevision der Münzsammlung »ist erst im Rahmen der Ende 1977 und 1978 geplanten Gesamtrevision aller Bestände vorgesehen. Bemühungen im Juli 1976, zur Revision der Münzsammlung einen vertrauenswürdigen Fachmann zu gewinnen, blieben leider erfolglos«, bedauerte der Hauptdirektor Dr. Missbach.

Die »Stellungnahme zur Revision der Sammlungen Gemälde/ Graphik, Stadtansichten« stellte fest: »Der genannte Sammlungskomplex gehört zu den umfänglichsten Beständen (ca. 32.500 Stück) unseres Museums. (…)« Zu den vermissten Plänen und Karten gehörten u. a.:

- Festungsplan Lipsia, 1702
- Plan oder Grundriß der Chu. Saechs. Handels-Stadt Leipzig, 1708
- Acourate geogr. Delineation des Creis Ammtes Leipzig, Nebst allen daran grentzenden Aemtern und Gegenden, 1750
- Plan der Wasserläufe bei Leipzig mit Grundriß von Leipzig, 1780
- Angriff der verbündeten Armee auf die Stadt Leipzig am 19. Ok. 1813, 1813
- Plan von Leipzig mit seinen Vorstädten (mit Fluchtlinie Napoleons v. 19.10.1813), 1814
- Plan von Leipzig. Nebst Angabe des Baujahres der bemerkenswertesten Baulichkeiten, des Jahres der Namensbezeichnung der Vorstadt-Straßen u. Wohnungen berühmter Männer, 1869

»Die festgestellten Verluste sind nicht restlos auf die Tätigkeit von Frau Borrak zurückzuführen. Wesentliche Verluste können auch auf Kriegsverlust und gewisse Tauschvorgänge in den ersten Nachkriegsjahren zurückzuführen sein.«

Die Museumsleitung suchte für sich und die missliche Lage weitere Entlastungsargumente und fand sie, denn »der zusätzliche gesellschaftliche Auftrag an das Museum durch die SED-Stadtleitung und den Rat der Stadt Leipzig, bis zum VI. Turn- und Sportfest der DDR ein Sportmuseum aufzubauen, gestattet bis zu diesem Zeitpunkt keinen konzentrierten Einsatz der Fachmitarbeiter. Mit Zustimmung des Stadtrats für Kultur wurde deshalb festgelegt, diese Revision, die das Kernstück der Gesamtrevision darstellt, unter Einbeziehung aller Kräfte bis 31.12.1978 abzuschließen.« Somit fehlte im Fall bislang der detaillierte und buchhalterisch sichere Überblick.

Der Rückzug der Franzosen aus Leipzig 1813. Eine ähnliche Darstellung mit der Fluchtlinie Napoleons wurde von Helene Borrak verkauft.

Auch wenn vieles wieder aus Frau Borraks Keller in den Museumsbesitz zurückkehrte, exakt hat man die Verluste nie benennen können.
Die Verlustlisten der Sammlungsbereiche waren lang und schmerzten nicht nur Museumsmitarbeiter und Kulturwissenschaftler – besonders bei den Autographen. Es fehlten Handschriften von:
»Joh. S. Bach: Quittungen von 1723 und 1733 (Karteikarte fehlt!) (...)«.

Johannes W. galt in Fachkreisen der DDR als Spezialist für alte Bücher. Bereits vor der Inhaftnahme der Verdächtigen, am 6. Juli 1976, erstellte er ein erstes Gutachten und bezifferte die erreichbaren Verkaufserlöse. »Viel wichtiger scheint mir jedoch, daß es sich bei den gestohlenen Objekten um Nationalkulturgut handelt und einen wesentlichen Bestandteil des Museums darstellt. (...)
Durch den Diebstahl am Originalbestand ist eine Schmälerung des Gesamtwertes entstanden, der z. Zt.noch nicht konkret genannt werden kann, da erst eine umfangreiche Revision zum Bestand und Katalog genaue Auskunft geben kann. Es wäre durchaus möglich, daß sich dieser Schaden auf eine Summe möglicherweise bis zu 10.000 Mark belaufen könnte.« Der Gutachter »möchte nochmals betonen, daß die kulturelle Seite hierbei besonders beachtet werden muß, da eine Wiederbeschaffung der fehlenden Objekte in ihrer Vollständigkeit fest unmöglich ist und das Museum eine empfindliche Einbuße an kulturellen Werten erfahren hat.«
In seinem zweiten Gutachten vom 15. Juli 1976 schrieb Johannes W.: »Wenn die Beschuldigte weiter aussagt, daß sie ca. 10 Sendungen mit 80 Büchern im Gesamtwert von 1.500 Mark nach der BRD auf den Weg gebracht hat, so ist diesen Angaben zu folgen, weil gegenteilige Beweise nicht angetreten werden können. Frau Borrak gibt an, auch Autographen in die BRD versandt zu haben, sie will sich an einen Brief von Hans von Bülow und einen von Richard Strauss erinnern, weitere kann sie nicht angeben, obwohl sie zugibt, noch weitere versandt zu haben. Sie gibt an, daraufhin bei ihrem Partner in der BRD ein mutmaßliches Guthaben von ca. 2.000 DM erworben zu haben. Ein Brief von Hans von Bülow hat den Wert von ca. 300 M und einer von Richard Strauss den von ca. 200 M. (...) Da keinerlei Anhaltspunkte für eine exakte Wertbemessung zu finden sind, müsse man auf den von Frau Borrak angegebenen Wert von 2.000 M als Schadenersatzsumme kommen.«

Die Kriminalisten gaben am 15. Juli 1976 dem Institut für gerichtliche Medizin und Kriminalistik ML-Universität Halle den Auftrag, ein »naturwissenschaftliches Gutachten über den Nachweis von Signaturbeseitigungen oder -entfernungen (Prägesiegel) aus graphischen Karten und Büchern« anzufertigen, denn zweifelsohne haben die rückgeführten Exponate sehr gelitten. »Es soll in einer gutachterlichen Äußerung zu folgenden Fragen Stellung genommen werden:
Sind an den vorliegenden Blättern und Büchern Versuche unternommen worden, vorhandene Signaturen zu beseitigen oder zu entfernen?
Wenn ja, wurden diese Signaturen chemisch oder mechanisch entfernt?«
Zu genannter Fragestellung traf das Institut nachfolgende Aussage: »Aus den beiden vorliegenden graphischen Blättern wurden durch ein kombiniertes naß-mechanisches Verfahren die Prägestempel des Stadtgeschichtlichen Museums Leipzig zu entfernen versucht. Aus den vorliegenden Büchern wurden die Prägesiegel des Stadtgeschichtlichen Museums Leipzig zum Teil durch kombinierte naß-mechanische Verfahren oder Herausschneiden total oder partiell entfernt.«
Der Untersuchungsbefund vom 5. August 1976 stellte die rigorose Behandlung der Kunstgüter durch Frau Helene Borrak fest, die in ihrer Wohnung oder im Kunsthandel sichergestellt werden konnten (...):
»Plan von Leipzig, Eltzner, Stahlstich 1847, Grundriß der Stadt mit einer Reihe von Ansichten. Der Stadtplan mit einer Breite von 46 cm und einer Höhe von 43 cm weist an seinen Rändern zahlreiche Einrisse auf. Auf seiner Bildseite ist 21,5 cm vom linken und 6,3 cm vom unteren Bildrand entfernt stereomikroskopisch der Eindruck eines Prägesiegels erkennbar. Auf der Rückseite des Planes stellt dieser sich als ein Relief mit Konturen des Prägesiegels des Stadtgeschichtlichen Museums Leipzig dar. Der untere Rand dieses Prägesiegels läßt auf der Rückseite des Planes Spuren einer mechanischen Einwirkung erkennen, deren Jodazidreaktion positiv ausfiel.
Spieltisch mit zahlreichen Personen, aquarellierte Zeichnung von G.E. Opitz, im Oval alt angerändert. Das Blatt hat eine Breite von 27,5 cm und eine Höhe von 21,3 cm und läßt in einem Abstand von 20 cm und einer Höhe von 2,5 cm einen mit blauem Farbstoff überdeckten Effekt erkennen. Im Durchlicht erscheint dieser Materialdefekt wesentlich lichtdurchlässiger als das übrige Bildmaterial (...).

Das älteste Stadtsiegel Leipzigs von 1287 in einer Nachzeichnung aus späterer Zeit.

Reinhold Christian Ludolph: Baukunst. Münster und Osnabrück, 1785. Das Titelblatt dieses Buches weist an seinem unteren Rand einen trapezförmigen Defekt auf, der durch das offensichtliche Herausschneiden der Signatur entstanden ist. Am Blattunterteil hat dieser die Abmessung von 12 mm und verjüngt sich über eine Länge von 12 mm bis zu einer oberen Ausdehnung von 9 mm. Stereomikroskopisch läßt sich feststellen, daß dieser Materialdefekt durch Heraustrennen mit einer Schere gesetzt wurde. Dieser Materialdefekt ist in seinen gleichen Abmessungen auf das Blatt 2 sowie Blatt 3 übertragbar, wobei die letztgenannten Blätter noch partielle Eindrücke des Prägesiegels des Stadtgeschichtlichen Museums Leipzig aufweisen. Die Siegeleindrücke wurden hier vermutlich nur unvollständig entfernt, da die verursachende Person in ihrer Handlungsweise davon ausging, mit der Signaturentfernung vom Titelblatt auch letztgenannte Signaturen in ihrem Gesamtumfang zu entfernen. (…)

Untersuchungsergebnis:
(…) Durch Befeuchten des Materials versuchte die verursachende Person das Prägesiegel aufzuweichen und durch mechanisches Bearbeiten der Materialgrundlagen (Schaben oder Kratzen) mit einem relativ stumpfen Gegenstand nachfolgend zu entfernen. Dies gelang ihr jedoch in den meisten Fällen, in denen keine direkte Perforation des Papieres verursacht wurde, nur unvollkommen. Auf dem Stadtplan konnte darüberhinaus durch den positiven Ausfall der Jodazidprobe festgestellt werden, daß dessen Rückseite mit einem Radiergummi bearbeitet wurde. Es muß angenommen werden, daß hier eine Bleistiftsignatur entfernt wurde.«

Fast wöchentlich liefen die Revisionsergebnisse der eingesetzten Kommissionen aus dem Stadtmuseum ein. Immer wieder mussten die Verlustlisten erweitert werden, auch wenn die Beschuldigte aktiv an der Aufklärung mitarbeitete. Am 1. November 1976 stellte der Gutachter Johannes W. fest, dass die in Antiquariaten in Radebeul, Karl-Marx-Stadt und bei Privatpersonen sichergestellten »Verordnungen, Mandate, Erlasse, Verfügungen, Befehle und ähnlichen zeitbedingten Druckerzeugnissen zwischen 1590 und 1849, eine Sammlung von 588 Maueranschlägen als Gesamtobjekt einen Wert von insgesamt 18.000 M repräsentieren.« Dazu muss er noch Folgendes vermerken: »Die Stücke entstammen nicht dem Dublettenbestand des Museums, sondern auch dem Originalbestand. Bei der Durchsicht der einzelnen Blätter mußte ich feststellen, daß zahlreiche Stücke Heftspuren, Falze und Nummerierungen aufwiesen, die nach Vergleich mit den Aufbewahrungsgewohnheiten des Museums aus den Sammelbänden entnommen worden sind. (…) Damit wird die Behauptung, im Falle der Verordnungen etc. nur den Dublettenbestand angegriffen zu haben, ad absurdum geführt.«

Die Ermittlungsergebnisse müssen für das Gericht verwertbar sein, der Gutachter über jeden Zweifel erhaben. So bat die Kriminalpolizei den Direktor des Zentralantiquariates der DDR um Bestätigung, dass der bislang mit der Aufgabe betraute Kollege Johannes W. für die verantwortungsvolle Gutachtertätigkeit wirklich geeignet sei:
Die Antwort: »Werte Genossen! Unser Kollege Johannes W. ist Leiter des Handelsbereichs Läden und Grafik im Zentralantiquariat der DDR. Diese Tätigkeit übt er nach einer Lehre als Antiquar seit nunmehr über 20 Jahren aus und hat sich dabei zu einem anerkannten Fachmann auf dem Gebiet der Grafik und des alten Buches entwickelt. Kollege W. hat bei Prof. Jahn in Leipzig Kunstwissenschaft und Kunstgeschichte studiert (…). In zahlreichen Veröffentlichungen, u. a. in dem umfangreichen, von ihm erarbeiteten und 1975 erschienen *Ergänzendem Handbuch der Oeuvreverzeichnisse der Druckgrafik,* hat Kollege W. seine Qualifikation nachgewiesen. In zahlreichen Verfahren und bei anderen Gelegenheiten ist Kollege W. als Sachverständiger und Gutachter tätig gewesen. (…)«
So bat der Staatsanwalt am 28. September 1976 offiziell: »Werter Herr W.! In der Strafsache gegen die Beschuldigte Helene Borrak wegen Diebstahls sozialistischen Eigentums und Verletzung des Zollgesetzes ersuche ich Sie, die in der Durchführung dieses Verfahrens weiterhin beschlagnahmten an-

tiquarischen Bücher, Drucke, Autographen, Erinnerungsmedaillen u. a. nach ihrer Art zu bestimmen und deren effektiven Wert einzuschätzen. (…) Weiterhin bitte ich Sie, neben der Feststellung des gegenwärtigen Endverkaufspreises des Materials auch dessen kulturhistorischen Wert zu beurteilen. (…)«

Am 17.12.1976 ging Johannes W. in seinem Gutachten auf »allgemeine kulturpolitische Aspekte« ein: »Durch die Beschlagnahmen und die freiwilligen Herausgaben kann der überwiegende Teil dem Museum zurückgegeben werden. Damit beläuft sich der kulturelle Schaden nur auf einen Teil der Bücher und Blätter der von Frau Borrak an Antiquariate verkauft wurde, welche nicht in der Lage sind, einen Nachweis über die an sie verkauften Titel zu führen. Zum anderen fallen darunter die Bücher und Blätter, die Frau Borrak in die BRD verschickt hat. Dabei werden die von Frau Borrak angegebenen Gegenleistungen als Bemessung anerkannt werden müssen, da ohne genaue Angabe von Titeln eine Bewertung im Antiquariat nicht möglich ist. Demzufolge kann auch kein Nachweis geführt werden, ob Frau Borrak bei ihren illegal ausgeführten Büchern vom Empfänger der Sendungen angemessen honoriert wurde. Demzufolge sind die von Frau Borrak angegebenen Verrechnungswerte gutachterlich nicht zu entkräften.
Die mir vorgelegten Bücher und Blätter weisen sämtlich Beschädigungen auf, die von unsachgemäßer Ablösung von der Unterlage oder bei der Ausrahmung der Blätter entstanden sind. Desgleichen sind bei der Entfernung der Stempel die Bücher und Blätter erheblich beschädigt worden, teilweise auch durch unsachgemäße Behandlung und Aufbewahrung. Damit ist ein Schaden entstanden, der in seiner vollen Höhe erst nach Übergabe des Materials an einen Restaurator exakt festgestellt werden kann. (…) Mit dieser Restaurierung sind die Dinge damit natürlich nicht in ihrem ursprünglichen Zustand wiederhergestellt, sondern es tritt zudem noch eine bleibende Wertminderung ein, die sicherlich den Wert von 10 % des Gesamtumfanges ausmachen wird. Auch für diese 10 % der Wertminderung sollte die Beschuldigte vom Gericht zum Schadenersatz verurteilt werden.«

Aber nicht nur Bücher fehlten, auch wertvolle Münzen. Zu einem »nicht mehr genau feststellbaren Zeitpunkt im Jahre 1975 war die Beschuldigte da-

mit betraut worden, bei der Aufnahme von Münzen Listen zu schreiben. Als sie feststellte, daß keine konkrete Registratur bezw. Übersicht über den Münzbestand vorhanden war, entwendete sie an einem Tage in zwei Fällen wahllos ca. 30 verschiedene Münzen. (...) Nach vorübergehender Aufbewahrung in ihrer Wohnung brachte sie diese Münzen 1976 zur Münzauktion, wo sie durch das U-Organ beschlagnahmt werden konnten. (...)«
Das in Auftrag gegebene Münzgutachten lautete: »Die Bewertung der Münzen erfolgte entsprechend der Erhaltung der Münzen zu handelsüblichen Preisen unter Berücksichtigung von Auktionsergebnissen in der DDR, da es sich bei diesen Münzen vorwiegend um gesuchte Münzen handelt, welche kaum im Einzelhandel angeboten werden.
Sachsen Albertinische Linie, Johann Georg II., Doppelter Reichtaler 1661 auf die Grundsteinlegung der Kapelle in der Moritzburg, 12 Zeilen Schrift auf der Rückseite, äußerst selten
12.000,-

Sachsen, Doppeltaler Johann-Georg II 1663	7.500,-
Sachsen, Johann Georg I., Taler 1671	1.500,-
Sachsen, Friedrich-August, Dresdner Taler 1696	1.800,-
Sachsen, Friedrich-August, Vikariatstaler 1711	1.750,-
Sachsen, Johann-Georg, Gulden 1964	400,-
Sachsen, Friedrich-August, Gulden 1704	450,-
Dänemark VIII Mark 1675 (schlechte Erhaltung)	450,-
Hamburg, Taler (48 Schillinge) 1763	750,-
Hessen, Wilhelm I, Taler 1819	800,-
Baden, Leopold, 1 Gulden 1838	400,-
Brasilien 2000 Reis 1853	100,-
Insgesamt	30.450,-

Das Gutachten beziffert den entwendeten	
Schmuck auf	6.158,75,-
Insgesamt (neu)	36.608,75,-«

Bei Frau Helene Borrak fanden sich noch einige Gegenleistungen des interessierten Sammlers aus Lüneburg in der BRD: »In vier Briefsendungen befanden sich 200 DM Bargeld und in weiteren vier Sendungen eine Kollier-

Doppeltaler mit Porträt des sächsischen Kurfürsten Johann Georg I.

kette mit Anhänger (Wert 670 M), eine Zuchtperlenhalskette (Wert 2.850 M), vier Stück Zahngold (insgesamt 6,45 Gramm, wert 368,75 M) und weitere 13 Gramm Gold (Wert 488 M), die sie als Abgabe zum Ankauf bzw. Anfertigenlassen folgender Schmuckstücke verwandte (...). Vom übersandten Bargeld tätigte die Angeklagte Einkäufe im Intershop; davon ist noch eine Ankerkette 585/000 (Wert 550 M) vorhanden.«

Einen weiteren Teil der »entwendeten Dokumente, Bücher usw. brachte sie in mehreren Fällen in der DDR an einschlägige Ankaufsgeschäfte zum Verkauf. Insgesamt 88 Bücher, Maueranschläge, Verordnungen, Urkunden und ähnliche Exponate im Gesamtwert von 6.685 M, die die Angeklagte im Zeitraum 1973/74 durch zehn Einzelhandlungen entwendet hatte, veräußerte sie alsbald danach in drei Verkäufen an einen Buchhändler aus Radebeul, der in einer Tageszeitung annonciert hatte. Die Angeklagte versicherte schriftlich ihr Eigentum an den veräußerten Exponaten und erhielt vom Erwerber, der dieselben für seinen persönlichen Bestand ankaufte, einen Gesamtbetrag von 2.175 M auf ihr Konto überwiesen.«

Helene Borrak und ihre Tochter »sind zu ihren Straftaten geständig. Es ist zu würdigen, daß insbesondere die Beschuldigte Borrak nach anfänglichem

Leugnen und Widersprüchen, in der Erkenntnis, daß eine umfangreiche Aufklärung und Wiederbeibringung von Diebesgut auch in ihrem Interesse liegt, weitgehendst zur Wahrheitsfindung beigetragen hat.«

Helene Borrak und ihre Tochter Silke Sch. wurden »wegen jeweils mehrfach verbrecherischem Diebstahls und Betruges zum Nachteil sozialistischen Eigentums, wegen mehrfachen Betruges zum Nachteil persönlichen und privaten Eigentums, wegen mehrfacher, teils vollendeter und teils versuchter ungesetzlicher Warenausfuhr, wegen mehrfacher Beihilfe zur ungesetzlichen Warenausfuhr im schweren Fall und wegen mehrfacher Veranlassung eines ungesetzlichen Devisenwertumlaufs im schweren Fall – Verbrechen gem. §§ 158 Abs. 1, 159 Abs. 1, 162 Abs. 1 Ziff. 1 StGB, Vergehen gem. §§ 178 Abs. 1, 180 StGB, 12 Abs. 1 Ziff. 1, Abs. 2 Ziff. 4, Abs. 3 Zollgesetz, 21 Abs. 1 und 3, 22 Abs. 2 Ziff. 3 StGB, 17 Abs. 1 Ziff. 2, Abs. 2 Ziff. 3 Devisengesetz; § 63 Abs. 2 StGB« angeklagt. Der Prozess fand vom 19. April bis 6. Mai 1977 vorm 3. Senat des Bezirksgerichtes Leipzig an sieben Verhandlungstagen statt. Der Saal war gefüllt, viele Pressevertreter saßen in den Reihen. Das Verbrechen musste parteilich ausgewertet werden

Frau Helene Borrak auf der Anklagebank »wirkt gewissenhaft, sachlich, solide. Die Auskünfte, die sie uns gibt, sind lückenlos. (...) Der Haken ist nur, was die 52jährige Museumsassistentin Helene Borrak mit buchhalterischer Genauigkeit vorträgt, ist ihr Geständnis über fortgesetzte Kunstdiebstähle. Die Rubriken auf ihrer Liste – das Verzeichnis der Beute: Antiquitäten im Wert von fast 271.000 Mark!

Die Anklage lautet: verbrecherischer Diebstahl in einer nicht festzustellenden Anzahl von Fällen. Namhafte Kulturhistoriker der DDR, die zur Gerichtsverhandlung eingeladen worden sind, verschlägt es den Atem.« Frau Helene hatte schließlich »1.475 Exponate an sich gebracht. Darunter ausgesuchte, seltene Stücke. Manche einmalig. Eine Handschrift von Bach z. B. ist den Kulturschätzen der DDR unwiederbringlich verloren gegangen. (...) Der neue Besitzer macht damit auf internationalen Märkten möglicherweise das große Geld, das eine solche Kostbarkeit tatsächlich wert ist. (...) Vieles wurde in der Wohnung von Helene Borraks gerade noch rechtzeitig sichergestellt. Das bedeutet, das Museum bekommt diese Schätze wieder. Zuvor jedoch haben Restauratoren allerhand Arbeit. Die Angeklagte hat die Liebhaberstücke nicht eben liebevoll verwahrt. Zarte

Aquarelle und empfindliche Stiche hatte sie zwischen Laken und Hemden in ihrem Wäscheschrank versteckt. Alten, anfälligen Büchern ist sie mit dem Messer zu Leibe gerückt. Sie hat mit scharfen Klingen versucht, das Siegel des Museums zu löschen. Löcher, dünne Stellen im Papier sind das nicht mehr gut zu machende Ergebnis. Der stete Umgang mit der Kunst hat ihre Sinne wenig berührt. Und daß sie ausgesuchte Stücke griff – nichts weiter als Zufall. Frau Helene sagt: ›Ich nahm, was da war, wenn ich mich unbeobachtet fühlte.‹

Aus zwölf Münzen wollte sie sich später eine Kette machen lassen. Sie ahnte nicht einmal, daß jeder Sammler, der nur halbwegs etwas von seinem Hobby versteht, sie auf der Straße angehalten hätte. Denn speziell von diesen Münzen, ist weltweit bekannt, daß der Besitzer dieser Kostbarkeiten kein Privatmann, sondern jenes staatliche Museum ist!

Nun fragen wir uns: Wie fing das an?

›Mit einem Pfennigartikel‹, gesteht Frau Helene. Vor Jahr und Tag war im Museum ein Brief angekommen. Ein BRD-Bürger fragte offiziell an, ob ihm die Mitarbeiter ein bestimmtes Buch über die Stadtgeschichte (Heinz Füssler (Hg.): *Leipziger Universitätsbauten: Die Neubauten d. Karl-Marx-Universität seit 1945 u.d. Geschichte d. Universitätsgebäude.* Leipzig, 1961) zusenden können. Dieses Buch war seinerzeit auch in den Fachgeschäften auf dem Ladentisch für jeden zu haben. Trotzdem ging der Handel selbstverständlich nicht. Denn kein Museum darf Geschäfte machen. Doch anstatt das klipp und klar in einem Antwortbrief zu formulieren, gab die Leiterin der Museums-Bibliothek der Angeklagten einen Wink: ›Besorg du doch das Buch und laß dir was schicken …‹

Erst aus diesem ›heißen Tip‹ entwickelte Frau Helene dann in der Folgezeit einen schwunghaften Handel: anfangs mit Dingen, die sie in den Antiquariaten ihrer Stadt für gutes Geld einkaufte, um sie anschließend per Päckchen über die Staatsgrenze der DDR zu verschicken. Auch das war schon strafbar. Denn das ›Außenhandelsmonopol‹ für Antiquitäten hat bei uns allein der Staat. Privatgeschäfte mit dem Ausland sind daher illegal und verstoßen gegen die Bestimmungen des Zolls.

Als nächstes offerierte sie dem westdeutschen Sammler, was ihre Arbeitsstelle, das Museum, bot und stahl auf Bestellung. Als Gegenwert verlangte und bekam sie von ihm (…) Gold! Damit wollte sie sich zum Beispiel die schon erwähnten Münzen einfassen lassen. Nicht der Zauber alter Schönheit hat diese Frau zum Diebstahl verführt. Gewöhnliche Habgier war das Motiv, das sie bei ihren Straftaten bewegte. Später schaffte sie sich zusätzlich auch einen ›Kundenkreis‹ im eigenen Land. Sie schrieb auf Annoncen. Das Prinzip ›auf Bestellung‹ zu stehlen, behielt sie bei. Wenn ein Kunstliebhaber an bestimmten Gegenständen sein Interesse zeigte, stahl sie diese aus dem Museum.

Habgier ist dem Äußeren der Frau Helene nicht abzulesen. Auf den ersten Blick wirkt sie wie die Bescheidenheit in Person. Sie ist verheiratet, ihr Mann verdient gut 700 Mark, sie selbst als Teilbeschäftigte etwa 350. Probleme im Haushalt gab es nie, so bekannte sie vor Gericht. Man hatte (bis zum Beginn der verbrecherischen Handlungen) zwar kaum Ersparnisse, aber mit dem monatlichen Wirtschaftsgeld und den zusätzlichen Ausgaben gab es keine Schwierigkeiten. Zur Familie gehören vier Kinder. Für äußerlichen Luxus hat Frau Helene höchstens heimliche Sehnsucht gehegt. (…) Anspruchslosigkeit wird ihr von ihrem Mann, der Heizer ist, ausdrücklich bescheinigt. Und das bestätigen auch die Kollegen. Helene Borrak schweigt über sich. Wie detailliert und lückenlos sie auch über ihre Straftaten sprach, über ihre Persönlichkeit erfahren wir wenig. Sie spricht so kühl und knapp von sich wie von einer Fremden. (…) Über die ›andere‹ Helene sagt beispielsweise der eigene Mann: ›Wir haben vor kurzem Silberne Hochzeit gefeiert. Ich konnte mich in all den Jahren über meine Frau nie beklagen. Wir hatten alles, was wir brauchten. Trotzdem war sie von Natur aus sparsam und plante jede Ausgabe gründlich.‹ Weder von dem prallen Konto, das die Angeklagte seit kurzem besitzt, noch von den geheimen Schätzen in ihrer gemeinsamen Wohnung hat Heinz Borrak auch nur das Mindeste gewußt. So hat er auch nicht rechtzeitig eingreifen können, und die Dinge nahmen unaufhaltbar ihren Lauf.

Vom Kollektivvertreter, dem Direktor des Museums, wird Helene Borrak nicht viel anders eingeschätzt: ›Sie war neun Jahre lang bei uns tätig, erschien uns jederzeit gewissenhaft und stets bereit, alle Aufträge gut zu erfüllen. Ihre Verhältnisse betrachteten wir als übersichtlich und klar. Es gab nicht den geringsten Anlaß, ihr zu mißtrauen.‹ So wurden auch die Mitarbeiter des Museums schließlich ziemlich überrascht.

Das heißt, es gab hier gleichzeitig ein böses Erwachen. Denn selbst zum

Zeitpunkt der Verhaftung von Helene Borrak hatte niemand auch nur eine Ahnung davon, was alles fehlte. Ganz allein das Geständnis der Diebin offenbarte die Lücken. Der Kollektivvertreter möchte zwar das Fehlen jeder Übersicht mit den ›von Vorvätern ererbten Durcheinander‹ in ihren Lagern begründen. Doch wie will sich jemand heute noch mit ›Unordnung von damals‹ entschuldigen? Welcher Industriebetrieb z. B. könnte sich ein Durcheinander in seinen Lagerräumen lange leisten? Welcher Leiter eines Warenhauses würde seines Lebens froh, wüßte er die Güter seines Hauses nicht sicher behütet. Und da sollen Durchblick und Ordnung nicht erst recht Selbstverständlichkeit sein für einen Ort, in dem Kunstschätze unseres Landes aufbewahrt werden, von denen viele unersetzbar sind? Durch Schaden klug geworden, haben sich die Leute vom Museum jetzt daran gemacht, jahrzehntelang Versäumtes aufzuholen. Bis 1980 spätestens soll die Bestandsaufnahme abgeschlossen sein.
Die Tat der Helene Borrak hat großen Schaden angerichtet. War das aber ein geplantes raffiniertes Verbrechen? Das Gericht war nicht dieser Ansicht, sondern sah in Helene Borrak vielmehr das Musterbeispiel einer haltlosen Persönlichkeit, die in Gefahr kommt, zuzugreifen, wenn etwas unbehütet vor ihr auf dem Präsentierteller liegt. Sie selbst bestätigt das, indem sie sagt: ›Jedesmal habe ich mir geschworen aufzuhören, und jedesmal hat es mich wieder gereizt.‹
Die Angeklagte ist der sprechende Beweis dafür, wie tief Haltlosigkeit den Menschen sinken lassen kann. Denn neben ihr auf der Anklagebank sitzt ihre 20jährige Tochter Silke. Wurde Frau Helene auch zehnmal von begünstigenden Umständen verführt – sie allein war es, die am Ende ihre Tochter verführte! Antiquarische Bücher im Wert von rund 1.000 Mark hat Silke Sch. im Auftrag ihrer Mutter aus dem Museum geschleust und zu Geld machen geholfen. Sie ist angeklagt der Hehlerei.«
Beide Angeklagte »haben sich zu ihren Straftaten im Sinne des § 6 Abs.1 StGB bewußt entschieden. (…) Die Beweisaufnahme hat insoweit ergeben, daß sie bei solchen Gegenständen, die zum Bestand der Bibliothek gehörten, insbesondere bei Büchern, infolge ihrer Berufserfahrung zu Einschätzungen des etwaigen Wertes eher in der Lage war als bei Exponaten anderer Sammlungen, also z. B. bei Münzen, Ehrenzeichen und Medaillen, wo ihr jeglicher Anhaltspunkt für eine realistische Bewertung fehlte. Der Gesamt-

ablauf des strafbaren Handelns zeigt indessen, daß die Angeklagte sich bietende Gelegenheiten zum Diebstahl nutzte, ohne über den Wert der entwendeten Exponate vorab nähere Betrachtungen anzustellen und wegen ihrer Absicht, aus der Veräußerung des Diebesgutes finanzielle Vorteile zu ziehen, prinzipiell an der Erlangung wertintensiver Exponate interessiert war. Demnach steht fest, daß die Angeklagte Borrak bei ihrem strafbaren Handeln eine Schädigung des Museums für Geschichte der Stadt Leipzig in beträchtlichen Dimensionen einkalkuliert hat, auch wenn sie deren konkretes Ausmaß nicht in vollem Umfang abzusehen vermochte. Sie muß sich dementsprechend den tatsächlich eingetretenen Schaden in voller Höhe anrechnen lassen«, so die Urteilsbegründung.
»Zu acht Jahren Freiheitsentzug verurteilte das Gericht die 52jährige Museumsassistentin Helene Borrak Außerdem hat sie den materiellen Schaden zu ersetzen: 53.000 Mark. (...) Die letzte Rate fällt wahrscheinlich auf den Sankt-Nimmerleinstag. Allein die Restauration der beschädigten Werke kostet runde 150.000 Mark. ... Ja, ein Sparkonto hat Helene Borrak und ein Spargirokonto, mit 13.000 Mark insgesamt. Einen Ertrag von etwa 26.000 Mark hat Helene Borrak aus alledem gezogen. Ein Sohn, war zu hören, hat 150 Mark abbekommen. Silke Sch., Tochter der Angeklagten und als Hehlerin in vergleichsweise geringem Maße mitangeklagt, nicht viel über 1.000 Mark. (...)
Die 20jährige Mitangeklagte Silke Sch. wurde auf Bewährung verurteilt. Ihr Kollektiv erklärte sich bereit, die Bürgschaft zu übernehmen. Zwar ist auch in ihrem Wesen bereits deutlich sichtbar ein Bruch zu erkennen: Einerseits der beste Leumund im Beruf, was etwas heißt, denn Silke Sch. ist Säuglingsschwester. Andererseits – Versagen im entscheidenden Moment. Für Geld setzte auch Silke Sch. alles aufs Spiel. Und ähnlich wie die Mutter hielt die Tochter dieses leicht gewonnene Geld sparsam zusammen: Sie legte sich ein ›Heiratskonto‹ für die Aussteuer an. Trotz allem ist ihr Kollektiv überzeugt, daß Silke Sch. in diesem Fahrwasser nicht länger schwimmt.«
Es war ein Aufsehen erregender Prozess. Die Gerichtsreporter schrieben. Nicht nur die *Für Dich –Illustrierte Wochenzeitung für die Frau* berichtete ausführlich über Frau Helene. Auch die *Leipziger Volkszeitung*, *Die Union* oder das *Sächsische Tageblatt*. Die vielgelesene *Wochenpost* machte sich Gedanken darüber, was der Prozess nicht klären konnte.

Selbst die Zeitschrift *Für Dich* berichtete über den spektakulären Fall aus Leipzig.

»Nein, Frau Helene befand sich nie in einer finanziellen Notlage. Warum hat sie dann, nach diesem ersten Mal, weitergestohlen, wird vom Richter des Leipziger Bezirksgerichts gefragt. Sie kann oder will darauf keine rechte Antwort geben. Sie habe sich darüber nicht viele Gedanken gemacht, sagt sie. Eine erfahrene Antiquarin, die nicht nur den geistigen und historischen, sondern auch den materiellen Wert alter Bücher einschätzen kann und Woche für Woche ebensolche Werte aus dem staatlichen Museum entwendet, um sie in private Münze zu verwandeln – wie kann man dieser Frau diese Antwort abnehmen? Es wäre sicher eine falsche Schlußfolgerung der Museumsleitung fortan allen Mitarbeitern mit Mißtrauen zu begegnen. Mißtrauen zerstört die Zusammenarbeit. Doch richtig ist der Entschluß, wenigstens die wertvollsten Dinge sicherer, das heißt gesichert, aufzubewahren. Die Briefe zum Beispiel, die ein Bach oder ein Richard Wagner einst schrieben, gehören schließlich uns allen …«

Selbstverständlich wurden die »Strafverfahren in den Arbeitskollektiven der Beschuldigten ausgewertet« sowohl in der Universitätskinderklinik als auch in der »Vorbildlichen Einrichtung der Stadt Leipzig«, in ihrem Stadtmuseum.

Dort sprach die ermittelnde Staatsanwältin Müller Klartext: »Kulturelle Werte sind durch die Ausfuhr in der BRD verloren gegangen. Es ist eindeutig, daß die Diebstähle nur gelingen konnten, weil im Museum Ordnung und Sicherheit nicht genügend beachtet wurden. (…) Außerdem herrscht

Unordnung, die nicht nur auf den Raummangel im Museum zurückzuführen ist. Auch bei den Mitarbeitern ist Unordnung festzustellen, Museumsgut liegt unbeaufsichtigt herum, es wird leichtfertig damit umgegangen. Der wesentliche Teil der Diebstähle ist durch den üblichen täglichen Ablauf im Museum möglich gewesen. (…) Inzwischen sind verschiedene Ordnungen des Hauses erarbeitet worden, unter anderem die Siegel- und die Hausordnung. Bei letzterer reicht der Passus ›… bei begründetem Verdacht … Taschenkontrollen‹ jedoch nicht aus. Es müssen immer wieder Stichprobenkontrollen durchgeführt werden.«

In den Zeitschriften der DDR wurde mal mehr, mal weniger intensiv über Kriminalfälle informiert. Vor allem die Gerichtsreportagen der *Wochenpost* waren bekannt.

Dr. Missbach »erklärt, daß er sich als verantwortlicher Leiter des Museums in besonderem Maße durch die Vorwürfe angesprochen fühlt. (…) Es ist nachweisbar, daß in allen Plänen und Berichten an übergeordnete Stellen auf alle bestehenden Mängel immer wieder hingewiesen und um Unterstützung gebeten wurde. (…) Die Raumsituation ist kritisch; der Keller im Messepalast mußte kürzlich geräumt werden und das dort gelagerte Museumsgut in einen feuchten Keller des Grassimuseums untergebracht werden. Die

Frage der Magazinräume liegt nicht im Bereich unserer Möglichkeiten. Es muß daher unbedingt eine Auflage an Dritte geben, uns Magazinräume zuzuweisen. (...)«

Ein halbes Jahr nach dem Prozess sandte Dr. Missbach einen »Bericht an die Bezirksbehörde der Dt. Volkspolizei über die neuen Sicherungsmaßnahmen«. Er war angefordert worden. Festgelegt sind in diesem Maßnahmeplan nunmehr »regelmäßige Revisionen und die Einrichtung eines ständigen Mitarbeiters für Sicherheit im Museum. Der Rat des Bezirkes befürwortet den vorrangigen Einbau einer neuen Schlüsselanlage im Alten Rathaus. Eine neue Telefonanlage befindet sich in der Projektierung.«

In den feuchten Kellern des Grassimuseums wurde ebenfalls lange Zeit Museumsgut verwahrt. Das Gericht wies auf diesen Mangel eindeutig hin.

Helene Borrak wurde nicht vorzeitig aus der Haft entlassen. Sie saß ihre Strafe bis zum letzten Tage ab. Wieder in Freiheit drückte

die Schuldenlast: 53.000 Mark. Obwohl sie das Rentenalter erreicht hat, ging sie auf Arbeit, um mehr finanzielle Möglichkeiten zu haben. Sie nahm eine Tätigkeit in der Forschungsbibliothek des VEB Kombinat für Technische Gebäudeausrüstung (TGA), Kantstraße 2, auf, blieb ihrem Beruf treu. Die Kollegen wussten nicht von vorheriger Tat und Strafe.
»Frau Borrak war eine sehr angenehme, gewissenhafte, freundliche Frau. Sie besaß eine wunderschöne Handschrift.« Auch diese Arbeit – eine Vertrauensstellung. Das Kombinat TGA forschte für Verbesserungen in der DDR-Architektur, es war dem Ministerium für Bauwesen unterstellt. Manche westliche Publikation geriet illegal in den Bibliotheksbestand und diente hiesigen Wissenschaftlern als Ideegeber. Ihre Arbeitsaufgaben hat Helene Borrak ohne jede Beanstandung versehen. »Gewundert haben wir uns nur, dass sie einst in einer Großküche gekocht hat. Sie berichtete von Unmassen an Zutaten. Mir war dieses Wissen unerklärlich«, meint eine Kollegin heute.

Helene Borraks Bitte auf die Erlassung ihrer Restschuld wurde aufgrund der Schwere ihres Vergehens von den sozialistischen Gerichten abgelehnt. Sie arbeitete, bis ein Wegeunfall auf der Richard-Lehmann-Straße das verhinderte. Schwerbehindert erhält sie die Mindestrente. Die TGA-Forschungsbibliothek wurde 1990 abgewickelt und verschwand. Auch über Helene Borraks Schicksal ist nichts mehr zu erfahren.

BILDQUELLENVERZEICHNIS

picture alliance / ZB / dpa / Peter Endig: 7, 17 r., 54 o., 71
picture alliance / arkivi: 8, 48
picture alliance / dpa-Zentralbild / Archiv Neumann: 9 r.
picture alliance / dpa-Zentralbild / Thomas Schulze: 11, 42, 80 r., 160
picture alliance / imageBROKER / Florian Hiltmair: 16
picture alliance / ZB / dpa / Jürgen-Michael Schulter: 17 l.
picture alliance / chromorange / Horst Schunk: 18
picture alliance / imageBROKER / Thomas Robbin: 19, 54 u., 80 r., 154
picture alliance / akg-images / Hermann Vogel: 21, 27, 77, 80 l.
picture alliance / akg-images: 10, 26 l., 26 r., 56, 68, 73, 74, 76, 91, 92, 93 l., 94, 95, 96, 159 l., 159 r., 159 u., 164, 165,
picture alliance / ZB / Wolfgang Kluge: 37, 43, 161
picture alliance / Michael Narten: 51
picture alliance / dpa-Zentralbild / Berliner Verlag / Archiv: 52 l., 138, 156 l., 178
picture alliance / dpa-Zentralbild / Eisenbahnstiftung: 52 r.
picture alliance / ZB / Hubert Link: 53
picture alliance / ZB / dpa-Zentralbild / transit / Harald Kirschner: 55
picture alliance / dpa-Zentralbild / euroluftbild.de: 63
picture alliance / imageBROKER / Jason Langley: 64
picture alliance / imageBROKER / Rosseforp: 78 l.
picture alliance / ullstein bild / Herbert Hoffmann: 78 r.
picture alliance / ZB / dpa-Zentralbild / Jan Woitas: 81
picture alliance / dpa-Zentralbild / euroluftbild.de / Robert Grahn: 9 l., 82, 118, 132

picture alliance / ZB / euroluftbild.de / Maike Glöckner: 99
Archiv Leipziger Volkszeitung: 101, 115
picture alliance / ZB / dpa-Zentralbild / Patrick Pleul: 104 l., 104 r., 172
picture alliance / ZB / dpa-Zentralbild / Eva Richter: 105
picture alliance / ZB / dpa-Zentralbild / Jan Woitas: 106
picture alliance / Sueddeutsche Zeitung Photo / Timeline Images: 107 l., 128
picture alliance / imageBROKER / Michael Nitzschke: 90, 107 r., 180
Archiv Henner Kotte: 111, 112, 119, 120
picture alliance / ZB / dpa-Zentralbild / zbarchiv: 126
picture alliance / dpa-Zentralbild: 153
picture alliance / dpa-Zentralbild / Waltraud Grubitzsch: 156 r.
picture alliance / dpa-Zentralbild / Sebastian Kahnert: 179
picture alliance / DUMONT Bildarchiv / Peter Hirth: 93 r.

Leider konnten nicht in allen Fällen die Rechteinhaber ausfindig gemacht werden. Berechtigte Ansprüche bleiben gewahrt.

SIE WOLLEN MEHR VON HENNER KOTTE LESEN?

Leseprobe aus *Die Tote aus dem Zöffelpark*

256 Seiten • Broschur
9,99 €
ISBN 978-3-95958-176-9

Die Tote aus dem Zöffelpark

Crimmitschau, 1949

»Mein bist du, und wärfen Höll' und Himmel sich zwischen uns!«

Friedrich Schiller: Kabale und Liebe
(Reclamheft am Tatort gefunden)

»Nachdem viele Jahre lang nur sehr wenige Pflegemaßnahmen im Zöffelpark durchgeführt werden konnten, wirkt der gegenwärtige Eingriff erheblich. Viele Bäume mussten entfernt werden, um den verbleibenden Baumkronen den notwendigen Raum zur Entwicklung zu geben und die bereits vorhandenen Jungpflanzen unter dem Altholz für eine umfangreiche Naturverjüngung zu nutzen. Bereits im Sommer 2016 wird sich dieser Nachwuchs zu prächtigen Jungbäumen entwickelt haben.« Crimmitschaus grüne Lunge präsentiert sich wieder in natürlichem, gesunden Grün, als Naherholung vor der Haustür: »Mit dem Einbetonieren der sieben Papierkörbe sind die Arbeiten zur Hochwasserschadensbeseitigung im Zöffelpark nun abgeschlossen. Im Juli 2015 wurde mit der Wegeinstandsetzung des 18 Hektar großen Parks begonnen. Beim Juni-Hochwasser 2013 waren rund 11 000 m² Wegenetz beschädigt worden. Die Finanzierung der Gesamtkosten von 220.000 Euro hat zu 100 Prozent der Freistaat Sachsen übernommen. In den vergangenen Wochen wurden unter anderem die Wege mit einer sandgeschlämmten Schotterdecke und 170 Tonnen Mineralgemisch zur Wegeprofilierung aufgezogen sowie 18 Bänke und sieben Papierkörbe aufgestellt. Seit dem 1. Januar 2015 werden zirka 12,6 Hektar und somit mehr als zwei Drittel der Parkfläche forstwirtschaftlich genutzt und betreut. ›Das schwierigste bei dieser Arbeit war die Herstellung der Verkehrssicherheit. Viele Bäume und Äste mussten verschnitten werden ohne Schäden zu hinterlassen‹, sagte der Verantwortliche des Grünflächenamtes. Der Park auf einer Anhöhe im Süden der Stadt Crimmitschau war Ende des 19. Jahrhunderts von dem Textilfabrikanten Emil Oskar Zöffel angelegt worden.«

Crimmitschau spiegelt sächsische Geschichte seit Siedlungsbeginn wider. Bereits 974 wird ein *pagnus plisni* – ein Pleißengau – erwähnt. Vor allem jedoch steht die Stadt an der Pleiße exemplarisch für die Industrialisierung ab Mitte des 19. Jahrhunderts. Maßgeblich die Textilindustrie fasste vor Ort Fuß, bald nannte man die im Vorerzgebirge gelegene, aufstrebende Metropole »Stadt der hundert Schornsteine«. Brockhaus' Konversations-Lexikon vermerkt 1894 unter dem Stichwort Crimmitschau: »Die bedeutende Industrie (105 Fabriken, 5504 Arbeiter, 112 Dampfmaschinen) erstreckt sich hauptsächlich auf Spinnerei und Weberei; 80 Spinnereien mit 210 000 Spindeln liefern teils wollene Garne, die gleich am Orte selbst verarbeitet werden, teils (hauptsächlich Vigognegarne [Fasergemische]) zum Export nach England, Rußland, Skandinavien, Italien, der Schweiz und den Rheinlanden. Dann folgt die Fabrikation Herrenkleiderstoffen, namentlich Buckskins und Rockstoffen, die ihrer Güte wegen nicht nur in Deutschland und den Nachbarländern, sondern in mehreren überseeischen Ländern sehr gesucht sind. Auch Cassinets, Circassienes und Kasimirs [Mischgarne] werden in allerlei bunten Farben für Mexiko und andere Tropenländer gefertigt. Es bestehen 55 Streichgarnspinnereien, 355 Handspinnmaschinen, 133 Selfactors (133 980 Spindeln), 1006 Buckskinstühle, 67 mechanische Stühle, 191 Stühle für halbwollene Waren; ferner 40 große Färbereien, 2 Papierhülsenfabriken, 3 Maschinenfabriken (Dampfmaschinen, Appreturmaschinen, Maschinen für Wäscherei, Färberei, Brauerei und Brennerei), zwei Bierbrauereien, mehrere Eisengießereien, eine Kinderwagenfabrik und mehrere Ziegeleien.« Die Familie Zöffel wurde Crimmitschau zum Markenzeichen, nicht nur der Stadtpark und sein Name zeugen vom Unternehmer und Unternehmen.

Die Zöffels entstammen (wahrscheinlich) dem Westerzgebirge nahe Schneeberg und betrieben wohl da eine Lohmühle und Gerberei. Aktenkundig wird einer der Ihren wegen staatsgefährdenden »Aufruhrs« im Zuge der Märzrevolution im Jahre 1848: Karl August Zöffel. »In das Visier behördlicher Überwachung und rechtlicher Sanktionierung gerieten zu allen Zeiten nicht nur die üblichen Gruppen von Kriminellen, sondern auch solche Personen, die temporär als kriminell betrachtet wurden. Dabei handelte es sich um sogenannte Staats- und Hochverräter. Im 19. Jahrhundert traf dies vor allem zu auf die Vorkämpfer von Demokratie und Republik, die sich 1848 unter anderem auch in Sachsen zuhauf zusammenfanden, um an Barrikadenkämpfen oder Demonstrationen teilzunehmen.« Karl August Zöffel saß Jahre im Zuchthaus zu Waldheim ein. Fortschrittsdenken über den eigenen Vorteil hinaus – eine Maxime für persönliches Handeln, die auch nächste Generationen seiner Familie beeinflusste.

Der in Crimmitschau bekannte Emil Oskar Zöffel wurde 1859 an der oberen Pleiße geboren, absolvierte eine Ausbildung zum Weber und war in mehreren Textilbetrieben der Stadt angestellt, bis er sich 1890 selbständig machte und mit zwei mechanischen Webstühlen seine eigene Tuchfabrik gründete. Fortschrittlich der Familienzusammenhalt der Aufbauphase: Zöffels »gute liebe Frau hat von Anfang an sehr regen Anteil am Geschäft genommen. Sie hat zu Hause Stücke abgelesen, Waren mit verpackt und sonstige Arbeiten mit versorgt, welche im Hause gemacht werden konnten. Ich konnte dafür mehr in der Fabrik sein, wo ich die Ketten scheren musste, Stücke putzen und ausnähen, aber ich musste auch die Webstühle reparieren, wenn irgendein Bruch daran vorkam. Kurz und gut, ich und meine Frau Henriette haben täglich mehr als 14 Stunden gearbeitet, trotzdem wir inzwischen 6 Kinder erhielten. Die ältesten mussten zum Teil auch helfen. Die ganze Familie hat mitgeholfen, dass wir vorwärtskamen.« Im wirtschaftlichen Aufschwung jener Zeit entwickelte sich Zöffels Textilunternehmen rasant und behauptete sich erfolgreich auf dem Markt. Man produzierte auf der Lützowstraße und erweiterte das Werk ständig um neue Hallen und Gebäude. Im Ersten Weltkrieg fertigte Zöffel fürs Militär und überstand mit dem damit gemachten Profit die anschließende Krisenzeit.

Emil Oskar Zöffel avancierte zu einem der reichsten und prominentesten Bürger der Stadt. Am 17. Mai 1933 erhält der Industriemagnat die Ehrenbürgerwürde Crimmitschaus, im selben Jahre noch stirbt der Unternehmer. »Sozial gesehen, hatte er zwei Gesichter, auf der einen Seite war er einer der Textilfabrikanten, die 1903 den Textilarbeiterstreit in der Stadt hart bekämpften, auf der anderen Seite spendete er der Pleißenstadt 1913 einen Park im Osten der Stadt, welcher später auch seinen Namen tragen sollte.«

Die DDR machte 1954 aus Oskar Zöffels Unternehmen Volkseigentum und gliederte es 1962 in den VEB Volltuchwerke Crimmitschau ein. »Bis 1990 fertigt man hier Tücher für den Weltmarkt. Doch nach dem Ende der

DDR-Wirtschaft und der politischen Wende war auch hier Schluss. Mit Beginn eines wiedervereinten Deutschlands gehen in Emil Zöffels Lebenswerk für immer die Lichter und Maschinen aus.« Doch hält Crimmitschau den Namen wie den Park Emil Oskar Zöffels in Ehren.
Schrecklich aber ist das Geschehen, das die *Freie Presse*, Lokalseite Zwickau-Land, am 8. April 1949 unter der Überschrift »Mord in Crimmitschau« meldet: »Am 5. April 1949, gegen 6.20 Uhr, wurde die Näherin Christa Ruick, 25 Jahre alt, im Zöffelpark ermordet aufgefunden. Die Ermittlungen ergaben, daß die R. durch Schläge auf den Kopf mittels eines Hammers getötet wurde. Der Hammer wurde am Tatort gefunden. Die Kriminalpolizei wendet sich hiermit an die Öffentlichkeit mit der Bitte, mitzuhelfen, daß dieses abscheuliche Verbrechen geklärt und gesühnt werden kann. Wer hat die R. am Montag, den 4. April 1949, in der Zeit von 21.45 bis 22.30 Uhr in Begleitung einer Person gesehen? Wer hat zur fraglichen Zeit verdächtige Personen in der Nähe des Tatortes gesehen oder bemerkt? Wer hat Schreie gehört? Wer hat Personen mit blutiger Kleidung beobachtet?
Jeder, auch der kleinste Hinweis kann für die Kripo von größter Wichtigkeit sein. Mitteilungen werden auf Wunsch vertraulich behandelt. Meldungen nimmt die Revierkriminalpolizeistelle Crimmitschau, die Kreiskriminalpolizeiabteilung Zwickau, Tel. 5141, App. 117 oder 125, sowie jede Polizeidienststelle entgegen.«

Alwin Bittner hat den Leichenfund im Zöffelpark gemeldet. Die Polizei vor Ort nimmt die Sachlage zur Kenntnis und verständigt die Mordkommission der übergeordneten Kreisstadt Zwickau. »Betreff: Auffindung einer gefesselten weiblichen Leiche mit starken Schädelverletzungen im Zöffelpark Crimmitschau. Am 5.4.1949, gegen 6.30 Uhr, wurde die Polizeiwache Crimmitschau von dem Crimmitschauer Einwohner Bittner, Alwin, geb. am 2.5.1902,
wohnh. in Crimmitschau, Oswald-Anger-Siedlung 50,
telefonisch verständigt, daß im Zöffelpark eine gefesselte weibliche Leiche liegt. Sofortige Rückfrage bestätigte diese Meldung (Telefonnummer 2544). Vom Pol.-Mstr. Mosebach wurden umgehend der Leiter der Crimmitschauer Kriminaldienststelle Westermann sowie Pol.-Arzt Hubschmid verständigt. Hierauf begaben sich Pol.-Mstr. Mosebach, Oberwachtmstr. Brendel und

Wachtmstr. Winter nach dem Fundort der Leiche. Der Fundort befand sich im Zöffelpark Crimmitschau in der Nähe des Sportplatzes an der Hainstraße; sogenannter Grüner Winkel. Eine Gruppe Zivilisten wurde umgehend zurückgewiesen und die Person festgestellt, welche die Leiche zuerst aufgefunden hatte. Es handelte sich um denselben Einwohner, der die telefonische Meldung nach der Pol.-Wache gegeben hatte.
Die Leiche lag mit entblößtem Unterkörper mit den Händen auf dem Rücken (später stellte sich heraus, daß dieselben gefesselt waren), gefesselten Füßen und blutverschmiertem Kopf zwischen Bäumen auf einem Gehweg. Der Fundort wurde umgehend in größerem Umfang abgesperrt und keine Veränderungen wurden am Fundort vorgenommen. Kurz nach dem Eintreffen der o.g. Schutzpolizisten erschienen Dr. Hubschmid und die Kriminalpolizei am Fundort.
Nach kurzer Fundortbesichtigung durch Kriminalkommissar Westermann und Kriminalangestellten Brendel wurde durch dieselben die Mordkommission Zwickau telefonisch von der Auffindung der weiblichen Leiche in Kenntnis gesetzt. Dieselbe traf gegen 8.00 Uhr am Fundort ein und nahm umgehend ihre Tätigkeit auf.
Auf Anordnung der Mordkommission wurde die Leiche gegen 10.00 Uhr durch das Bestattungsinstitut Förster Crimmitschau dem Pathologischem Institut des Heinrich-Braun-Krankenhauses in Zwickau zugeführt. Nach Abtransport der Leiche begaben sich die eingesetzten Polizisten wieder zurück zur Pol.-Wache.
Da nach den erkennbaren Tatumständen offensichtlich Mord oder Sexualverbrechen vorliegt, werden die weiteren Ermittlungen durch die Mordkommission Zwickau geführt. Das Pol.-Präsidium Zwickau, Operative Abt., wurde gegen 8.00 Uhr von der Auffindung der weiblichen Leiche in Kenntnis gesetzt.«
Die Tote ist eine junge Frau. Ein Mord aus sexuellen Motiven ist nach Inaugenscheinnahme des Tatorts und erster ärztlicher Untersuchung anzunehmen: Der Unterleib der Toten war entblößt. Stricke um Arme und Beine. Offensichtlich und brutal ist die Todesursache: Schläge auf den Kopf. Stichwunden im Gesicht. Blut und Dreck, die persönlichen Sachen liegen auf Weg und Wiese. Weggeworfen oder im Kampf verloren.
Die aus Zwickau eingetroffene Mordkommission notiert im Protokoll:

»Nach Eingang der Fernsprechmitteilung begaben sich Polizeirat Wittig, Polizeimeister Zinn, Pol.-Hpt.-Wmstr. Bregenz und Pol.-Ob.-Mstr. Sörgel vom Erkennungsdienst sofort mittels Kraftwagen an den Tatort und stellten folgendes fest:
Als solcher kommt der südöstlich des Hauptbahnhofes Crimmitschau gelegene Zöffelpark in Frage, und zwar ca. 200 m vom Sportlerheim in der Hainstraße und ca. 58 m von der Kreuzung Kleiner Parkweg / Großer Parkweg entfernt. Der Tatort liegt 6 m südsüdöstlich des großen Parkweges, während die Leiche selbst mitten auf dem großen Parkweg lag. Weiter steht in der Nähe des Tat- und Fundortes eine Birke mit einem ziemlich großen Auswuchs, der gut sichtbar ist.
Am Tatort liegen auf einer Fläche von etwa 3 x 1,5 m verstreut: ein größeres graues Stück Papier; ein Paar braune Damenhalbschuhe, eine Geldbörse (offen); ein Hammer, auf dessen Unterseite die Nummer ›1000‹ und auf einer Seitenfläche das Zeichen ›FW‹ eingeschlagen ist; eine Netztasche ohne Inhalt; ein blutdurchtränktes Kopftuch; ein Paar gestrickte Handschuhe; ein wollener gestrickter Schal; ein stark mit Blut besudelter Damenschlüpfer; ein Textbuch *Kabale und Liebe* und ein schwarzer Keilschuh. An einer Buche in unmittelbarer Nähe liegen ein deutscher Personalausweis und eine Ausweishülle. Der Ausweis ist aus der Hülle genommen. (Nach den getroffenen Feststellungen wurde der Ausweis durch den Alwin Bittner, der die Leiche fand, aus der Hülle genommen, um die Person festzustellen.)